시진핑 시대의 새로운 길

: 2049년을 향해

[지 은 이]

공봉진(국립부경대학교 중국학과 강사, 동아대학교 정치외교학전공 강사)
박범종(국립부경대학교 지방분권발전연구소 연구교수)
박상윤(포럼신사고 사무총장)
정호경(육군3사관학교 정치외교학과 조교수)
박미정(부산외국어대학교 글로벌비즈니스대학 소속 초빙교수)
장지혜((주)다문화인재양성센터 글로벌문화교육연구소 소장 겸 대원대학교 호텔관광경영과 강사)
이강인(부산외국어대학교 글로벌비즈니스대학 소속 교수)
김태욱(전 국립부경대학교 국제지역학부 강사)

시진핑 시대의 새로운 길
: 2049년을 향해

© 공봉진·박범종·박상윤·정호경·박미정·장지혜·이강인·김태욱, 2025

1판 1쇄 인쇄__2025년 04월 20일
1판 1쇄 발행__2025년 04월 30일

지은이__공봉진·박범종·박상윤·정호경·박미정·장지혜·이강인·김태욱
펴낸이__양정섭

펴낸곳__경진출판
　　　　등록__제2010-000004호
　　　　이메일__mykyungjin@daum.net
　　　　스마트스토어__https://smartstore.naver.com/kyungjinpub
　　　　사업장주소__서울특별시 금천구 시흥대로 57길 17(시흥동, 영광빌딩), 203호
　　　　전화__070-7550-7776　팩스__02-806-7282

값 23,000원
ISBN 979-11-93985-72-4 93300

시진핑 시대의 새로운 길

: 2049년을 향해

공봉진·박범종·정호경·박상윤·박미정·이강인·장지혜·김태욱 지음

경진출판

2024년 10월 한국인이 중국에서 간첩으로 체포되었다는 뉴스가 보도되었다. 지난 2023년 7월에 시행되었던 수정된 〈반간첩법〉이 한국인에게 적용된 사례라고 할 수 있다. 이는 이미 예견된 일이었다. 중국에서의 「반간첩법」 적용은 포괄적이기 때문에, 중국인이든 외국인이든 모두 주의해야 할 일이다.

시진핑 정부가 '신시대 신여정'을 선언한 이후, 많은 법을 제정하였거나 개정하였다. 또 '중화민족공동체 의식 강화'를 위한 교육이 전면적으로 시행되면서, 국가안전과 관련된 중국 정부의 정책을 더욱 강화하고 있다. 이는 시진핑 3기 정부의 핵심 내용이다.

시진핑의 3기 정부가 들어선 지 꽤 지났다. 2023년 3월 시진핑이 국가주석으로 선출되면서 시진핑의 3기 정부가 출범하였다. 시진핑은 세 차례(2013~2018, 2018~2023, 2023~2028)의 국가주석직에 오르게 되었다. 2024년 7월 제20차 3중전회에서 '2029년'이라는 시간표가 새롭게 추가되었다. 이를 두고 많은 사람들은 2028년 3월에 시진핑이 국가주석을 네 번째로 연임할 가능성을 전망하였다.

시진핑이 2012년에 총서기가 되면서 5세대 지도부가 출범하였고, 이때 중국 당국은 '2개의 100년'이라는 국가목표를 설정하였다. 당시, 중국공산당 창당 100주년이 되는 2021년까지 전면적으로 샤오캉 사회를 완성하고, 중국 건국 100주년이 되는 2049년까지 '중화민족의 위대한 부흥'이라는 '중국의 꿈'을 실현하고, 부강한 중국을 건설하겠다고 하였다.

시진핑 2기 정부의 출발점이라 할 수 있는 2017년 제19차 전국대표대회에서 '2035년'이라는 시간표가 등장하였다. 중국 당국은 2020년부터 2035년까지 사회주의 현대화를 기본적으로 실현하고, 2035년부터 2049년까지 '부강하고 아름다운 사회주의 현대화 강국 건설'을 목표로 설정하였다. 이후 '2035년'은 중국 국가목표를 실현하는 첫 번째 단계가 되었다.

그런데 2024년 7월에 개최되었던 제20차 3중전회에서 '2029년'이라는 시간표가 새롭게 등장하면서, '2035년'의 앞 단계의 중요한 년도가 등장하였다. 제20차 3중전회의 공보에서 "2035년까지 높은 수준의 사회주의 시장경제 체제를 전면적으로 건설하고, 중국특색 사회주의 제도를 더 완비하여 국가치리 체계와 능력의 현대화를 기본적으로 실현한다."라고 밝혔다. 그리고 "2029년까지 중국 성립 80주년 때까지 본 결정이 내놓은 개혁 임무를 완성한다."라고 명시하였다. 2027년은 중국 홍군(紅軍)이 창설된 지 100주년이 되는 해이고, 2029년은 중국이 건국된 지 80주년이 되는 해이다.

시진핑 국가주석이 이끄는 중국정부는 외형적으로는 '법치중국', '전과정 인민 민주' 등의 구호를 외치지만, 내부적으로는 시진핑 1인 체제를 강화하고 있다. 2023년부터 시진핑이 근무하였던 이전 지역에서의 시진핑 업적으로 부각시키기 시작하였다. 대표적인 사례로는 '펑차오경험(楓橋經驗)'·'푸장경험(浦江經驗)'·'허우천경험(後陳經驗)'·'사하기층(四下基層)'이 있다. 중국에서는 '시진핑 학습'하기가 한층 더 강화되고 있다. '마오쩌둥(毛澤東)어록'처럼 '시진핑 사상(시진핑 신시대 중국 특색

5

사회주의 사상)' 학습이 중국 전반에 걸쳐 확대되고 있다. 이를 두고 일각에서는 마오쩌둥 시기로 회귀하는 것 아니냐는 평가도 하고 있다.

시진핑 세 번째 집권을 '2022~2027'로 보는 사람도 있는데, 이는 중국공산당 총서기직을 맡는 시점을 이야기하는 것이다. 국가주석의 임기로서 시진핑 세 번째 임기는 2023년 3월부터 2028년 3월 제21차 전국인민대표대회에서 새로운 국가주석이 선출될 때까지이다.

미국과의 갈등, 중국 내 표출되고 있는 회색코뿔소 등에다가, 중국 정부가 주도하는 학교 교육에서의 사상 강화, 소수민족에게 보통화 교육 확대 등은 앞으로 중국 내에 발생할 수 있는 사회 운동과 민족 문제 표출 등을 전망할 수 있다.

이 책에서는 2023년에 세 번째 국가주석이 된 시진핑의 '신시대 중국'의 주요 과제가 될 수 있는 주제를 다루었다. '고품질'을 강조하는 중국은 단순히 경제와 사회에 적용하는 것이 아니라, 정치와 교육에도 적용하고 있다. 중국의 '정치, 외교, 군, 양안관계, 부동산, 문화산업, 경제, 사회'를 주제로 삼아, 현재와 미래 중국을 진단하고자 한다.

중국 정치 분야에서는 시진핑의 세 번째 집권 시기의 정치변화뿐만 아니라 정책, 법, 교육 등을 소개하고 있다. 외교 분야에서는 시진핑 정부에서 나타나고 있는 외교정책과 주요 특징을 소개하고 있다. 중국 군 분야에서는 중국의 국방정책과 군 개혁, 국방백서 등을 주로 소개하고 있다. 양안관계에서는 타이완문제뿐만 아니라 중국의 한반도 정책을 소개하고 있다.

중국 부동산 분야에서는 회색코뿔소로 여겨지는 최근 중국의 주요 이슈로 떠오른 부동산문제를 소개하고 있다. 중국 문화산업 분야에서는 14차 5개년 규획 기간에 진행되고 있는 문화산업 정책과 최근 변하고 있는 중국 문화콘텐츠의 변화에 대해서 소개하고 있다. 중국 경제 분야에서는 시진핑 시기의 중국 경제 5대 쟁점을 중심으로 하여 주요 경제정책을 소개하고 있다. 본 책의 마지막에 소개하는 내용은 '시진핑 3.0: 시진핑의 꿈'이라고 하여, 시진핑의 장기집권을 주로 다루면서 시진핑이 꿈꾸는 중국을 소개하고 있다.

이 책은 시진핑의 세 번째 집권 시기의 주요 내용을 다루면서도, 각 주제와 관련된 주요 내용도 함께 소개하면서, G2 시대에서 초강대국으로 가려고 있는 중국을 이해하는데 많은 도움이 될 것이다. 역사상 등장하였던 많은 강대국들의 국가운영을 거울로 삼아, 오늘날 강대국이라 불리는 미국과 중국이 교훈으로 삼아야 할 것이다. 특히 청나라 시기에 '강건성세'라 불리던 시기가 지나면서 청나라는 위태로워지는데, 그 이유는 후계자의 문제에다가 세계 변화를 제대로 읽지 못하였기 때문이다. 그러면서 강대국이라 평가되던 청나라도 몰락의 길로 걸어갔다.

오늘날 중국도 G2로서 강대국의 지위에 올라섰지만, 시진핑 이후의 중국에 대해서는 전혀 언급할 수 없는 상황이다. 어떤 지도자가 나타나기는 하겠지만, 어떤 지도자의 모습인지는 알 수 없는 상태이다.

2023년 중국에서 출간된 『중화민족공동체개론』에서 중화민족의 역사를 상고시대부터 시진핑 시기까지로 정리하고 있다. 보통 1949년 중국 건국 이후를 큰 시기로 구분하는데, 이 책에서는 2012년 시진핑 집권 시기도 큰 시기로 구분하여 정리하고 있다. 그만큼 시진핑의 신시대 중국 시기를 중화민족의 역사에서 중요한 시기로 평가내리고 있다고 볼 수 있다. 시진핑의 세 번째 집권(3.0시대)이 중국 역사에서 어떻게 평가받을지는 좀 더 지켜봐야 할 것이다.

이 책을 출간하도록 도움을 주신 경진출판에 감사드린다.

2025년 04월

차례

시진핑 정부의 새로운 시작, 신시대 중국

공봉진

1. 들어가는 말

2018년 개혁개방을 천명한 지 40주년이 되는 해에 중국에서는 시진핑(習近平) 국가주석을 '신시대 개혁의 인도자 시진핑(新時代改革引領者習近平)'이라고 칭하기도 하였다. 이는 2018년 12월 신화사에 실린 "신시대 개혁 인도자 시진핑(新時代改革引領者習近平)"이라는 제목의 글에서 비롯되었다고 할 수 있다. 이때 "개혁개방을 천명한 지 40주년을 맞이하여, 시진핑은 덩샤오핑이 주도한 개혁개방을 추진하는 중요한 임무를 맡고 있다."라고 하였다. 이후 시진핑 국가주석을 '개혁가'라고 부르는 사례가 늘어났다.

2024년 7월 제20차 3중전회가 개최되고 있을 때, 중국 관영언론은 시진핑 국가주석을 '개혁가'라고 칭송하였다. 제20차 3중전회 개막날인 7월 15일 관영 신화통신은 '개혁가 시진핑'이라는 제목의 1만 자 넘는 기사에서 "시 주석은 덩샤오핑(鄧小平)에 이은 탁월한 개혁가로 평가되며 그들은 중국의 현대화 실현이라는 동일한 사명을 감당했다"라고 보도하였다.

신화통신은 덩샤오핑이 1978년 제11차 3중전회를 통해 개혁개방과 사회주의 현대화 건설의 시대를 열었다면 시진핑이 주도한 2013년 제18차 3중전회는 개혁을 전면 심화하고 체계를 재설계하는 신시대를 열었다고 강조하였다.

"개혁개방이 없었으면, 중국의 오늘이 없었고, 중국의 내일도 없다(沒有改革開放, 就沒有中國的今天, 也就沒有中國的明天)."라는 말이 중국에 있다. 그만큼 1978년 제11차 3중전회에서 덩샤오핑의 개혁개방 천명은 중국역사에서 중요한 분기점이다. 이에 견줄 수 있는 것이 2017년 제19차 전국대표대회 보고에서 시진핑의 중국특색 사회주의가 신시대에 진입하였다는 선언이었다. 이후 중국에서의 신시대는 시진핑이 집권한 시기를 가리키게 되었다.

보통 때보다 약 1년 정도 늦게 개최되었던 제20차 3중전회에서 「진일보한 전면 개혁 심화와 중국식 현대화 추진에 관한 중공 중앙의 결정」이 통과되었다. 중국 당국은 "건국 80주년인 2029년까지 이번 결정이 제안한 개혁 과제를 완료할 것"이라고 강조하였다. 2029년이라는 해는 중국 건국 80주년이기도 하지만, 2028년에 새로운 국가주석을 선출한 다음 해라는 것을 고려해 볼 때, 시진핑의 네 번째 집권을 의미한다고 볼 수 있다. 2027년에 제21차 전국대표대회가 개최되고, 2028년에 제15차 전국인민대표대회가 개최되는데, 시진핑이 2027년에도 총서기로 선출되면 2028년에 국가주석으로 선출될 가능성이 높다. 따라서 2027년은 시진핑의 네 번째 연임 가능성을 알 수 있는 해이다.

한편, 시진핑의 세 번째 집권 시기는 공식적으로는 국가주석으로 선출되었던 2023년 3월 제14차 전국인민대표대회부터이다. 그러나 2022년 10월에 개최되었던 제20차 전국대표대회에서 중국공산당 총서기로 선출되었기 때문에, 2022년부터 세 번째 집권시기로 보기도 한다. 시진핑은 사회주의 핵심가치관을 강조하면서 이데올로기를 전면에 내세웠다.

2022년 제20차 전국대표대회 「보고」에서 시진핑 총서기는 "사회주의 핵심가치관을 지침으로 삼아 사회주의 선진문화를 발전시키고 혁명문화를 고취해야 한다."라고 강조하였다. 또 "강대한 응집력과 지도력을 구비한 사회주의 이데올로기를 건설하고 당의 이데올로기 공작의 주도권을 굳건하게 장악하고, 전면적으로 이데올로기 사업의 책임제를 실시해야 한다."라고 하였다. 시진핑은 "사회주의 핵심가치관 선전과 교육을 심도 있게 전개하고 애국주의와 집단주의, 사회주의 교육을 심화하고, 당과 민족 부흥의 큰 임무를 맡을 시대의 신인을 힘껏 배양해야 한다."라고 부연하였다.[1]

2023년부터 2024년 상반기에 이르기까지 중국에서 제정되었거나 개정된 법률만 보아도 중국 당국의 방향성을 알 수 있을 뿐만 아니라, 중국 당국이 강조하는 바가 무엇인지 알 수 있다. 또 2023년에 출간되었던 『중화민족공동체개론(中華民族共同體槪論)』을 전국에 배포하면서 중화민족공동체 의식 강화를 위한 교육을 전면에 내세웠다. 책에서 특히 주목해야 할 부분은 '2012년'이다. 중국은 시진핑이 집권한 시기

---

1) 사회주의·중화민족 강조..집권3기 시진핑 '중국특색 강화' 예고, https://lrl.kr/Otkz (검색일: 2023.10.24).

를 중화민족 역사의 시기 구분에 포함시켰다. 일반적으로 중국에서는 '중국'이 건국되었던 1949년을 기점으로 '구중국'과 '신중국'으로 나누었고, 개혁개방을 천명한 1978년을 기점으로 그 이전과 이후로 나누었다. 이제 2012년 시진핑 집권 전과 후로 나누면서 '신시대'라는 용어를 자주 사용하면서 동시에 '중화민족공동체'라는 말을 자주 사용한다. 여기서 '중화민족'은 '애국심이 내포된 중화민족'으로서 고대 중국부터 오늘에 이르기까지 중국은 '중화민족공동체'라고 강조하고 있다. 이를 위해 중국은 '중화민족공동체 의식강화' 교육을 실시하고 있고, 이와 관련된 법률을 제정하여 실시하고 있다.

2024년 양회가 3월 4일과 5일 개막하였다. 2024년 전인대에서 주목된 것은 국무원 총리의 지위와 관련된 것이었다. 전인대에서 통과되었던 수정된 「국무원조직법」을 보면, "국무원은 중국공산당의 영도를 받는다"라고 되어 있다. 2024년 3월 전인대를 계기로 하여, 국무원 총리의 역할이 축소되었다. 시진핑 1·2기 국무원을 이끌었던 리커창(李克強, 1955~2023) 총리 시절인 2016년에 "총리에게 할 말 있습니다(我向總理說句話)"라는 게시판이 개설되었다. 당시 인민망·신화망·앙시망 등 관영매체 웹사이트와 주요 포털, 국무원 사이트 등에 1월 말부터 3월 전인대 폐막까지 게시판을 열고 총리를 향한 각종 대정부 건의를 모았다. 하지만 2024년엔 총리를 뺀 채 "정부 업무보고에 건의합니다"로 바꾸었다. 이는 외형적으로 보이는 것이지만, 사실 2013년 이래로 국무원 총리의 역할은 계속해서 축소되고 있었다.

마오쩌둥 이후 권력이 1인에게 집중된 경우는 거의 없었다. 덩샤오핑 시기에도 덩샤오핑에게 권력이 집중되어 있었지만, 덩샤오핑은 특정한 한 명에게 권력이 집중되는 것을 경계하고 있었다. 덩샤오핑 시기의 정치특징은 집단지도체제와 원로의 정치 개입이다. 이러한 시스템이 후진타오 시기까지 존재하였다. 그런데 시진핑이 집권한 이후에 그동안 지켜 왔던 집단지도체제가 붕괴되었다. 시진핑 권력은 시진핑의 1, 2기 정부를 지나는 동안 시진핑 한 명에게 집중되는 현상이 나타났다. 2023년 3월 세 번째의 국가주석이 된 시진핑은 자신의 권력을 더욱 강화하였다. 그리고 2023년 전인대에서 「국무원조직법」 개정안이 통과되었는데, 국무원이 중국공산당 통제를 받게 됨에 따라 국무원 총리의 지위는 더욱 약화되었다.

한편, 시진핑 국가주석이 2024년 춘절을 앞두고 "세계 전체로 시야를 넓히면 '그래도 이곳(중국) 경치가 유독 좋다(風景這邊獨好)'"라고 하였다. 마오쩌둥의 시를 인용해 중국이 경제·외교에서 고전하고 있는데도 다른 나라에 비하면 승승장구하고 있다고 한 것이다. 이 시구는 국공내전 시기인 1934년 여름에 쓰여진 「청평악·회창(淸平樂·會昌)」에 나오는 구절이다. 이 시가 쓰일 당시 마오쩌둥이 이끄는 중국공산당은 장시성 후이창(會昌)에서 국민당에 의해 포위된 상태였고, 근거지를 장시에서 산시(섬서)로 옮기는 장정(長征, 1934.10~1935.10/ 1936.10)을 앞두고 있었다. 마오쩌둥은 1958년 이 시에 대해 "형세가 위급했고, 장정을 준비하며 마음이 괴로운 상태에서 썼다."라고 회고했다. 다만 이 시구는 험난한 전환기를 예고하는 의미도 담고 있기에 시진핑이 이중적인 메시지를 전했다는 평가가 나온다.[2]

시진핑은 '고품질발전'을 강조하고 있다. 고품질발전은 덩샤오핑 시대와의 차별화를 꾀하는 시진핑 시대의 발전 전략이다. 덩샤오핑 시대 중국의 모순은 생산력이 낙후돼 인민의 욕구를 채워주지 못하는

---

2) 시진핑이 설날 메시지서 마오쩌둥의 시를 인용한 이유는, https://lrl.kr/gUam (검색일: 2024.2.14).

것이었다. 그래서 덩샤오핑은 "발전은 확고한 도리(發展是硬道理)"라며 성장을 밀어붙였다. 가난 해결에 나선 것이다. 시진핑은 중국의 모순을 다르게 본다. 그동안의 성장으로 먹고사는 건 해결됐다. 이제 모순은 인민을 어떻게 하면 보다 아름답게 살게 하느냐 문제다. 그래서 여섯 글자를 더했다. "고품질발전은 신시대의 확고한 도리이다(高品質發展是新時代硬道理)"라고 하였다. 이는 신시대인 시진핑 시대엔 고품질발전으로 인민이 아름다운 생활을 영위할 수 있게 만들겠다는 것이다. 시진핑이 원하는 건 전체 인민이 지역에 구분 없이 특히 환경파괴 없이 두루 잘 사는 거다. 이런 바람을 반영한 것은 2015년에 나온 신발전 이념(新發展理念)이다. 여기엔 혁신, 협조, 녹색, 개방, 공유(共享)의 다섯 개념이 들어간다. '혁신'은 기술 혁신, '협조'는 도농 및 지역 간 격차 제거, '녹색'은 환경, '개방'은 국내와 국외 두 개 시장 이용, '공유'는 '공동부유'를 뜻한다. 중국에서는 "중화민족공동체 의식 수립을 중심으로 신시대 중국공산당의 민족사업에 있어 고품질발전을 추진해야 한다."라고 강조하고 있다.

많은 사람들은 고품질발전이 어떤 의미인지 명확하지 않다고 말한다. 2024년 양회에서 언급되었던 '새로운 질적 생산력(新質生産力)'과도 관련이 있다고 보기도 한다. 대다수 경제학자들은 '고품질 발전'을 중국 정부가 과거보다 느리지만, 보다 지속 가능한 GDP 성장을 용인하겠다는 의미로 해석하고 있다. 하지만 분명한 것은 후진타오 시기에 언급되었던 '질적 발전'의 다른 표현으로서, 현재 중국 상황을 읽을 수 있는 용어라 할 수 있다.

이 글에서는 2023년 3월부터 공식적으로 시작된 시진핑의 세 번째 정부의 정치변화를 살펴보고 전망해 본다. 중국자료에서는 시진핑 정부를 비판하는 글보다는 시진핑 체제와 시진핑 사상을 강조하는 글들이 많다. 이러한 이유 때문에 시진핑의 세 번째 집권 시기를 명확하게 진단하기 위해서는 중국자료 뿐만 아니라 한국 언론에서 소개된 여러 나라의 시각을 통해 시진핑 체제에 대한 내용도 함께 살펴본다.

중국은 인터넷 매체를 통제할 뿐만 아니라 안면인식 시스템을 통해 중국 사회를 감시하고 있다. 중국 당국은 국가안전(안보)과 사회안정을 위한다고 하지만, 많은 외국인들은 그렇게 생각하지 않는다. 중국인들 중에서 중국 당국의 사회 통제 시스템에 대해 비판하는 사람들도 적지 않다. 미래 중국의 길은 어떠한 사람들이 주도하느냐에 따라 많이 달라질 것으로 보인다.

강압적인 중국 당국을 비판하며 올바른 중국의 길을 걷기를 바라는 사람들에 의해 만들어질 것인지, 아니면 중국공산당을 전면에 내세우며 1인 정치체제로 회귀하며 정치시스템이 아닌 특정 정치인에 의해 운영될 것인지에 따라, 미래 중국은 완전히 달라질 것이다. 이러한 것은 중국 인민이 선택해야 할 몫이라 할 수 있다.

2. 경직되어 가는 정치체제, 죽의장막 이전 시대로 돌아가는가?

1) 당정분리에서 당정통합과 당강정약(黨强政弱)으로

중국은 시진핑 총서기의 3연임을 확정지었던 2022년 20차 전국대표대회 이후, 중국 당국은 중국공산당의 지도력을 강화하며 종전의 '당정분리(黨政分離)'에서 '당정통합(黨政統合)과 당강정약(黨强政弱)'으로의 전환을 본격화하였다. 중국 당국은 중국공산당을 이전 시기보다도 더 전면에 내세우면서 중국공산당의 역할을 더욱 강조하고 있다.

이러한 현상은 중국 경제와 교육 분야에서 특히 두드러지고 있다.

2023년 3월 16일 중국공산당 중앙과 국무원은 금융과 과학기술, 홍콩 등 국정의 중대 현안을 당 중앙이 틀어쥐는 것을 골자로 한 「당과 국가기구 개혁방안(黨和國家機構改革方案)」을 발표하였다. 금융과 과학기술, 홍콩 등 국정의 중대 현안을 시진핑 총서기 겸 국가주석을 중심으로 한 당 중앙이 장악하게 됨에 따라 시진핑 집권 3기 '당강정약'의 경향이 현저해질 것으로 보인다. 그러면서 사회, 경제, 과학기술, 홍콩 문제 등 다양한 방면에서 중국공산당의 관여가 커질 것으로 보인다.

첫째, 당 중앙사회공작부(中央社會工作部)가 신설되었다. 2023년 2월, 제20차 2중전회에서 심의 통과되었던 「당과 국가기구개혁방안」은 중앙사회공작부 설립을 제안하였다. 이 기구는 민원 업무와 인민들의 건의 취합 업무를 지도하고, 기층 지도부 건설을 총괄 추진하는 한편 전국 업종별 단체에 대한 당 차원의 지도 업무를 담당한다. 중앙사회공작부의 신설은 중앙이 사회영역 당과 정부 기관의 기능을 집중시키는 중대한 개혁 조치이다. 중국 당국은 사회건설 영역부서가 여러 개가 있고, 책임이 중복되는 문제를 해결하는 데 유리하다는 판단에서 설립하였다.

그리고 국가신방국(國家信訪局, 상경 민원 접수 담당 기관)을 지도하는데, 국가신방국은 대중의 불만을 접수하는 창구역할을 하는 국무원 직속 기구이다. 중국이 중앙사회공작부를 신설하게 된 이유로, 2022년 중국의 고강도 제로 코로나 정책에 반발해 전국적으로 이른바 '백지시위'가 벌어진 것이 계기가 된 것으로 보고 있다. 중앙사회공작부를 신설하여 대중의 불만을 수용하기도 하겠지만, 통제하는 일에 당 중앙이 한층 더 심도 있게 개입하겠다는 의미가 내포되어 있다. 게다가 중앙사회공작부는 혼합 소유제 기업, 비공유제 기업 등에 대한 당의 감독 체제 건설 작업을 지도하는 역할을 맡는다. 민영 기업들이 당의 통제권 밖으로 이탈하지 않도록 관리하는 역할도 맡았다.

둘째, 중국은 "금융 업무에 대한 당 중앙의 '집중통일영도'를 강화"하기 위해 중앙금융위원회를 신설하였다. 중국 정부는 금융 규제에 대한 중국공산당 통제를 중앙집권화하려고 한다. 이는 결정 권한을 시진핑에게 집중하겠다는 의미를 지녔다고 할 수 있다. 중앙금융위원회는 금융과 관련한 정책 결정 및 조율을 맡는다. 즉, 금융 안정화와 금융 발전 방안을 최고위급에서 설계 및 총괄 조율하고 추진한다. 또 금융 안정화 및 발전 방안 실행을 감독하고, 금융 영역에서 중대한 정책과 문제에 대해 연구 및 심의하는 등의 역할도 담당한다. 중앙금융위원회의 사무기구로 중앙금융위원회판공실이 설립되었다. 중앙금융위원회의 총괄 지도하에 국무원 직속기구로 신설된 국가금융감독관리총국과 역할이 강화된 증권감독관리위원회(국무원 직속 기구)가 일상적인 금융 및 증권 관련 감독 업무를 맡는다.

그리고 중앙금융공작위원회가 신설되었다. 금융 시스템 전반에 대한 당의 영도를 강화하기 위해 중앙금융공작위원회를 만들었는데, 이는 금융 시스템에 당의 정치, 사상, 문화, 기율을 심는 일을 맡는 기구라 할 수 있다.

중국 당국은 중앙금융위원회를 신설하고 허리펑(何立峰) 부총리를 책임자로 임명하였다. 중앙금융위원회는 인민은행의 고위직 임명에 관해 발언권을 갖게 됐다. 또한 2023년 5월에는 증권산업을 제외한 모든 금융 활동을 감독하는 국가금융감독관리총국(NFRA)을 설립하였다. 2023년 12월 25일 파이낸셜타임스(FT)는 "인민은행 총재의 당 서열이 인민은행의 감독을 받던 일부 은행의 수장보다도 낮다"며 "시진핑 국가주석 체제 하에서의 금융 개편으로 인해 국내 통화정책 결정에 대한 인민은행의 영향력은 물론 글로벌 규제 당국 및 시장과의 소통 채널로서의 역할마저 약화될 것이다."라고 보도했다.

셋째, 당중앙과학기술위원회가 신설되었다. 이 기구는 핵심 과학기술 자립·자강이라는 목표 달성을 위해 과학기술 분야의 의사 결정 및 조율을 맡는다. 과학기술 분야의 '집중통일영도'를 실현할 이 기구는 국가적 혁신 시스템 건설, 과학기술 시스템 개혁을 총괄 추진하고, 국가 과학기술 발전의 중대 전략과 계획, 정책을 연구 심의한다. 또 과학기술 분야의 전략, 방향성, 전반적인 중대 문제를 총괄 해결하는 역할도 한다.

넷째, 당중앙홍콩마카오공작판공실(中央港澳工作辦公室)이 신설되었다. 이 기구가 신설됨으로써 그동안 국무원이 담당해 오던 홍콩과 마카오 관련 업무를 당이 맡게 되었다. 이는 홍콩 문제를 당이 직접 관할하고, '홍콩의 중국화'에 박차를 가하겠다는 의미가 내포되어 있다. 중공 중앙과 국무원은 신설된 당 중앙홍콩마카오공작판공실은 홍콩, 마카오에 대한 '일국양제(一國兩制)' 관철, 중앙의 전면적인 통치권 실행, 법에 입각한 홍콩과 마카오 통치, 국가안보 수호 등 업무를 맡아 홍콩과 마카오가 국가 발전의 큰 그림에 통합될 수 있도록 지원하는 역할을 맡는다고 밝혔다. 국무원에 산하의 홍콩마카오사무판공실은 이름만 남게 되고, 조직과 인력은 별도로 두지 않기로 하였다.

다섯째, 국무원 산하에 국가데이터국(國家數據局)이 신설되었다. 국가데이터국은 데이터 기반 제도 수립을 책임지고, 데이터 자원의 공유·개발·이용을 총괄하며 디지털경제와 디지털사회의 계획·건설. 국가 빅데이터 전략 시행, 데이터 인프라 건설 등을 맡는다.

한편, '당강정약'은 대학에서도 발생하였다. 중국 칭화(淸華)대학교 공산당위원회는 2024년 1월 14일 공고문을 통해 "당위원회 판공실과 총장 판공실을 통합한 '당위원회 판공실'을 설립하기로 결정했다"며 "신설 판공실의 약칭은 '당정판공실'"이라고 밝혔다. 칭화대 당위원회는 "당의 영도를 강화하고, 당정 중요 공작의 총괄적인 협조와 결정된 정책의 추진력 강화를 위한 조치"라고 설명하였다. 당정판공실은 학교 중요 업무를 종합적으로 조정하고, 정책 추진 등 업무를 책임지며, 직속 기구인 국내 협력 판공실, 대외 지원 판공실, 민원 판공실, 감사·감독 판공실을 지도하는 명실상부한 대학 최고의 기구다. 총장 판공실을 지도, 관리하며 대학 행정의 자율성을 보장했던 종전과 달리 당위원회가 전면에 나서 대학 업무를 총괄 관리하게 된 것이다. 난징대학교도 2023년 9월 당위원회 판공실과 총장 판공실을 통합하였다. 이와 관련하여 중앙통신사는 "칭화대의 결정은 시 주석 집권 3기를 맞아 본격화된 '당강정약', '당의 지도 우위'가 중국 대학으로 확대하는 계기가 될 수 있다"라고 전망하였다.[3]

2) 중국공산당의 통제 하의 국무원 총리

2024년 국무원 총리의 업무보고 준비 과정도 바뀌었다. 과거 리커창 총리는 '기층대표 좌담회'를 열고 업무보고를 보완하였다. 하지만 리창(李强) 총리는 2024년 1월 23일과 24일 기업가와 교육·과학·문화·위생·체육 대표 및 민주당파 지도자 좌담회를 열고 업무보고 초안을 설명하는데 그쳤다. 관영 매체들도 이와 관련된 보도를 하지 않았다. 2024년에 들어와서는 이전과 달리 '정부 업무 계획을 묻고(問計, 문계)',

---

3) 中대학도 이제 '당 지도 우위'…당조직, 총장판공실 흡수통합, https://lrl.kr/BSTF (검색일: 2024.3.12).

전문가들이 '정책을 건의하는(獻策, 헌책)' 특집 보도가 사라졌다. 리창 총리는 2023년 3월 17일 양회를 통해 새롭게 꾸려진 국무원의 첫 회의에서 "정부의 임무는 공산당 중앙 지도부가 내린 결정과 계획의 충실하고 건전한 이행을 보장하는 것"이라고 말했다. 또 리창 총리는 "모든 동지는 당의 전략적 의도를 완전하고 정확히 이해하는 좋은 실행자가 돼야 하며 당의 결정과 계획이 효과적으로 실행되도록 보장해야 한다."라고 강조하였다.

「당과 국가기구 개혁방안」과 관련하여, 홍콩 사우스차이나모닝포스트(SCMP)는 "이는 시진핑 중국 국가주석이 지난 10년에 걸쳐 원래 국무원에 속해 있던 권한을 포함해 많은 정책 결정 권한을 당으로 이관해 온 흐름의 일부분"이라며 "분석가들은 리 총리가 내각에 부여한 임무는 국무원이 정치적으로 소외되고 있다는 시각을 강화한다고 말한다."라고 보도하였다. 또 익명을 요구한 한 중국 정치학자는 지난 10년간 국무원과 당 간의 주요 이견들로 인해 시 주석이 국무원을 약화시키고 당 비서장 체재로 전환하는 명확한 계획을 세우게 됐다고 설명했다. 그는 홍콩 사우스차이나모닝포스트에 "시 주석의 조치는 덩샤오핑이 남긴 당정분리 개념을 크게 수정한 것"이라며 "시 주석은 자신만의 생각이 있고 이것이 국가의 통치와 발전을 보장할 수 있다고 굳게 믿고 있다."라고 말했다.[4]

시진핑 주석과 리커창 총리의 5세대 지도부를 뜻하는 '시리조합(習李組合)'은 2013년 3월 공식 출범했다. 중국에서 국가주석은 정치·외교 분야를, 총리는 경제 분야 주도권을 쥐고 정책을 결정한다. 리커창은

---

4) 中 신임총리 "정부 임무는 당 지도부 결정 충실히 이행하는 것", https://lrl.kr/tuBu (검색일: 2023.4.8).

‘리코노믹스(리커창 경제정책)’로 불리는 경제정책을 추진하였다. 시진핑 집권 이후 부정부패 척결 과정에서 상하이방과 공청단파의 주요 인물들이 실각하였다. 그리고 그동안 국무원 총리가 담당하던 분야를 시진핑 국가주석이 맡게 되면서 시진핑에게 권력이 집중되기 시작하였다.

시진핑에게 권력이 집중되었지만, 리커창도 소신 발언을 여러 차례 하였다. 2022년 8월 광둥성 선전에서 ‘개혁·개방의 총설계사’라 불리는 덩샤오핑 동상 앞에 헌화하면서 “장강과 황하는 거꾸로 흐르지 않는다.”라는 말로 개혁·개방 의지를 다졌다. 2023년 3월 전국인민대표대회 정부 공작보고를 마지막으로 정계에서 물러난 리커창은 국무원 직원들과 인사를 나누며 “사람이 하는 일은 하늘이 보고 있다.”라고 격려하였다. 영국 BBC방송은 “리커창 전 총리는 빈부격차를 줄이고 저렴한 주택 제공에 초점을 둔 정책으로 덜 혜택받은 사람들을 위해 일하는 지도자로 명성을 얻었다”며 “시진핑 국가주석에 의해 배제되었지만 경제정책 면에서는 실용주의로 인기 있는 지도자였다.”라고 보도하였다. BBC는 리커창 전 국무원 총리는 “시진핑 국가주석에게 충성하는 그룹에 속하지 않은 유일한 현직 고위 관료”였으며 “최근 수년 동안 중국 최고 지도자들 사이에서 고립되어 있었다.”라고 지적하였다.5)

2024년 3월 10일 제14차 전인대 제2차 회의 폐막식에서 「국무원조직법」 개정안을 표결로 통과시켰다.6) 1982년 개혁개방 시대가 시작될 때 제정된 이 법이 개정된 건 42년 만에 처음이다. 개정안 3조에서

---

5) “시진핑 아래서 힘 잃은 2인자” 외신들, 리커창 별세 조명(종합), https://lrl.kr/gUag (검색일: 2023.11.10).

6) ‘시진핑의 양회’ 1인 체제 완성하고 폐막한 中 양회, https://lrl.kr/gUad (검색일: 2024.4.8).

는 "국무원은 중국공산당의 영도를 견지한다."는 내용이 추가되었다. 개정안은 "국무원이 중국공산당의 이념과 지시를 더 철저히 따라야 한다."며 시진핑 국가주석의 국무원 장악을 명문화했다. 그리고 제3조에서 "마르크스레닌주의, 마오쩌둥사상, 덩샤오핑 이론, '3개대표' 중요사상, 과학발전관, 시진핑 신시대 중국특색 사회주의 사상의 지도를 견지하고, 당중앙 권위와 집중통일 영도를 군건하게 수호하고, 당중앙 결책안배를 군건하게 관철하고 실천하며, 신발전 이념을 관철하고, 의법행정을 견지하고, 헌법과 법률규정에 따라 정부 직능을 전면적으로 정확하게 이행한다."라고 하였다.[7]

리창 총리는 3월 5일 업무보고에서 "(우리는) 당 중앙의 결정과 배치를 관철하는 집행자, 실천자가 되어야 한다"라고 하였다. 당정 분리의 근간이었던 '총리 책임제'를 완전히 무력화한 셈이다. 정부가 당의 파트너에서 당의 지도를 받고 정책을 집행하는 하부기관으로 바뀐 것이다.

3) 정치개혁과 군개혁

2023년 7월 31일 당시 로켓군 정치위원이던 쉬중보(徐忠波) 상장이 해임되었다. 2023년 8월 돌연 공식 석상에서 사라진 리상푸(李尚福)는 2023년 10월 24일 열린 제14차 전인대 상무위원회 제6차 회의에서 국무위원과 국방부장과 국가중앙군사위원회 위원 직위를 동시 박탈당했다. 리상푸는 2024년 6월 중국공산당 중앙정치국 회의에서 제명되었다. 2023년 11월 베이징시 인민대표대회는 상무위원회를 열고

---

7) 全文發布 | 中華人民共和國國務院組織法, https://lrl.kr/gT98 (검색일: 2024.4.8).

리퉁젠(李同建) 로켓군 소장의 자격을 박탈하였다.

2023년 12월 27일 중국의 국정 자문기구인 중국인민정치협상회의는 왕후닝(王滬寧) 정협 주석 주재로 제14차 중국인민정치협상회의 제12차 주석 회의를 열고 류스촨(劉石泉) 중국병기공업집단 이사장, 우옌성(吳燕生) 중국항천과기집단 이사장, 왕창칭(王長靑) 중국항천과공집단 부총경리를 정협 위원에서 파면하였다. 이는 3명에 대한 공직을 박탈하였음을 의미한다.[8]

2023년 12월 29일 개최된 제14차 전인대 상무위원회 제13차 회의에서 군 수뇌부 9명의 전인대 대표직 파면이 의결되었다. 9명에는 로켓군 사령원(상장·대장급)을 지냈던 리위차오(李玉超)·저우야닝(周亞寧), 로켓군 부사령원(중장) 출신의 장전중(張振中)·리촨광(李傳廣), 로켓군 장비발전부 부부장(소장) 뤼훙(呂宏), 딩라이항(丁來杭) 공군 사령원(상장), 당 중앙군사위원회 장비발전부 부부장 출신의 장위린(張育林)·라오원민(饒文敏)·쥐신춘(鞠新春)이 포함되었다.

당 중앙군사위원회 주석을 겸임하는 시진핑은 2016년 1월 1일 기존 7대군구(大軍區)를 새로운 5개 전구(戰區)로 개편하는 것 이외에 로켓군 창설을 핵심으로 한 대대적인 인민해방군 개혁 조치를 단행하였다. 특히 로켓군은 그 이전에 육군 산하의 '제2포병'이 운용해 왔던 것을 재편한 것이지만, 핵미사일 운용 부대뿐 아니라 전략핵잠수함, 전략폭격기 부대, 우주방어부대 등을 통합한 것이어서 중국군의 미래 전력으로 평가받아 왔다. 중국은 2024년 군을 재편하였다. 중국은 전략지원군[9]을 폐지하고 '정보지원부대, 군사우주부대, 사이버부대' 등

---

8) "6개월 새 로켓군 15명 숙청"…시진핑 8년 군 개혁 '와르르', https://lrl.kr/tuBl (검색일: 2024.4.8).

9) 전략지원군은 정보, 사이버, 우주 부대를 통합해 2015년 말 창설됐다.

새로운 병종을 창설하였다. '신화통신'에 따르면, 2024년 4월 19일 시진핑 국가주석은 "정보지원부대는 새로 구축된 전략 병종이자 네트 워크 정보체계 건설과 운용을 총괄하는 핵심 부대로 우리군의 고품질 발전과 현대전 승리에서 중요한 위치를 차지하게 된다"라고 말했다. 그리고 "강력하게 작전을 지원하고 정보 주도로 승리를 쟁취하고 정 보 자원을 통합해 정보 지원을 정확하고 효율적으로 구축해 모든 분 야에서의 군사 투쟁을 보호할 것"이라고 밝혔다. 이번 군개혁은 4개군 종(육군, 해군, 공군, 로켓군)과 4개병종(정보지원부대, 군사우주부대, 사이버 부대, 연합군수부대)로 바뀌었다. 우첸(吳謙) 국방부 대변인은 "이번 개 혁으로 중국 인민해방군은 중앙군사위 지휘 하에 육군, 해군, 공군, 로켓군 등의 4개 군종과 군사우주부대, 사이버부대, 정보지원부대, 연합군수부대 등 4개 병종이라는 새로운 구조를 형성하게 됐다"며 "정세와 임무가 발전함에 따라 중국 특색의 군사력 체계를 부단히 개선할 것"이라고 밝혔다.10)

한편, 2024년 1월 23일 시진핑 중앙군사위원회 주석이 최근 새로 개정된 「군사입법업무조례(軍事立法工作條例)」 발표 명령에 서명하였 다. 조례는 2024년 3월 1일부터 시행되었다. 새로 개정된 조례는 시진 핑 신시대 중국 특색 사회주의 사상을 지도사상으로 삼는 것을 견지 하고 시진핑 강군사상과 시진핑 법치사상, 군사위원회 주석 책임제를 관철하면서 신시대 군사 입법 업무의 실천 경험을 깊이 총결산하고 새로 개정된 입법법에 따라 군사 입법 업무의 제도적 메커니즘에 대 한 전면적이고 체계적인 규범을 마련해 군사 입법 업무의 고품질 발

---

10) 중국, 전략지원군 폐지…정보지원·사이버 부대 등 창설, https://lrl.kr/NUlj (검색일: 2024. 4.26).

전을 촉진하고, 법에 의거해 군대를 다스리는 전략의 관철·실행을 추진하며, 군사관리를 촉진하고 전면적으로 강화하는 데 중요한 의미가 있다.

3. 중화민족의 위대한 부흥을 강조하며 '통일중국'을 꿈꾸다

1) 중화민족공동체라는 동일한 의식 강화

중국공산당 이론지 『구시(求是)』는 2024년 2월 1일 발간되는 최신호에 시진핑 주석이 행한 "중화민족공동체 의식을 확고히 하고 신시대당의 민족사업 고품질발전을 추진하자"라는 제목의 중요 연설을 게재하였다. 『구시』에 따르면 시진핑 국가주석은 중화민족공동체 의식을 확고히 하고 신시대 당의 민족사업 고품질발전을 추진하는 것이 당과 각 민족 인민의 공통 임무라고 강조했다.

2017년 제19차 전국대표대회에서 시진핑은 "중화민족공동체 의식을 확고히 주조할 것(籌牢中華民族共同體意識)"을 제기하였다. '중화민족공동체 의식'은 제19차 전국대표대회 보고서와 당헌에 공식적으로 기록되었다. 이후 시진핑 국가주석은 민족사업과 관련된 크고 작은 행사에서 "중국몽을 실현하기 위해서는 중화민족공동체 의식을 구축하는 데 집중해야 한다."라고 강조하였다. 중국은 '중화민족공동체 의식'의 강화는 '국민의식'을 강화하는 것이라고 해석하고 있다.

시진핑은 국가주석은 2019년 '전국 민족단결 진보 표창대회'에서 정신 공작을 강화할 것을 주문하면서, '국민의식 교육'이 중화민족공동체 의식을 확고히 주조하는 데 주요한 일환이자 효과적인 수단의 하나라고 언급하였다.

2021년 8월 27~28일 2014년 이후 7년 만에 민족 정책을 다루는 중앙민족공작회의가 개최되었다. 회의에서 시진핑 국가주석은 "중화민족공동체 의식을 확고히 수립하고 국가통일과 민족단결을 지키는 튼튼한 사상적 만리장성을 구축하며, 각 민족이 함께 국가안보와 사회안정을 지켜야 한다."라고 강조하였다. 또 "이데올로기 진지를 단단히 지키고 민족 분열과 종교적 극단주의 사상의 독소를 계속 숙청해야 한다."라고 말하기도 했다.

2022년 제20차 전국대표대회 보고에서 시진핑은 "국가문화의 소프트파워와 중화문화의 영향력을 끊임없이 향상시켜야 한다."며 "중화문명의 전파력과 영향을 증강하고 중화문화의 입장을 견고히 지키고, 중국의 이야기를 잘 설파해 중화문화가 더욱 세계를 향해 나아가도록 추동해야 한다."라고 강조했다. 그리고 "전체 중화의 자녀들을 동원해 중화민족 위대한 부흥의 '중국몽' 실현을 둘러싸고 뜻과 행동을 같이 해야 한다."라고 말했다. 또 "중화민족공동체 의식을 공고히 하는 것을 주축으로 삼아 당의 민족 공작을 강화하고 개진할 것"이라고 말했다.

중국 당국이 소수민족 거주 지역의 수업 언어를 국가 표준어(보통화(普通話))로 통일하도록 하고, 교과서도 국가 통일편찬 서적으로 교체하도록 지시하였다. 네이멍구 당국은 2020년 현지 소수민족 학교에 몽골어가 아닌 중국어로 수업하도록 지시했다. 네이멍구 몽골족 자치구의 제1 도시 후허하오터는 2023년 9월 신학기부터 모든 초·중·고등학교의 수업을 보통화로 진행하고, 몽골어 교육 시간은 대폭 줄이기로 했다.

중국 교육부는 2021년 9월 전국 유치원에 표준어 교육을 전면 실시하도록 지시하면서 소수민족 지역과 방언을 사용하는 농촌 지역을 중점 시행 대상으로 삼았다.

2019년 홍콩의 대규모 반정부 시위, 민진당 집권 이후 독립 노선을 강화한 타이완과의 갈등을 겪으면서 중화민족공동체 의식을 강화하는 쪽으로 선회했다. 시진핑 국가주석은 2021년 8월 중앙민족공작회의에서 "중화민족공동체 의식을 확고히 수립하고 국가통일과 민족단결을 이루는 사상적 만리장성을 구축해야 한다"며 "민족 분열의 독소를 숙청해야 한다."라고 강조했다. 이후 소수민족 고등학생들에게 부여하던 대학 입학시험 가산점제가 폐지됐고, 소수민족 언어 교육도 점차 축소됐다.

2022년 8월 옌볜조선족자치주는 「조선언어문자공작조례실시세칙」을 시행해 모든 문자표기 때 반드시 중국어와 한글을 병행하고, 중국어를 앞에 표기하도록 했다. 규정에 부합하지 않는 간판 등은 모두 교체해야 했다. 또 2022년 9월 옌볜자치주 창립 70주년 경축대회에서는 옌볜조선족자치주 주장(州長) 홍칭(洪慶)은 물론 연단에 오른 인사들이 모두 중국어로 '중화민족공동체' 건설을 강조하고 노래도 중국어로 불러 조선족 색채가 빠진 조선족 자치주 창립 기념 행사였다는 지적이 나오기도 했다.

2023년 8월 신장위구르자치구 우루무치에서 열린 회의에서 시진핑 국가주석은 "'중화민족의 공동체 의식'을 강화하기 위해 국가의 공통 언어와 문자를 사용하는 능력을 점진적으로 높일 필요가 있다"며 소수민족에게 보통화 교육을 철저히 하라고 강조했다.

2023년 10월 시진핑 국가주석은 중국공산당 중앙정치국 단체학습에서 "예로부터 중국 각 민족 인민은 빛나는 중화문명을 창조했고 위대한 중화민족을 탄생시켰다."라고 하며 "중화민족공동체 의식을 확고히 하고 신시대 당의 민족사업 고품질 발전을 추진하는 것은 당과 각 민족 인민의 공통 임무"라고 강조하였다.

2023년 『중화민족공동체개론』이라는 책이 출간되었다. 이 책은 2024년 3월에 한국 언론에 알려졌다. 처음에는 『중화민족공동체입문』이라는 제목으로 소개되었다가, 『중화민족공동체개론』으로 소개되기도 하였다. 이 책에 대해 인민망은 "'시진핑 사상 정치'의 필수교양 교재"라며 "중화민족 역사관을 중심으로 동고동락하며 영욕과 생사를 같이 하는 운명 공동체 이념을 수립하는 데 중요한 의의가 있다"라고 의미를 부여하였다. 이어 "'두 번째 결합'의 중대한 이론 혁신이 반영됐다"라고 강조하였다. 1949년 신중국 탄생이라는 첫 번째 결합에 이어 55개 소수민족을 융합 흡수하는 두 번째 결합에 대한 시도로 보았다.[11]

중국의 소수민족 업무를 담당하는 국가민족사무위원회는 2024년 1월 23일 중국 전역 소수민족 정책 고위 관리들을 모아 시진핑 중국 국가주석이 주문하는 '중화민족공동체 의식 구축'을 강조하였다. 그러면서 "중화민족공동체에 관한 역사적 자료 체계, 담론 체계, 이론 체계를 구축하고 중화민족의 형성과 발전의 이유, 이론, 철학을 과학적으로 밝히는 노력을 해야 한다"고 지시했다. 이어 중국 문화유산을 전적으로 보여주기 위해 중화민족의 공통성을 반영하는 전시와 문화 상품을 선보이는 노력을 하라고 덧붙였다. 또한 소수민족 업무에 숨은 위험과 리스크를 해결하고 소수민족의 통합·안정을 수호하는 목표도 명시했다. 아울러 "신시대 소수민족 문제에 관한 당 업무의 강력한 시너지를 촉진하기 위해 소수민족 문제에 대한 당의 중앙집권적이

---

11) 10년간 쓴 시진핑의 새 역사교과서…"두 번째 결합" 의미는, https://lrl.kr/oJsu (검색일: 2024.4.15).

고 통합된 리더십을 강화해야 한다"라고 강조했다.

한편, 제20차 중국공산당 중앙위원회에서 소수민족 간부가 10년 만에 최저를 기록하였다. 총 205명으로 구성된 제20차 중앙위원회에서 소수민족 간부는 9명으로 전체의 4.39%이다. 몽골족 2명과 위구르족·티베트족·바이족·광시좡족·후이족·투자족·카자흐족 각 1명씩이다. 제19차 중앙위원회는 총 204명 중 8.33%인 17명이 소수민족 간부였다. 중국 소수민족 공산당원은 약 700만 명 정도이다.

그리고 당 중앙통일전선부 부장으로 임명된 스타이펑(石泰峰)은 24명으로 구성된 제20차 중국공산당 중앙정치국 위원에 새롭게 발탁된 인물이다. 중앙통전부는 소수민족 정책에서 핵심 역할을 하며, 스타이펑은 지난 수십 년간 해당 부서장으로 임명된 최고 서열의 간부다. 2020년 네이멍구 당 서기로 재직할 당시 스타이펑은 학교에서 몽골어 대신 중국 표준어인 푸퉁화로 수업하도록 지시하였다. 스타이펑은 "네이멍구에서 중화민족을 위한 강한 공동체 의식 구축을 위해 푸퉁화 교육을 해야 한다."라고 강조하였다. 2022년 5월 스타이펑은 중국 국무원 산하 사회과학원 원장으로 발탁되었다. 프린스턴대 현대중국센터의 아론 글래서먼 연구원은 "시 주석 치하에서 당은 소수민족을 제거하고 한족으로 대체하려는 게 아니라, 민족 간 구분을 제거하고 자신들이 생각하기에 정치적으로 유용하고 통합된 국가 정체성을 기르려고 한다."라고 말했다. 그는 "그들은 근본적으로 소수민족이 표준 중국어를 말하고, 중화민족의 정체성을 포용하며 무엇보다도 시진핑과 그의 체제를 지지하도록 독려한다."라고 밝혔다. 최근 중국 내 소수민족 문제를 관할하는 국가민족사무위원회 수장에 소수민족이 아닌 한족 인사가 임명됐다. 2020년 천샤오장(陳小江)이 국가민족사무위 사상 첫 한족 수장으로 임명되었고, 이어 2022년 6월에는 판웨(潘岳) 전

중앙통전부 부부장이 임명되었다.[12)]

판웨 국가민족사위원회 주임을 편집장으로 한 『중화민족공동체개론』은 민족통합을 지지하는 10여 명의 학자가 참여하여 집필한 책으로, 앞으로 많은 대학에서 필수 교재로 채택될 예정이다. 이와 관련하여, 홍콩 사우스차이나모닝포스트(SCMP)는 "이 책에서는 중국 내 소수 민족의 이름을 거론하지 않았지만 특히 변방의 위구르족, 티베트족, 몽골족 등이 중국 국경 너머의 집단과 역사적·문화적 근접성을 공유하는 것이 일반적"이라고 분석했다. 홍콩 사우스차이나모닝포스트 등은 『중화민족공동체개론』은 마르크스주의와 시진핑 사상 강좌와 함께 많은 대학에서 필수 교재로 채택될 예정이라고 밝혔다.[13)]

한편, 2023년 12월 22일 신장위구르자치구 제14차 인민대표대회 상무위원회 제7차 회의에서 「중화민족공동체 의식 조성 강화 선전교육에 관한 결정(關於加强鑄牢中華民族共同體意識宣傳敎育的決定)」이 통과되었다. 「결정」에서 중화민족공동체 의식을 조성하는 선전교육 중점 임무를 전면적으로 실시한다고 하였다. 중화민족공동체 의식을 조성하는 선전교육 상설화 시스템을 구축하고, 중화민족공동체 의식 조성을 간부교육 당원교육 국민교육 체계에 편입하며, 사회 선전교육을 수행한다고 하였다. 그리고 중국특색 사회주의 노선의 자신감, 이론의 자신감, 제도의 자신감, 문화의 자신감을 견지하고, 당의 역사, 신중국사, 개혁개방사, 사회주의발전사, 중화민족발전사 선전교육을 심화하고, 위대한 조국, 중화민족, 중화문화, 중국공산당, 중국특색 사회

---

12) 중국, 상무부장에 왕원타오 헤이룽장 성장 임명.·'시진핑 측근', https://lrl.kr/k6jA; 中지도부 소수민족 간부 10년만 최저…"민족 동화책 강화", https://lrl.kr/xGKC (검색일: 2024. 4.15).

13) 소수민족 지우는 中 … 대학 필수교재에 '중화 민족주의' 반영, https://lrl.kr/Fv2z (검색일: 2024.4.8).

주의에 대한 공감대를 증진한다고 하였다.14) 해당 사업은 소수민족과 지역의 문화 혜택, 예술창작, 공공문화, 문화 전승, 문화산업 창작 등을 지원하기 위함으로, 춘우공정(春雨工程, 봄비 프로젝트)에 기반하여 신장위구르자치구, 티베트, 내몽고, 광서, 닝샤 등을 중심으로 문화·여행 자원봉사 지원 계획을 담고 있다. 2023년부터 소수민족 지역과 기타 지역을 온라인과 오프라인으로 연결해 총 364건의 「춘우공정(봄비프로젝트)」 자원봉사 프로젝트를 확정하여 실시하고 있다.15) 2023년 5월 문화여유부와 국가민족위원회는 「'춘우공정', 문화관광 자원봉사 국경투어 계획 실시방안에 대한 통지("春雨工程"——文化和旅游志愿服務邊疆行計劃實施方案的通知)」를 인쇄 발행하였다. '춘우공정' 내용에는 문화 관광 자원 봉사 국경 여행 계획을 담고 있는데, 문화여유부가 국가민족위원회와 협력하여 조직하고 시행하며, 신장과 시장을 중점으로 하고, 네이멍구와 광시, 닝샤 등의 민족 지역을 포함한다.16)

최근 산둥성 당국은 공자연구원 등 6개 기관을 중화민족공동체 의식 구축 제2차 연구기지로 명명했다. 이 연구기지는 산둥성 민족종교사무위원회가 설립하고 대학교육기관과 과학연구원에의해 구축되는 정책결정, 학술연구, 인재양성을 위한 과학연구혁신의 플랫폼이다. 공자연구원은 중화민족공동체 의식 연구기지 신청 및 건설사업에 힘을 모았다. 시진핑 국가주석은 2021년 7월 집권 후 처음으로 티베트 지역을 공개 시찰했고, 시 주석이 2021년 8월 방문한 허베이성 청더(承德)

---

14) 新疆維吾爾自治區人民代表大會常務委員會關於加強鑄牢中華民族共同體意識宣傳敎育的決定, https://lrl.kr/Khcd (검색일: 2024.4.8).

15) 春雨工程, https://lrl.kr/F41L (검색일: 2024.4.8).

16) 文化和旅游部 國家民委關於印發≪"春雨工程"——文化和旅游志愿服務邊疆行計劃實施方案≫的通知, https://lrl.kr/pisR (검색일: 2024.4.8).

역시 중국이 한족·티베트족 등의 민족융합 사례로 내세우는 곳이다.

한편, 국가주석이 강조한 '중화민족공동체 의식'에 초점을 맞춘 교과서가 대학 필수 교재로 채택될 전망이다. 2024년부터 실시하고 있는 「애국주의 교육법」을 통해 중국 당국은 소수민족 지우기를 강화하고 있고, 단일민족체의 개념인 중화민족을 앞세우고 있다.

2) 중화민족공동체의 완성을 위한 '티베트'

2023년 10월 중국이 주최한 국제회의에서 티베트자치구를 가리킬 때 사용해 온 영문 명칭을 '티베트(Tibet)'에서 '시짱(Xizang)'으로 바꾸었다. 이미 중국에서는 '시장'이라 부르고 있었지만, 대외적으로는 '티베트'라고 부르기도 하였다. 그런데 이제는 더 이상 티베트는 없음을 천명한 것이라 할 수 있다.

2020년 1월 11일 시장(西藏)자치구가 중화민족 단결을 강조하는 조례를 제정하였다. 시장자치구는 인민대표대회(인대)에서 이러한 내용을 담은 「시장자치구민족단결진보시범구건설조례(西藏自治區民族團結進步示範區建設條例)」를 만장일치로 통과시켰다. 2020년 5월부터 시행된 조례에는 지역 정부와 사회가 민족 단결을 강화하기 위해 해야 할 일과 하지 말아야 할 일 등에 대한 내용이 포함되었다. 그리고 정부·기업·학교·마을·군·종교시설 등 각 조직은 민족단결 업무를 위한 책임을 져야 한다. 매년 9월을 민족단결 활동을 위한 달로 지정하는 내용이 포함되었다. 시장자치구 인민대표대회 법제위원회 레이수량(雷書亮) 주임위원은 "중국공산당의 민족이론과 민족정책을 견지하고, 민족단결 진보 사업을 전면적으로 심화하는 데 온 힘을 다할 것"이라고 밝혔다. 또 "각 민족의 평등·단결·조화 등 사회주의 민족 관계를 공고히 하고 발전시키며, 중화민족공동체 의식을 깊이 새겨 시장을 전국 민족단결 진보모범구로 만들 것"이라고 말했다.

시장사회과학원 당대시장연구소의 볜바라무(邊巴拉姆)는 "중국 내 자치구 수준에서 민족 단결에 관한 법제가 마련된 것은 처음"이라면서 "입법 작업은 지난해(2019년) 초 시작했고 사회 모든 부분의 의견을 모은 것으로 안다"라고 밝혔다. 중국이 건국된 후, 최초의 '주장대신(駐藏大臣)'은 장징우(張經武)이다. 1951년 5월 「중앙 인민정부와 시장 지방 정부의 시장 평화적 해방 방법에 관한 협의(中央人民政府和西藏地方政府關於和平解放西藏辦法的協議)」 서명에 참여하였고, 중앙인민정부로부터 주장대표(駐藏代表)로 임명되었다. 당시 티베트는 달라이 라마가 친정을 하고 있었지만, 제국주의세력 때문에 해외에 있었다. 티베트로 가기 전 마오쩌둥은 "반드시 달라이 라마가 라싸로 돌아오도록 설득하라"라고 지시하였다. 장징우는 7일 14일 해외로 가서 달라이 라마가 라싸로 돌아오도록 하는데 설득하였다. 1951년 5월 23일 중앙인민정부 대표는 「중앙인민정부와 시장지방정부의 시장해방 방법에 관한 협의」에 사인을 하였다. 1952년 3월 중앙은 장징우를 시장공위(西藏工委) 서기로 확정하였다. 동년 3월 31일부터 4월 1일까지 루캉와(魯康娃) 등은 시장 독립을 선언하였고, 2000여 명의 무장세력이 중앙대표 주둔지와 중공 시장공위 주둔지(中共西藏工委駐地)를 포위하였다. 이때 장징우가 지휘하며 무장 세력을 진압하였다. 1954년 7월 장징우는 제1차 전국인민대표대회 제1차 회의에 참가하였다. 이때 마오쩌둥은 징징우는 중앙인민정부의 대표이고, 중국공산당 대표라고 하였다.[17]

영화 「주장대신(駐藏大臣)」은 청나라 중앙 정부의 외세 침략에 맞서

---

17) 傳承紅色基因 | 新中國首任"駐藏大臣"張經武, https://lrl.kr/xGKh (검색일: 2024.2.25).

싸우는 모습을 반영하고, 티베트에 대한 지방 관할권을 강화하며, 국가 주권과 영토 완전성 및 인민 이익을 효과적으로 수호하는 애국주의 역사를 소재를 한 영화이다.[18] 주장대신은 청나라 시기 중앙정부가 티베트 지역에 파견한 행정장관을 가리킨다. 영화는 청나라 건륭제 시기 티베트의 제6대 판첸라마가 숨진 뒤 그의 이복형제가 재산을 차지하기 위해 현 네팔지역에 있는 구르카족과 결탁해 시장(티벳)을 침입하는 내용을 다룬다. 건륭제가 파견한 장군들은 티베트족·한족·몽골족·만주족으로 구성된 연합군을 이끌고 외세를 물리쳤다. 민족단결을 공고히 하고 영토를 지켜내는 한편 환생 부처를 지정하는 티베트의 금병체첨(金瓶掣簽)제도를 확립했다는 것이다.

시진핑 총서기의 문학예술공작좌담회(文藝工作座談會)에서의 중요한 연설 정신을 구현하고, 우수한 문학예술 작품을 통해 중화의 우수한 문화를 전승하며, 애국주의의 주요 주제를 발양하기 위해, 베이징시위 선전부와 시장자치구 당위원회 선전부가 역사적 주제를 편성, 기획하여 공동으로 제작한 영화 「주장대신」이 라사에서 공식 개봉됐다.

「주장대신」은 "베이징 문화 품질 프로젝트", "티베트 애국 혁명 역사 문화 발굴 프로젝트"의 중점 항목이고, 중앙선전부의 "애국주의 영화 및 TV 교육 프로젝트 중점 영화", "국가신문출판광전총국(國家新聞出版廣電總局)의 중점 영화", "시장자치구 성립 50주년 기념 선물영화"이다.[19]

2024년 6월 12일 미국 하원은 「티베트-중국 분쟁 해결 촉진법(The Promoting a Resolution to the Tibet-China Dispute Act)」을 가결하였다. 이

---

18) 電影≪駐藏大臣≫即將上映, https://lrl.kr/xGJ4 (검색일: 2024.2.25).
19) 駐藏大臣 愛國題材史詩巨制電影, https://lrl.kr/gT91 (검색일: 2024.3.8).

법의 주요 내용은 티베트가 예로부터 중국 영토였다는 중국 당국 주장을 부정하는 것이다. 티베트 사람·역사·제도에 대한 중국 당국의 허위·왜곡 주장과 정보에 대응하는 데 자금 지원을 명시하고 있다. 현재 중국 명칭인 시장자치구 이외에 간쑤·칭하이·쓰촨·윈난성 등도 티베트 지역이라는 내용도 담고 있다. 미국 국무부는 티베트를 중국 일부로 간주하고 있으나, 이번 법안을 통과시킨 미 의원들은 중국 공산당의 티베트 점령이 국제법에 부합한다는 견해를 취한 적이 없다는 입장이다.[20]

린젠(林劍) 중국 외교부 대변인은 6월 18일 정례브리핑에서 티베트 문제와 관련해 "시장은 예로부터 중국의 일부였다"며 "시장에 관한 일은 순전히 중국 내정에 속하고 어떠한 외부 세력의 간섭도 허용되지 않는다"라고 밝혔다. 린 대변인은 티베트 망명정부와 관련해서도 "14대 달라이 라마는 단순한 종교인이 아니라 종교의 탈을 쓰고 반중 분열활동을 하는 정치적 망명자"라고 비난했다.[21]

미국에서 「티베트─중국 분쟁 해결 촉진법」이 통과된 후, 시진핑 국가주석이 6월 18일 중국 서부 칭하이성을 시찰하였다. 칭하이성은 티베트인이 많이 살고 있는 '리틀 티베트'로 불리는 곳이다. 시진핑의 시찰은 미국 의회가 티베트 문제의 해결을 위한 「티베트 해결법」을 통과하고 의회 대표단과 달라이 라마 간의 회동을 겨냥한 것으로 풀이된다. 중국 정부는 달라이 라마를 중심으로 한 티베트 정부가 시장자치구, 쓰촨성, 칭하이성, 윈난성, 간쑤성 등 티베트인이 거주하는 지역을 나머지 지역과 분리하기를 원한다고 주장하고 있다.[22]

---

20) 미국 의회 '티베트는 중국 영토 불인정' 법안 가결, https://lrl.kr/gUah (검색일: 2024.6.20).
21) 티베트 문제 압박하는 美에…中 "중국의 일부이자 내정", https://lrl.kr/gUas(검색일: 2024. 6.20).

3) '통일중국'을 꿈꾸는 중국: 타이완 통일

2022년 8월 10일 국무원타이완사무판공실(國務院臺灣事務辦公室), 국무원신문판공실(國務院新聞辦公室)은 「타이완문제와 신시대중국 통일사업(臺灣問題與新時代中國統一事業)」 백서를 발표하였다.[23] 백서에서 "타이완 문제를 해결하고 조국의 완전한 통일을 실현하는 것은 전체 중화아녀의 공통된 염원이고 중화민족의 위대한 부흥을 실현하기 위한 필연적인 요구이며, 중국공산당의 확고부동한 역사적 임명이다. 중국공산당과 중국정부, 중국인민은 이를 위해 장기적이고 끊임없는 노력을 기울여왔다."라고 하였다.

중국 정부는 1993년 8월에 「타이완 문제와 중국 통일(臺灣問題與中國的統一)」이라는 백서와 2000년 2월에 「하나의 중국 원칙과 타이완 문제(一個中國的原則與臺灣問題)」라는 백서를 발표하여, 타이완 문제 해결을 위한 기본 방칙과 관련 정책을 종합적이고 체계적으로 설명하였다. 타이완이 중국의 일부라는 사실과 현상을 더욱 천명하기 위해 중국공산당과 중국인민의 조국통일을 추구하려는 확고한 의지와 결심을 보여주고자 한다. 그리고 중국공산당과 중국정부는 신시대 조국통일을 추진하기 위한 입장과 정책을 설명하고자 이 백서를 발행한다고 하였다.

백서에서 타이완이 고대부터 중국에 속하였음을 밝히고 있다. 백서에서 중국정부는 삼국시대 오나라 사람인 심영(沈瑩)이 지은 『임해수토지(臨海水土志)』에서 타이완에 대한 최초의 기록을 남겼다고 밝혔다.

---

22) 시진핑, 美 티베트 법안 통과 속 '리틀 티베트' 칭하이성 시찰, https://lrl.kr/gUan(검색일: 2024.6.20).

23) 臺灣問題與新時代中國統一事業, https://lrl.kr/pisO (검색일: 2024.3.20).

그리고 수나라는 당시에 '유구(流求)'라고 불리던 타이완에 3차례 군대를 파견하였다고 밝혔다. 또 송원 이후에 중국 역대 중앙정부는 펑후(澎湖)와 타이완에 통치권을 확립하여 행정관할을 실시하였다고 밝혔다. 1624년 네덜란드가 타이완 남부를 점령하였고, 1662년 정성공이 네덜란드를 쫓아내고 타이완을 수복하였다고 밝혔다. 청 정부는 점차적으로 타이완 행정기구를 확대하였고, 1684년에 타이완부를 설치하여 푸젠성 관할에 예속시켰다고 밝혔다. 1885년에는 타이완을 행성으로 설치하였는데, 이는 당시 타이완이 청의 20번째 행성이 되었음을 밝혔다. 1894년 7월 일본이 중국을 침략하기 위해 갑오전쟁(청일전쟁)을 일으켰고, 이듬해 4월 전쟁에서 패배한 청 정부에 타이완과 펑후다오(彭湖島)를 할양하였으며, 항일전쟁 당시 중국공산당은 타이완을 수복하겠다는 주장을 분명히 제시하였다. 1937년 5월 15일 마오쩌둥이 미국 언론인 님 웨일스(Nym Wales, 1907~1997)를 만났을 때 "중국의 항전은 최종 승리가 요구합니다. 이 승리의 범위는 산하이관이나 동북부에 국한되지 않고 타이완의 해방도 포함됩니다."라고 말하였다.

1941년 12월 9일 중국 정부는 일본에 선전포고를 하고 "중일 관계에 관한 모든 조약, 협정, 계약을 폐지한다."라고 선언하며, 타이완과 펑후다오를 수복하겠다고 선언하였다. 1943년 12월 1일, 중국, 미국, 영국 정부는 「카이로 선언」을 발표하여 3국의 목적은 일본이 중국으로부터 빼앗은 중국 동북부, 타이완, 펑후열도 등의 영토를 중국으로 반환하는 것이라고 밝혔다. 1945년 7월 26일, 중국, 미국, 영국이 서명하고 나중에 소련이 합류한 「포츠담 선언」에서는 "카이로 선언의 조건이 반드시 이행될 것"이라는 점을 다시 강조했다. 같은 해 9월 일본은 '일본 투항 조약'에 서명하였고 "포츠담 선언의 규정에 따른 의무를 충실히 이행한다."라고 약속하였다. 10월 25일 중국 정부는 "타이완에 대한 주권 행사를 회복한다."라고 발표하였고, 타이베이에서 '중국 전역에서 타이완성 항복식'을 거행하였다. 그 결과, 중국은 국제법적 효력이 있는 일련의 문서를 통해, 법률과 사실상으로 타이완을 회복하게 되었다.

제18차 전국대표대회 이래 시진핑을 핵심으로 한 중국공산당은 양안관계의 시대변화를 전면적으로 파악하고 통일된 국가이론과 방침정책을 풍부히 발전시켜 왔다. 그리고 양안관계의 정확한 방향 발전을 촉진하였고, 신시대 중국공산당의 타이완 문제 해결의 총체적 전략을 형성하였으며, 타이완에 대한 공작의 근본적인 지침과 행동 강령을 제공하였다. 2017년 10월, 중국공산당 제19차 전국대표대회에서는 '일국양제'를 견지하고 조국통일을 추진하는 기본전략을 수립하였다. 그리고 "어떠한 사람, 어떠한 조직, 어떠한 정당, 어떠한 때 어떠한 형식에서 한 덩어리의 중국 영토를 중국에서 분열시키는 것을 절대 허락하지 않는다."라고 강조하였다.

2019년 1월 시진핑 총서기는 「타이완 동포에게 보내는 서한(告臺灣同胞書)」 40주년 기념회의에서 "신시대 양안관계의 평화발전을 추동하고, 조국평화통일의 과정의 중대한 정책 주장을 추진한다. 민족부흥을 추동하고 평화통일의 목표를 실현하기 위해 함께 노력한다. '양제'의 타이완 방침을 탐색하여 평화통일 실천을 풍부히 한다. '하나의 중국' 원칙을 견지하고 평화통일의 전망을 수호한다. 양안 융합 발전을 심화하고 평화통일 기초를 공고히 한다. 동포들의 정신적 단결을 실현하기 위한 평화통일의 공통된 정체성을 증진시킨다. 중국공산당과 중국정부는 양안관계 발전을 이끌고, 조국의 평화통일을 추진하기 위한 일련의 중대한 조치를 취했다."라고 강조하였다.

백서에서 "민족부흥의 새로운 여정에서 중국공산당과 중국 정부는 백년 만에 볼 수 없는 중화민족의 위대한 부흥과 세계의 중대한 변혁의 총체적인 전략을 조율하고, 신시대 중국공산당의 타이완 문제 해결의 총체적인 전략과 타이완에 대한 주요 정책 방침을 심도 깊게 관철하여, 양안관계의 평화발전, 융합발전을 확고히 추동하여, 조국 통일 과정을 견고하고 추진한다."라고 하였다.

백서에서 중국정부는 "통일 후에도 관련 국가는 타이완과 경제, 문화적 관계를 계속 발전시킬 수 있다. 중국 중앙정부의 비준을 받아 외국 국가는 타이완에 영사기구나 기타 공식 또는 준공식 기구를 설립할 수 있고, 국제조직과 기구도 타이완에 사무소를 설치할 수 있으며, 관련 국제협약을 타이완에 적용할 수 있고, 관련 국제회의를 타이완에서 개최할 수 있다."라고 하였다.

4. 시진핑 3기 정부, 국가안전과 핵심이익

1) 「국가기밀보호법」을 강화하다

2023년 7월 1일부터 시행되었던 수정된 「반간첩법」에 이어 2024년 5월 1일부터 수정된 「중화인민공화국 국가비밀보호법(中華人民共和國保守國家秘密法)」이 시행되었다. 「국가기밀보호법」은 2024년 2월 27일 제14차 전인대 상무위원회 제8차회에서 2차 개정이 이루어졌다. 개정 법안은 국가기밀의 정의를 기존 "정부의 정상적인 기능을 방해하거나 국가 안보 또는 공익을 훼손하는 사안"에서 "공개됐을 때 확실히 부정적인 영향을 줄 수 있는 업무에서 발생한 문제"로 바꿨다. 1988년 9월 5일 제7차 전국인민대표대회 상무위원회 제3차회의에서 통과되었던 「중화인민공화국 국가비밀보호법」은 2024년 2월 27일 제14차 전국인민대표대회 상무위원회 제8차회의에서 제2차 수정이 이루어 졌다. 2024년 5월 1일부터 시행되었던 「국가기밀보호법」은 총칙을 포함하여 총 6장 65개 조항으로 이루어져 있다.

제1조에서 "국가기밀을 보호하고 국가 안전과 이익을 수호하며, 개혁개방과 사회주의 현대화 건설 사업의 순조로운 진행을 보장하기 위해 헌법에 의거하여 본 법을 제정한다."라고 하였다. 제2조에서 "국 가기밀은 국가안전과 이익에 관계된 것으로, 법정 절차에 따라 확정 하며, 일정 시간 내에 일정 범위의 인원에 한해서만 숙지하는 사항을 가리킨다."라고 하였다. 제3조에서는 "중국공산당의 국가기밀보호 업 무에 대한 영도를 견지한다."라고 하였다.

제13조에서는 "국가안전과 이익에 관한 사항이 누설된 후 국가의 정치, 경제, 국방, 외교 등 영역에서의 안전과 이익에 손해를 끼칠 수 있으면 반드시 국가비밀로 확정해야 한다."라고 하였다. 여기에 해당되는 내용은 "(1) 국가사무의 중대한 정책 결정에서의 비밀사항, (2) 국방 건설과 무장역량 활동 중의 비밀사항, (3) 외교와 외사활동 중의 비밀 사항 밀 대외적으로 비밀 보호 의무를 부담하는 비밀사항, (4) 국민경제와 사회발전에서의 비밀사항, (5) 과학기술에서의 비밀 사항, (6) 국가안전 수호 활동과 형사 범죄 추적조사에서의 비밀사항, (7) 국가비밀보호 행정관리 부분을 거쳐 확정된 기타 비밀사항"이다. 그리고 "정당의 비밀사항 중 전관(前款) 규정에 부합하는 것은 국가비 밀에 속한다."라고 하였다.

제14조에서는 "국가비밀의 등급은 절대 비밀(絕密) 기밀(機密) 비밀 (秘密) 3등급으로 구분한다."라고 하였다. 그리고 제14조에서 "절대비 밀급 국가비밀은 가장 중요한 국가비밀로, 누설하면 국가안전과 이익

이 특별하게 엄중한 손해를 입게 되는 것이다. 기밀급 국가비밀은 중요한 국가비밀로, 누설하면 국가안전과 이익이 엄중한 손해를 입게 되는 것이다. 비밀급 국가비밀은 일반적인 국가비밀로, 누설하면 국가안전과 이익에 손해를 입는 것이다."라고 하였다.

제15조에서는 "군사 방면의 비밀보호사항 범위는 중앙군사위원회가 규정한다."라고 하였다. 제20조에서는 "국가비밀의 보호 기간은 별도 규정이 있는 경우를 제외하고, 절대비밀급은 30년을 초과하지 않고, 기밀급은 20년을 초과하지 않으며, 비밀급은 10년을 초과하지 않는다."라고 하였다.

제22조에서는 "기관, 단체는 국가비밀을 담은 종이 매체, 광학 매체, 전자기 매체 등 매체 및 국가비밀에 속하는 설비, 제품에 대해 반드시 국가비밀 표지를 해야 한다. 국가비밀에 관련되는 전자파일은 반드시 국가 유관 규정에 따라 국가비밀 표지를 해야 한다."라고 하였다.

제57조에서는 "본법 규정을 위반하여, 아래 정황의 하나가 있으면, 정황의 경중에 근거하여 법에 의거하여 처분을 내린다. 위법소득이 있으면 위법 소득을 몰수한다. (1) 국가비밀 매체를 불법 획득, 소지한 경우, (2) 국가비밀 매체를 매매, 전송 또는 사적으로 소각한 경우, (3) 보통 우편, 택배 등 비밀 보호조치가 없는 경로를 통해 국가비밀 매체를 전달한 경우, (4) 국가비밀매체를 우송, 탁송하여 출국하거나 유관주관 부문 비준을 거치지 않고 국가비밀 매체를 휴대 전달하여 출국한 경우, (5) 국가비밀을 불법 복제, 기록, 저장한 경우, (6) 사적(私人)인 교류와 통신 중에 국가비밀에 관련된 경우, (7) 국가비밀보호규정과 표준에 따라 유효한 비밀 보호 조치를 취하지 않고, 인터넷 및 기타 공공 정보망 또는 유선과 무선통신으로 국가비밀을 전달한 경우, (8) 국가비밀보호규정과 표준에 따라 유효한 비밀 보호조치를 취

하지 않고 비밀관련정보시스템, 비밀관련정보설비를 인터넷 및 기타 공공 정보망과 접속시킨 경우, (9) 국가비밀보호규정과 표준에 따라 유효한 비밀 보호조치를 취하지 않고 비밀관련정보시스템, 비밀관련 정보설비를 인터넷 및 기타 공공 정보망 사이에 정보 교환을 진행한 경우, (10) 비(非) 비밀관련 정보시스템, 비(非) 비밀 관련 정보 설비를 사용하여 국가비밀을 저장, 처리한 경우, (11) 비밀관련 정보 시스템의 안전기술프로그램, 관리 프로그램을 무단 삭제, 변경한 경우, (12) 안전기술 처리를 거치지 않고 사용에서 퇴출된 비밀 관련 정보 설비를 증정, 판매, 유기 또는 기타 용도로 변경한 경우, (13) 기타 본법 규정을 위반한 정황"이라고 하였다.

2) 중국공산당기율처분조례(中國共産黨紀律處分條例, 2023.12.19 수정)

「중국공산당기율처분조례」는 2003년 12월 23일 중공중앙정치국 회의에서 비준되었다. 그리고 2023년 12월 8일에 중공중앙정치국 회의에서 제3차 수정이 이루어졌다. 동년 12월 19일에 중공 중앙은 수정된 「중국공산당기율처분조례」를 발표하였으며, 2024년 1월 1일부터 시행되었다.

새롭게 수정된 「조례」는 총 158개 조항으로, 2018년 「조례」와 비교하면 16개 조항이 신규 추가되고 76개 조항이 개정되었다. 수정된 「조례」 내용은 "시진핑 총서기의 당 중앙 핵심이고 전당 핵심이라는 지위를 결연히 수호하고, 시진핑 동지를 핵심으로 하는 당 중앙 권위와 집중 통일된 영도를 결연히 수호해야 한다."라는 요구를 시종 관철해야 하고 반영해야 한다고 하였다.

수정된 「조례」에 '시진핑 신시대 중국 특색 사회주의 사상'과 '중국식 현대화'가 삽입되었다. 제2조에는 "시진핑 신시대 중국 특색 사회주의 사상을 지도로 삼고, 당의 전면적인 영도를 견지하고 강화하며, 시진핑 총서기의 당 중앙 핵심과 전 당 핵심 지위를 굳건히 수호해야 하고, 시진핑 동지를 핵심으로 하는 당 중앙 권위와 집중된 통일적 영도를 수호하는 것을 견지하고, 위대한 당 건설 정신을 널리 알리고, 자아 혁명을 견지하며, 전면적인 종엄치당 전략 방침을 관철하고, 신시대의 당의 건설 총체적 요구를 실현하며, 당이 독특한 난제 해결과 건전한 전면적인 종엄치당 체계를 추진하고, 전면적으로 당의 기율 건설을 강화한다. 중국식 현대화를 통한 강국 건설과 민족 부흥 위업의 전면적인 추진을 위해 엄격한 규율 보장을 제공한다."라고 하였다.

수정된 「조례」에서 당의 엄격한 규율을 제공하여 시진핑 국가주석의 이념을 철저히 강화하고 있다. 「조례」에 '초심사명'과 '4개 자신(감)'이 포함되었다. 제3조에서는 "당 조직과 당원들은 반드시 초심사명을 굳게 지키고, 정치의식, 대국의식(大局意識), 핵심의식, 일치의식(看齊意識)을 확고히 하여, 노선자신, 이론자신, 제도자신, 문화자신을 시종 견지해야 한다."라고 하였다.

2024년 6월 중국공산당 당내통계공보(黨內統計公報)에 의하면, 2023년 12월 31일까지 중국공산당 당원은 총 9918.5만 명으로 알려져 있다. 2022년 말보다 114.4만 명이 증가하였다. 여성 당원은 3018.5만 명으로 30.4%를 차지하고, 소수민족 당원은 759.2만 명으로 7.7%를 차지한다.

3) 「홍콩 국가보안법」으로 홍콩을 중국화하다

2019년 시작된 홍콩 반정부 시위가 반년 넘게 일어났다. 이러한 홍콩의 민주화 운동을 '노랑 우산혁명' 혹은 '우산혁명'이라 부른다. 이에 중국은 2020년 6월 30일 전국인민대표대회에서 「홍콩국가보안법(홍콩국가안전수호법)」을 통과시켰다. 정식 명칭은 「중화인민공화국 홍콩특별행정구 유지·보호 국가안전법」이다. 이 법은 제13차 전국인민대표대회 제3차 회의에서 통과된 「전국인민대표대회 홍콩특별행정구의 국가안전을 수호하는 건전한 법률 제도와 집행 체제 수립에 관한 결정」에 의거하여 전국인민대표대회 상무위원회가 제정한 것이다.

홍콩 정부는 주권 반환 23주년을 하루 앞둔 6월 30일 「홍콩 국가보안법」을 시행하였다. 「홍콩 국가보안법」은 '국가 분열, 국가 정권 전복, 테러 활동, 외국 세력과의 결탁' 등 4가지 범죄를 저지르면 최고 무기징역형으로 처벌할 수 있도록 하였다.

2022년 7월 유엔 인권위원회는 「홍콩 국가보안법」이 국제 협정에 어긋난다며 폐지해야 한다고 지적하였다. 2023년 크리스 탕 홍콩 보안 장관은 '23조'로 알려진 홍콩판 국가보안법을 별도로 제정하는 것은 현재 「국가보안법」의 부족한 부분을 메우기 위함이라며 "「국가보안법」과 23조의 결합은 포괄적인 국가안보를 구축할 것"이라고 주장하였다.

「홍콩 국가보안법」 21조에는 "분열을 선동한 자는 죄가 심각할 경우 5년 이상, 10년 이하의 징역에 처한다."라고 규정하였다. 「홍콩 국가보안법」 23조는 반역, 분리 독립, 폭동선동, 국가전복, 국가기밀 절도 등에 대해 최장 30년의 징역형에 처할 수 있도록 명시하고, 이와 관련한 법률을 제정하도록 규정하고 있다.

매년 11월 홍콩의 모든 초중고 학교는 어떻게 국가안전(안보)을 수호하고, 어떻게 관련 과목을 가르치는지에 대한 자세한 사항을 교육부에 보고해야 한다. 또 2022년부터는 공립학교 신규 교사 임용 시 기본법과 국가보안법 시험 통과를 의무화하였다.

2020년 2월부터 샤바오룽(夏寶龍)은 당 중앙 홍콩·마카오 공작판공실의 전신 격인 국무원 홍콩·마카오 사무판공실 주임을 맡아 중국 정부의 홍콩 문제를 총괄했다. 중국이 홍콩과 마카오 업무를 국무원에서 공산당으로 이관했지만, 수장은 여전히 샤 주임에게 맡긴 셈이다. 중국공산당 중앙과 국무원은 2023년 3월 「당과 국가기구 개혁방안」을 발표하며 당 중앙 홍콩·마카오 공작판공실을 신설해 국무원이 담당하던 홍콩과 마카오 관련 업무를 이관한다고 밝혔다. 서방과의 갈등이 집약된 홍콩 문제를 시진핑 총서기를 중심으로 한 당이 직접 관할하고, 이른바 '홍콩의 중국화'에 박차를 가하겠다는 의미로 해석된다. 중국 당·정은 당 중앙 홍콩·마카오 공작판공실 신설을 발표하면서 "일국양제(一國兩制) 관철, 중앙의 전면적인 통치권 실행, 법에 입각한 통치, 국가안보 수호 등 업무를 맡아 홍콩과 마카오가 국가 발전의 큰 그림에 통합될 수 있도록 지원하는 역할을 맡는다"라고 설명한 바 있다. 2023년 7월 11일 중국 국무원 홍콩·마카오 공작판공실 홈페이지에 따르면 중국공산당 중앙 홍콩·마카오 공작판공실은 첫 번째 회의를 개최하였다.

2024년 3월 19일 홍콩 입법회의에서 만장일치로 새로운 「국가안전 수호 조례(維護國家安全條例)」를 통과시켰다. 「국가안전 수호 조례」는 이미 4년 전에 중국 정부가 제정한 법(홍콩특별행정구 수호 국가안전법)을 한층 더 강화한 것이다. 현재 홍콩의 입법회의는 친중국 의원으로 대부분 구성되어 있다. 「국가안전 수호 조례」는 2024년 3월 23일부터 시행되었다. 2024년 3월 8일 법안이 최초로 공개된 이후, 존 리 홍콩 행정장관은 빠른 시일 내에 법안을 통과시켜달라고 요구해 왔다.

「중화인민공화국 홍콩 특별행정구 수호 국가안전법(中華人民共和國香港特別行政區維護國家安全法)」은 2020년 6월 30일 제13차 전국인민대표대회 상무위원회 제20차 회의에서 통과되었다. 중국 전인대에서 처음 만들었다. 홍콩 의회를 거치지 않고 중앙에서 법안을 통과시켜 홍콩 기본법 부칙 조항에 삽입한 것이다. 당시에는 국가 전복, 분리 독립, 외국 세력과의 공모, 테러 행위 4가지 범죄에 대한 처벌이 핵심이었다. 이번에 발효된 법은 1차에서 포함되지 않은 범죄 행위를 추가하고 형량을 강화하였다. 이는 2019년 민주화 시위로 촉발된 전면적 정치 탄압 강화의 가장 최신 조치이다.

「국가안전 수호 조례」는 3가지 원칙에 부합하는데, 조문에 이미 기재되어 있다. 3가지 원칙은 다음과 같다. 첫째, '일국양제(一國兩制)' 방침의 최고 원칙은 국가 주권과 안전, 발전 이익을 수호하는 것이다. 둘째, 인권을 존중하고 보장하며, 「기본법」과 특구에 적용되는 두 개의 국제 협약, 즉 「공민권리와 정치권리에 관한 국제공약(公民權利和政治權利國際公約)」과 「경제, 사회, 문화 권리에 관한 국제 공약(經濟·社會與文化權利的國際公約)」이 특구에 규정된 언론, 신문, 출판, 결사, 집회, 여행(遊行), 시위 등의 권리와 자유에 적용되고, 법률에 따라 보장된다. 셋째, 국가 안전을 해치는 행위 및 활동에 대해서는 법치 원칙에 따라 적극적인 예방을 견지하고, 법에 따라 중지 및 처벌해야 한다.

「국가안전수호 조례」는 다음과 같은 세 가지 중요한 목표를 담고 있다. 첫째, '일국양제', '홍콩인에 의한 홍콩 통치(港人治港)', 높은 수준의 자치 방침을 굳건하게 전면적으로 정확하게 관철한다. 둘째, 국가 안전을 수호하기 위한 건전한 특구의 법률 제도와 집행 메커니즘을 구축한다. 셋째, 국가안전을 해치는 행위와 활동을 법에 따라 예방, 중지, 처벌하고, 특구 주민과 특구 내 기타 주민의 합법적인 권익을 보장하며, 특구 내 재산과 투자가 법률 보호를 받을 수 있게 확보하며, 특구의 번영과 안정을 유지한다.

그리고 중국에서는 「국가안전수호조례」가 네 가지 특징을 지니고 있다고 본다. 첫째는 「국가안전수호조례」와 「홍콩국가안전법」 및 홍콩의 기타 국가안전 관련 법률은 상호 연결되고, 양립 가능하며 보완적이다. 둘째, 이 조례는 다른 관습법 관할권의 경험을 바탕으로 하지만 궁극적으로 홍콩의 실제 상황에 따라 시행된다. 셋째, 조항은 현행 관습법 관용에 따라 작성되었으며 상세하고 명확하며 이해하기 쉽다. 넷째, 낡고 부적합한 법률을 개선한다.[24)]

「국가안전 수호 조례」는 5가지 범죄를 처벌 대상으로 명시하였다. 5가지는 "반역, 내란, 사보타주(공공 인프라 파괴), 외부 결탁(금지된 단체 참여), 국가기밀 절도 및 스파이 행위"이다. 반역과 내란죄는 최고 종신형에 처해지고, 공공인프라 파괴는 최고 20년형이지만 외부 세력과 공모한 경우에는 종신형까지 받을 수 있다. 5개의 범죄는 다시 39가지 유형으로 세분화되었다. 국가기밀의 불법 취득 5~7년, 불법 공개 5~10년, 전자시스템으로 국가 안전을 위태롭게 하는 행위 최고 20년 등이다.

선동죄는 유죄 판결을 받을 경우 종전 2년에서 최대 7년형까지 늘었다. 경찰은 기소 전 최대 16일까지 구금할 수 있고 변호사 접견권을 제한한다는 조항도 처음 도입되었다. 뿐만 아니라, 온라인에 안보를 위협하는 글을 게시하는 것도 보안법 위반 대상이다.

「국가안전 수호 조례」에서 당국이 국가안전을 위협하는 폭넓은 행동들에 대해 엄격한 처벌을 위협하고 있으며, 반역과 폭동을 포함한

---

24) 23條立法完成 維護國安條例3月23日正式生效, https://lrl.kr/gUbe (검색일: 2024.4.20).

가장 심각한 것은 종신형에 처하도록 하고 있다. 선동적 출판물을 소지하는 것을 포함한 좀 더 가벼운 범죄도 몇 년의 징역형에 처해질 수 있다. 일부 조항은 세계 어느 곳에서 이뤄진 행위든 형사 고발을 할 수 있도록 허용하고 있다.

「국가안전 수호 조례」는 간첩 행위, 국가기밀 누설, 외부 세력과 결탁한 불법 행위 등을 겨냥하고 있다. 국가 안전을 위태롭게 한 혐의로 유죄 판결을 받았을 때 외국 정부나 단체와 협력한 것으로 밝혀지면 더 강력한 처벌을 받게 된다. 국가 안전을 위태롭게 할 목적으로 공공 기반 시설을 훼손한 사람들은 20년 동안 수감될 수도 있고, 외부 세력과 결탁할 경우 종신형을 받을 수도 있다.

2024년 1월 홍콩 최대 사범대인 홍콩교육대학은 홍콩 학교 최초로 국가안전 교육센터를 개소하였다. 존 리 홍콩 행정장관은 2024년 새해 최우선 과제로 국가안전 수호를 꼽았다.

한편, 홍콩은 2020년 6월 국가보안법 시행 후 교육 개편 작업을 진행하면서 2021년 고등학교 시사교양 과목을 전면 개편하였다. 홍콩이 '애국주의 교육'을 강화하는 교과과정을 개편하면서 초등학생도 「국가보안법」과 중국공산당 등을 배워야 한다. 교과 개편은 2024~2025학년도에 시범 운영을 거친 후 2027~2028학년도부터 전면 시행하기로 하였다. 교육국은 "초등학교 3학년 학생은 「홍콩 국가보안법」에 대해 이해해야 하고, 6학년은 중국공산당 통치하에 중국의 거둔 성과들을 알고 있어야 한다."라고 밝혔다. 교육국은 "초등학교에서 국민교육을 시행하는 것은 특별한 일이 아니다"라면서 "「홍콩 국가보안법」 시행 이후 모든 영역이 이를 준수해야 한다."라고 강조하였다.

4) 「중국의 반테러주의 법률 제도와 실천」에 관한 백서

2024년 1월 2일 국무원 신문판공실은 「중국의 반테러주의 법률 제도 체계와 실천(中國的反恐怖主義法律制度體系與實踐)」에 관한 백서를 발표하였다. 백서는 "반테러주의 법률 제도체계 개선, 테러 활동 처벌 규정, 반테러주의 공작에서의 표준화된 권력 행사, 반테러주의 공작에서의 법에 따라 인권 보장, 인민 안전과 국가안전 적극 수호" 5개 부분으로 구성되었다.

중국은 백서를 통해 반테러 투쟁의 주전장인 신장에서 국가안전과 사회안정을 강하게 지켜 대중의 안전은 현저하게 향상되었다고 주장하였다. 백서에서 중국은 "인권 보호 차원에서 이루어진 중국의 대테러 활동으로 신장위구르자치구 지역에서 최근 수년간 폭력적 테러 사건이 발생하지 않았다."라고 강조하였다. 또 "일부 국가들이 인권을 수호한다는 구실로 중국 내정에 간섭하고 있지만 (중국은) 테러리즘에 맞서 싸우고 있는 것"이라고 반박하였다.

5) 학교에서의 군사교육 확대

중국 학교에서 군사교육이 실시되고 있다. 이는 중국 정치가 어디로 가고 있는지를 알게 하는 대목이다. 중국정부는 학교교육에서 사상교육을 강화하면서 군사교육까지도 추가되고 있다. 그러면서 '시진핑 사상' 학습을 강조하고 있다. 2024년 여름방학을 맞아 중국 전역에서 유치원생과 초등학생도 군사훈련을 받는 영상이 공개되었다. 또 고등학교와 대학교 신입생을 대상으로 군사훈련인 '쥔신(軍訓)'을 하였다. 쥔신의 목적은 애국주의 사상, 조직성과 규율성을 강화하기 위한 것으로 전해졌다. 중국은 1984년 병역법을 개정해 대학교와 고등학교 신입생의 쿼신을 의무화했다. 병역법에는 존재해 왔지만, 유명무실한 상태였다가 1989년 천안문 사건 이후 대학을 중심으로 쿼신이 이루어졌다. 남녀를 구분하지 않고 모두 군사훈련에 참여하고 있다. 중국은 "초중등학교 국방교육이 국가 안보의 기초이며 어린 시절부터 전투 기술을 익혀야 한다."라고 강조하고 있다. 여름 방학이 되면 중국 전역의 고등학교와 대학교 학생들이 2~3주간 군사훈련을 받는다. 2024년에는 초등학교와 중학교 2,400여 곳이 시범적으로 기초 군사훈련에 들어갔고, 초등학교 1학년부터 군사교육을 전면 의무화하는 법 개정안도 심사 중에 있다.

2024년 7월 제20차 3중전회 개막을 맞아 중국공산당 이론지인 『구시(求是)』에서 시진핑은 "다른 나라의 정치 제도를 베끼고 모방하는 것은 통하지 않는다."라고 하며 "본국의 토양에 뿌리를 내린 제도만이 가장 믿을 수 있다"라고 강조하였다. 시진핑은 중국 체제를 유지하기 위해서는 가장 믿을 수 있는 것이 자국의 체제임을 강조하고 있는 것이다. 이는 최근 중국에서 진행되고 있는 중국공산당 중심의 영도 체제가 강화되고 있는 것과 밀접한 관계가 있다.

5. 시진핑, 가정과 사회 통제를 더욱 강화하다

2024년 2월 27일 제14차 전국인민대표대회 상무위원회 제8차 회의에서 「국가기밀보호법(國家機密保護法)」이 통과되었다. 시진핑은 제20호 주석령에 서명하여 공포하였다.[25] 동년 동월 중공중앙은 개정된 「중국공산당순시공작조례(中國共産黨巡視工作條例)」를 발표하며, 각 지역과 부처에 이를 성실히 준수하고 집행할 것을 요구하는 통지문을 보냈다.[26] 이러한 법과 조례는 중국 당국이 가정과 사회를 관리하고 통제하는 것을 더욱 강화하고 있음을 나타낸다.

1) 주요 법률

(1) 가정교육촉진법(家庭敎育促進法)

「가정교육촉진법」은 2022년부터 실시되었지만, 시진핑 세 번째 집권 시기의 가정교육에 대한 법과 교육정책을 알게 한다. 「가정교육촉진법」은 2021년 10월 23일 전인대 상무위원회 제31차 회의에서 통과되었다. 2022년 1월 1일부터 「가정교육촉진법」을 시행해 부모가 법에 따라 아이를 키우도록 규정하였다. CCTV는 "가정교육을 가정 문제가 아닌 국가의 문제로 다루는 최초의 입법"이라고 의미를 부여하였다.

「가정교육촉진법」의 제1조에서 "중화민족의 가정교육을 중시하는 우수한 전통을 드높이고, 전체 사회가 가정·가정교육·가풍을 중시하도록 유도하여, 가정의 행복과 사회 화합(和諧)을 증진하고, '덕지체미로(德智體美勞, 가치관·지식·건강·심미관·노동관 등 5가지 교육 목표)'를 전면적으로 발전시키는 사회주의 건설자와 후계자를 양성하기 위해 본 법률을 제정한다."라고 하였다. 제3조에서는 "가정교육은 도덕적 품성을 함양한 사람(立德樹人)을 양성하는 것이 근본적인 임무이고, 사회주의 핵심가치관을 함양하고 실천하며, 중화민족의 우수한 전통문화,

---

25) 中華人民共和國保守國家秘密法, https://lrl.kr/gT9E (검색일: 2024.3.20).
26) 中共中央印發《中國共產黨巡視工作條例》, https://lrl.kr/pirW(검색일: 2024.3.20).

혁명문화, 사회주의 선진문화를 널리 알리며, 미성년자의 건전한 성장을 촉진하도록 해야 한다."라고 하였다. 또 제4조에서는 "미성년자의 부모 또는 기타 보호자는 가정교육 실시에 대한 책임을 진다. 국가와 사회는 가정교육에 대한 지도, 지원, 서비스를 제공한다. 국가 공작인원은 좋은 가정 가풍을 확립하고 가정교육 책임을 다하는 데 앞장서야 한다."라고 하였다.

제3장은 국가 지지에 관한 내용이다. 제26조는 "현급 이상 지방인민 정부는 감독 관리를 강화하고, 의무교육 단계의 학생에 대한 숙제 및 교외훈련의 부담을 경감하며, 학교와 가정 간의 소통 채널을 개방하고, 학교교육과 가정교육 간의 협력을 촉진해야 한다."이다. 중국 정부는 과도한 숙제와 과외 등 사교육 부담을 경감시키기 위한 지방자치단체의 노력을 요구하고 있다. 그리고 사교육 감독 기구인 '교외교육훈련감독부'가 신설되었다.

제4장은 사회협동에 관한 내용이다. 제46조는 "도서관, 박물관, 문화 센터, 기념관, 미술관, 과학기술 박물관, 스포츠 경기장, 청소년궁(靑少年宮), 아동 활동센터 등 공공문화 봉사 기관과 애국주의 교육 기지에서는 매년 정기적으로 공익성 있는 가정교육 선전, 가정교육 지도 서비스 및 실무활동 등을 전개하여, 가정교육 공공문화 서비스 상품 개발 등을 개발해야 한다. 라디오, 텔레비전, 신문, 인터넷 등 언론매체에서는 올바른 가정교육 지식을 널리 알리고 과학적인 가정교육 이념과 방법을 보급하며 가정교육을 중시하는 좋은 사회적 분위기를 조성해야 한다."이다.

「가정교육촉진법」은 시진핑 국가주석이 2018년 9월 전국교육대회 중요 연설에서 강조한 내용을 인용하였다. 2035년에 사회주의 현대화를 기본적으로 완성하고, 2050년에 사회주의 현대화 강국을 건설함에 있어서, 가정교육이 기여해야 한다는 것을 강조하는 것이다.

(2) 반간첩법(反間諜法, 2023년 수정)

2014년 11월 제12차 전국인민대표대회 상무위원회 제11차 회의에서 통과되었던 「반간첩법」은 2023년 4월 제14차 전국인민대표대회 상무위원회 제2차 회의에서 수정안이 통과되었다. 수정된 「반간첩법」은 2023년 7월 1일부터 정식으로 발효되었다.

수정된 「반간첩법」은 적용 범위가 확대되었다. 이전 「반간첩법」은 국가의 기밀을 탐지, 수집, 탈취, 전달, 폐기하거나 그 밖의 방법으로 국가의 안전(안보)과 이익을 해치는 행위를 간첩행위로 규정하였다. 하지만, 수정된 「반간첩법」은 기타 국가안전 및 이익과 관련된 자료까지 간첩 행위의 범위에 포함시켰다. 제4조에서 간첩행위로 간주되는 행위를 소개하고 있다. 이 조항은 2014년도에는 제5장 부칙의 제38조에 들어 있는 내용을 좀 더 보완한 내용이다.

수정된 「반간첩법」이 시행된 이후, 적발 대상의 범위가 넓어지고 당국이 국가안전과 이익에 관한 정보 제공이나 수집 혐의가 있다고 판단하면 단속이 가능해졌다. 일본 『니혼게이자이신문(日本經濟新聞)』에 따르면 2023년 3월 미국 신용조사업체 민츠그룹 베이징 사무소에서 일하는 중국인이 당국에 구속되었다. 4월에는 미국 컨설팅기업 베인앤드컴퍼니의 상하이 사무소 직원이 조사를 받은 것으로 알려졌다.

수정된 「반간첩법」이 소개된 이후, 한국 주요 국가기관이나 여행사 등에서는 중국의 「반간첩법」을 위반하는 행위에는 어떠한 사례들이 있는지를 알려주면서, 중국에 갔을 때 주의해야 한다고 당부하고 있다.

(3) 애국주의 교육법(愛國主義教育法, 2024.1.1)

2023년 10월에 개최되었던 제14차 전국인민대표대회 상무위원회 제6차 회의에서 「애국주의 교육법」이 통과되었고, 2024년 1월 1일부터 시행되었다. 「애국주의 교육법」은 학교, 공직사회, 기업, 종교단체 등 사회 전반에 걸쳐 애국 교육을 강화하라는 내용을 담고 있다.

「애국주의 교육법」제1장 총칙 제1조에서 "신시대 애국주의 교육을 강화하기 위해서는, 애국주의 정신을 전승하고 널리 알리며, 전면적인 사회주의 현대화 국가 건설, 전면적인 중화민족의 위대한 부흥 추진을 위한 충만한 역량을 응집하여야 한다. 헌법에 따라 이 법을 제정한다."라고 하였다. 제4조에서는 "애국주의 교육은 중국공산당의 영도를 견지한다."라고 하였다.

제6조에서는 애국주의 교육 내용을 소개하고 있다. 주요 내용으로는 "(1) 마르크스−레닌주의, 마오쩌둥사상, 덩샤오핑 이론, 3개 대표 중요사상, 과학발전관, 시진핑 신시대 중국 특색 사회주의 사상, (2) 중국공산당 역사, 신중국 역사, 개혁개방 역사, 사회주의 발전의 역사, 중화민족 발전의 역사, (3) 중국 특색 사회주의 제도와 중국공산당이 인민 단결 투쟁의 주요 성과·역사 경험. 생생한 실천을 영도한다. (4) 중화의 우수한 전통문화, 혁명문화, 사회주의 선진문화, (5) 국기, 국가, 국장 등 국가의 상징 및 표시, (6) 조국의 웅장한 강산과 역사 문화유산, (7) 헌법과 법률, 국가통일과 민족단결, 국가안전과 국방에 대한 의식과 관념, (8) 영웅 열사와 선진 모범 인물의 업적과 그들이 구현한 민족정신, 시대정신, (9) 기타 애국주의 정신이 풍부한 내용"이다.

제7조에서는 "국가는 중화민족공동체 의식을 굳건히 하기 위한 교육을 실시하고, 각 민족의 교왕과 교류와 통합을 촉진하며, 위대한

조국, 중화민족, 중화문화, 중국공산당, 중국 특색 사회주의의 일체감을 강화하여, 중화민족 공동의 정신적 고향을 건설한다.”라고 하였다.

2024년 1월 1일 중국『글로벌타임스』는 “중국에서는 1월 1일부터 여러 가지 새로운 법률이 시행되었는데 그중 애국주의 교육법이 가장 눈에 띄는 법률 중 하나”라며 “학교에서는 이 법에 따라 이념 및 정치 이론 강의를 포함한 학교 교육의 전 과정에 애국심 교육을 포함하고 다양한 과목에 통합돼야 한다.”라고 강조하였다.

(4) 대외관계법(對外關係法)

2023년 6월 28일에 열린 제14차 전국인민대표대회 상무위원회 제3차 회의에서 「대외관계법」이 통과되었다. 이 법은 2023년 7월 1일부터 시행되었다. 제1조에서는 “대외관계를 발전시키고 국가 주권과 안전, 발전 이익을 수호하고, 인민 이익을 수호하고 발전시키며, 사회주의 현대화 강국을 건설하고 중화민족의 위대한 부흥을 실현하며 세계의 평화와 발전을 촉진하고 인류 운명공동체 건설을 촉진하기 위해, 헌법에 따라 이 법을 제정한다.”라고 하였다.

제6조에서는 “국가기관과 무장역량, 각 정당과 인민단체, 기업과 사업조직, 기타 사회조직 및 공민은 대외 교류 협력에서 국가 주권, 안전, 존엄, 영예, 이익을 수호할 책임과 의무가 있다.”라고 하였다. 그리고 제8조에서는 “모든 조직 또는 개인이 이 법과 관련 법률을 위반하고, 대외관계에서 국가이익을 해치는 활동에 종사하는 경우 법에 따라 법적 책임을 추궁한다.”라고 하였다.

제33조에 “중화인민공화국은 국제법과 국제관계의 기본 준칙을 위반하고 중화인민공화국의 주권, 안전 및 발전 이익을 침해하는 행위

에 대해, 중화인민공화국은 상응하는 반격 및 제한 조치를 취할 권리가 있다. 국무원과 그 부서는 필요한 행정 법규와 부서 규칙을 제정하고 상응하는 업무 제도와 메커니즘을 구축하며 부서 간 협조를 강화하고 관련 대응조치와 제한 조치를 결정하고 실시한다."라고 하였다.

(5) 중국 국가안전기관 행정 법집행 절차 규정

「국가안전기관 행정 법집행 절차 규정(國家安全機關行政執法程序規定)」이 2024년 4월 16일 국가안전부 부무회의(部務會議)에서 심의 통과되었고, 2024년 7월 1일부터 시행되고 있다.27) 또 국가안전기관 형사사건 처리절차규정(國家安全機關辦理刑事案件程序規定)이 동년 4월 26일 국가안전부령 제4호로 공포되었다. 이「규정」역시 동년 7월 1일부터 시행되고 있다.28)

이 2개의 규정에는 중국에 입국하는 중국인과 외국인들을 대상으로 휴대하고 있는 스마트폰, 태블릿, 노트북 등의 전자기기 내용을 검열하는 것을 의무화한다는 내용이 포함되어 있다. 중국 국가안전부는 공식 SNS 계정을 통해 "사회 각계 각층은 해당 규정에 대해 광범위한 관심과 긍정적 평가를 하고 있으며 이는 국가안전과 법치건설을 심화하는 것"이라고 밝혔다.

「국가안전기관 행정 법집행 절차 규정」의 제23조에서는 "외국인 관련 위법 사건 처리 시, 국적 확인, 통보, 통보 등 업무를 중국 법률과 법규 및 관련 규정에 따라 진행하고 관련 사건 처리 요구를 이행해야

---

27) 中華人民共和國國家安全部令 第3號, https://lrl.kr/gT9I (검색일: 2024.4.30).
28) 國家安全機關辦理刑事案件程序規定, https://lrl.kr/pitY (검색일: 2024.4.30).

한다."라고 하였다.

국가안전기관은 「국가안전기관 행정 법집행 절차 규정」에 따라 개인·조직의 전자장비 ·시설 등에 대한 검사를 실시할 수 있다. 제45조에 따르면, 신원이 불분명하거나 국가안전에 위협을 줄 수 있다고 판단되면, 인민경찰증이나 정찰증을 제시하면 휴대품을 검사할 수 있다.

국가안전부는 "간첩행위는 각각 안보를 심각하게 위협하는 활동으로 각국이 입법을 통해 강력하게 단속하고 있으며, 중국 「반간첩법」도 간첩의 불법 활동을 효과적으로 예방하고 처벌하기 위해 국가안전기관이 법에 따라 전자장비 및 시설을 검사하는 것을 구체적으로 규정하는 내용이 담겼다."라고 설명하였다.[29]

2) '죽의장막' 시대로 회귀하는가

(1) 펑차오경험(楓橋經驗) 장려

2013년 10월 시진핑 국가주석은 각급 당 위원회와 각급 정부에 게 "'펑차오경험'의 중대한 의미를 충분히 인식해 우량한 기풍을 만들어 내고, 시대요구에 맞게 군중 공작방법을 창신해야 한다."라고 강조하였다. 또 "펑차오경험을 잘 견지하고 발전시키면서 당의 군중 노선도 잘 견지하고 관철해 나가자"라고 말하였다.

펑차오경험은 1960년대 초 저장성 사오싱(紹興)시 주지(諸暨)시 관할

---

29) 중국 "7월부터 휴대전화 불심검문?…반중세력의 '유언비어'", https://lrl.kr/tuBC (검색일: 2024.6.20).

의 평차오진(楓橋鎭)에서 생겨난 치안관리의 새로운 방식을 의미한다. 치안관리는 공안국·파출소 등의 공안 경찰 기관이 담당하지만, 평차오진에서는 일반 주민들이 혁명군중으로 동원되어 공안과 연계한 형태로 관내 반동분자 등 불순세력에 대한 질서 유지에 나섰다. 1963년 마오쩌둥이 '평차오경험'에 대해 큰 의미를 부여하고 관련 지시를 내리면서 이 구호는 전국으로 확산되었다.

2023년 11월 시진핑은 베이징 인민대회당에서 공동체 차원의 통치를 추진하기 위해 '평차오모델'을 적용한 기관·단체 대표들과 만났다. 시진핑은 새로운 시대에 공동체 차원의 통치를 추진하기 위한 '평차오모델'을 더욱 발전시키고, 평화적 중국 구상을 보다 높은 수준으로 발전시키기 위한 노력을 촉구하였다.

2024년 1월 정법부 전국 회의에서 시진핑은 "사회안정을 단호하게 유지하고 국민 내부의 갈등을 올바르게 처리하기 위해 노력해야 한다."라며 "신시대 '평차오경험'을 유지 및 발전시켜야 한다."라고 언급하였다.

(2) 가국정회(家國情懷, '가정'과 '국가'의 정)

시진핑 시대에 들어 '가국정회(가국감정)'는 국가와 사회, 개인의 가치 요구를 하나로 융합하는 '사회주의 핵심가치관'과 상호 호응하면서 애국주의와 결합된 현대적 의미로 재해석되었다. 그리고 '중화민족의 위대한 부흥을 추동하는 정신적 역량'으로 부상하면서 현 중국의 정치, 사회, 문화 각 방면에서 체현되고 있다.

중공 중앙판공청은 24자 핵심가치를 국가, 사회, 개인의 3단계로 구분한 「사회주의 핵심가치관의 육성과 실천에 관한 의견(關於培育和

踐行社會主義核心價值觀的意見)」을 발표하였다. 국가, 사회, 공민이 관련된 가치 요구 사항은 가족과 국가를 통합하려는 전통적인 개념과 일치한다. 게다가 둘에 포함된 논리적 출발점도 동일하다.[30] '가국정회'는 가정과 국가 공동체에 대한 개인의 공감과 사랑이자, 애국주의 정신을 만들어내는 감정이다. 즉, 국가와 가정, 사회와 개인은 떼려야 뗄 수 없는 하나라는 것이다. 중국 당국은 국가를 구성하는 구성원으로서 '가국정회'라는 희생적인 애국정서를 갖고 있어야 한다고 강조하고 있다.

2024년 1월 1일, 「중화인민공화국 애국주의 교육법」이 공식적으로 시행되었다. 신시대의 젊은이들에게 애국주의 교육을 강화하기 위한 강력한 법치보장을 제공하였다. 신시대의 배경하에서, 청소년 사이에서 애국주의 감정을 어떻게 두텁게 하고, 애국주의 형식을 어떻게 풍부하게 할 수 있는가? 2024년 전국 양회에서 애국주의 교육과 관련된 주제가 대표 위원과 업계 사람들 사이에서 열띤 토론을 불러일으켰다. 2024년 전국 양회 기간 동안 공청단 중앙위원회는 「중화인민공화국 애국주의 교육법 실시 및 학생들의 실천적 애국심 교육 강화에 관한 제안(關於貫徹「中華人民共和國愛國主義敎育法」加強學生愛國主義實踐敎育的提案)」을 제출해 애국주의 실천 교육을 더욱 강화할 것을 권고하였다. 젊은 학생들을 위한 실용교육의 보편성과 효율성을 제고하고자 하였다.[31]

시진핑은 '가국정회'를 여러 차례 강조하였다. 시진핑은 "우리는 전 사회에 가국정회를 널리 알리고, 사회주의 핵심가치관을 육성하고

---

30) 社會主義核心價值觀里的"家國情懷", https://lrl.kr/xGKW (검색일: 2023.5.20).

31) 「兩會"童"音」厚植愛國主義情懷, 人大代表建議加大靑少年藝術敎育培養, https://lrl.kr/k6kh (검색일: 2024.4.10).

실천하며, 애국주의, 집체주의, 사회주의 정신을 널리 알려, 가정을 사랑하고 국가를 사랑하는 것을 제창하여, 서로 하나로 삼아, 사람마다 가정마다 모두 중화민족의 대가정을 만드는데 공헌을 해야 한다." 라고 지적했다. 「신시대 애국주의 교육 실시요강(新時代愛國主義教育實施綱要)」에서는 애국주의의 시대적 주제를 파악하여, 사람들이 중국의 꿈의 본질은 국가부강, 민족진흥, 인민행복이라는 것을 깊이 인식하게 하도록 인도해야 한다. 그리고 전 인민에게 중국공산당을 사랑하고(愛黨), 조국을 사랑하며(愛國), 사회주의를 사랑하는(愛社會主義) 거대한 열정을 갖도록 하고, 신시대를 위해 '가국정회'를 널리 퍼뜨려 노력과 분투의 방향을 가리켰다. 애국주의의 위대한 깃발을 높이 들어야 한다. 애국주의는 중화민족의 훌륭한 전통으로, 사람들이 민족운명과 국가 미래에 대한 책임과 담당을 구현하도록 하였다. '가국정회'는 '화하아녀(華夏兒女)'가 앞으로 나아가도록 하는 정신적 등대이다. 전 사회구성원의 가정과 국가에 대한 인내와 노력이다. 이러한 이유로 애국주의는 가국정회의 영원한 주제이고, 애국주의는 가국정회의 깊은 감정이라 할 수 있다.[32]

시진핑 총서기는 "중화민족의 위대한 부흥이라는 중국몽을 실현하는 것은 당대 중국 애국주의의 뚜렷한 주제"라고 지적하였다. 그리고 "가정에서는 '효'를 다하고, 국가에서는 '충'을 다하는 것은 중화민족의 우수한 전통이다. 국가번영발전이 없으면, 가정행복이 없다. 또, 수천만의 가정 행복이 없으면, 곧 국가 번영발전도 없다."라고 강조하였다. '나라를 사랑하고 가정을 아끼다(愛國惜家)'를 주장하며 인민의 국가 공동체 의식, 사명감과 자부심을 불러일으켰다. '중국몽'은 국가

---

32) 新時代弘揚家國情懷的基本遵循, https://lrl.kr/xGK8 (검색일: 2023.4.20).

부강, 민족진흥과 인민 행복의 통일이다. '가국일체(家國一體)' 사상은 선명한 시대적 의미를 부여하였다. 혁명문화를 널리 알리고, 혁명 유전자를 대대로 이어지도록 해야 한다. 현재 중국특색 사회주의는 새로운 시대에 들어섰고 중화민족은 '일어서서 부유해지면 강해진다'라는 역사적이 도약을 맞이하였으며, 중화민족은 위대한 부흥을 향해 거침없는 속도로 전진하고 있다. 중국몽은 중화의 후손과 중국 내외 염황자손을 하나로 묶는 '최대공통분모'라 할 수 있다.[33]

6. 나오는 말

2027년 제21차 전국대표대회가 개최되기 전까지 중국 당국은 '통일중국'을 기초적으로 완성하고자 한다. 특히 타이완을 통일하기 위한 중국 당국의 의지는 타이완 주변에서 군사훈련에서도 나타나고 있다. 공교롭게도 2027년은 중국 건군 100년이 되는 해이면서 시진핑의 네 번째 연임이 결정되는 해이다. 이러한 이유 때문에, 세계 언론에서는 중국 당국이 강조하는 '통일중국'이 2027년 이전까지는 어느 정도 진행되어 있을 것으로 해석하고 있다.

2024년 7월에 개최되었던 제20차 3중전회에서 "중국 건국 80주년이 되는 2029년에 「결정」에서 제안한 개혁을 완료할 것이라고 강조하였다. 이전에 2035년과 2049년이 사회주의 현대화 건설과 관련된 주요 단계의 년도였다면, 2027년과 2029년은 '통일중국'뿐만 아니라 '부강한 중국'을 잇는 중국 년도라고 할 수 있다.

---

33) 新時代弘揚家國情懷的基本遵循, https://lrl.kr/xGK8 (검색일: 2023.4.20).

2022년과 2023년에 새롭게 제정된 법률이나 개정된 법률을 통해 중국 당국의 '통일중국'과 중화민족의 위대한 부흥을 완성하기 위한 '중화민족공동체 의식강화'를 강조하고 있음을 알 수 있다. 중국 당국은 2049년에 완성하고자 하는 국가목표를 완성하기 위해 중화민족공동체 의식 강화 교육과 시진핑 사상 강화 교육, 법률 보급 교육을 지속적으로 전개하고 있다. 특히 중국 당국은 '의법치국'을 전면적으로 완성한다면서, '법치중국 건설'을 전면에 내세우고 있다. 동시에 중국의 핵심이익과 국가안전(안보) 강화를 전면에 내세우고 있다. 최근에 제정되었거나 개정된 대표적인 법은 「반간첩법」(개정), 「대외관계법」, 「애국주의 교육법」, 「홍콩보안법」, 「보수국가기밀법(保守國家秘密法)」 등이다.

중국은 자국의 국가목표를 완성하기 위해 양자회담이나 다자회담을 통해 '친구사귀기 외교'를 강화하면서 중국 핵심이익을 강조하고 있다. 중국은 한미일 협력 강화를 견제할 뿐만 아니라 북러 관계변화에도 주목하고 있다.

'2022년 10월'과 '2023년 3월'은 시진핑의 세 번째 집권을 알린 달이었다. 시진핑은 2022년 10월에 중국공산당의 총서기와 중앙군사위원회 주석으로 선출되었다. 그리고 2023년 3월에 국가주석과 국가 중앙군사위원회 주석으로 선출되었다. '중국공산당의 영도'가 강조되는 시기의 중심에 시진핑이 있다.

2023년 양회에서 확정한 권력 기구 개편 이후 1년 동안 "공산당 영도의 전면적 강화"와 정부, 전인대, 정협의 2선 후퇴가 사실상 완료되었다. 2024년 3월 전인대에서 '국무원조직법'이 수정안이 통과되면서, 국무원은 중국공산당의 영도 하에 놓여졌다. 국무원 총리의 역할이 대거 축소되었다.

문화대혁명을 경험한 덩샤오핑은 개혁개방을 천명한 후 '1인에게 권력 집중되는 현상'을 견제하기 위해 집단지도체제를 형성하였다. 특정 인물에게 권력이 집중되는 현상을 없애기 위해 덩샤오핑은 다양한 노력을 하였고, 이후 장쩌민이나 후진타오는 실천에 옮겼다. 하지만 시진핑은 달랐다. 시진핑은 권력을 차지한 이후 지속적으로 권력을 집중시켜 왔다. 시진핑은 법제를 통해 중국공산당 내에 만연해 있던 부정부패를 척결하기 시작하였다. 그 결과 중국 내 정치 계파인 상하이방과 공청단파의 권력이 약화되었다. 반면 시진핑의 개인적 관계망인 시자쥔이 형성되었고, 시자쥔은 중국 정치를 장악하였다.

시진핑은 '의법치국'과 '의헌치국'을 강조하면서 '법치중국 건설'을 천명하였다. 시진핑은 법에서 허용하는 범위 내에서 권력을 집중시켰고, 자신의 권력을 정당화시키기 시작하였다.

2023년은 시진핑의 세 번째 집권이 시작되는 해이자, 중국의 새로운 출발점이다. 중국은 국가안전을 최우선으로 삼으면서 핵심이익을 강조하고 있다. 2023년과 2024년에 공포되어 적용되고 있는 국가안전과 관련된 법이 상당히 많다.

중화민족을 전면에 내세우고, 중화 문화와 역사에 대한 자신감을 강조하고 있는 중국을 한국은 어떻게 봐야 할까? 2016년 이래로 한국과 중국의 관계는 이전보다 긴밀한 관계보다는 대립의 관계로 변화되고 있다. 특히 윤석열 정부가 들어선 이후 한국의 대중정정책은 이전 정부보다 강경해졌고, 중국에서도 반한정서가 더욱 강해지고 있다. 특히 중국에서의 '분노청년(憤怒靑年)'과 '소분홍(小粉紅)'의 등장은 중국 애국주의 교육의 심각성을 알 수 있게 한다. 분노청년은 1990년대 중반 등장해 현재까지도 활발하게 활동하는 중국의 인터넷 극우 청년 집단이다. 신시대 홍위병이라 불리는 '소분홍'은 한국의 대중문화에 대한 혐오감을 드러내고 있으면서, 한국의 역사와 문화 왜곡과 부정에 앞장서고 있다.

현재, 중국의 「애국주의 교육법」이 2024년부터 실시되었고, 가정교육에 국가가 개입하는 「가정교육촉진법」은 2021년부터 시행되고 있다. 그런 가운데 2023년에 출간되었던 「중화민족공동체개론」은 중화민족공동체 의식강화 교육을 실시함에 있어서 중요한 교재로 사용될 가능성이 있기 때문에, 애국심이 내포된 중화민족을 전면에 내세운 중국의 중화민족주의는 더욱 거세질 것으로 보인다.

2023년 시진핑 3기 정부가 시작된 중국 당국은 애국심과 중화민족이 결합된 중화민족주의를 통해 중국 내 민족문제를 해결하여 '통일 중국'을 완성하고자 한다. 나아가서는 타이완을 통일시키고자 한다. 이를 위해 시진핑에게 권력을 집중시키는 것을 더욱 거세질 것으로 보이고, 시진핑 사상 학습을 더욱 강화하면서 중국사회를 통제할 것으로 보인다.

시진핑이 강조하는 '문화자신감'은 중화민족의 문화와 역사에 대한 자신감일 뿐만 아니라, 중국공산당이 이끌어온 사회주의 문화와 역사에 대한 자신감이다. 중국 등 몇몇 국가를 제외한 많은 나라에서는 다양한 매체를 통해 다양한 사고를 할 수 있다. 하지만, 중국은 언론매체, 인터넷 등을 통제하면서 자유로운 사고를 통제하고 있다. 중국에서는 이미 종교에 대한 통제뿐만 아니라 시진핑 사상 교육을 통해 자유로운 사상을 통제하고 있다.

그러다 보니 애국주의와 민족주의가 결합된 중화민족주의가 시진핑 사상과 결합되어 중국공산당이 이끄는 중국 사회에 주요 이데올로기가 되었고, 마르크스사상을 한층 더 강화하면서 사회주의를 전면에 내세우고 있다.

시진핑 3기 정부는 높은 산 2개 정상에 매달아 놓은 외줄 위를 뒤뚱뒤뚱 걷는 듯하다. 중국 당국도 자신들의 강경한 정책이 국가를 위태롭게 하고 있음을 알고 있는 듯 사회를 통제하고 교육을 통제하고 있다. '중화민족'을 앞세우며 이전의 영화로움을 부흥시키겠다고 하지만, 오히려 '중화민족' 테두리에 갇히면서, 소통이 아닌 단절 속으로 빠져들고 있다.

　중국은 50년간 보장한다던 홍콩의 '1국가 2체제'를 이미 와해시켰다. 홍콩에서 정부를 비판하면 「홍콩국가보안법」을 근거로 체포하는 사례가 갈수록 증가하고 있다. 중국 내에서 시진핑 체제를 비판하는 사람들이 늘고 있지만, 이들 중 많은 사람들이 체포되고 있다. 시진핑을 핵심으로 하는 중국은 '새로운 시대(新時代), 새로운 여정(新征程)'이라고 하였지만, 오히려 개혁개방 이전의 시대로 돌아간 듯하고, 구중국시대로 돌아간 듯하다.

참 고 문 헌

[특파원 시선] 중화민족주의, 中 '사상 만리장성' 될까, https://lrl.kr/pisf (검색일: 2023.3.15).

[허욱의 법으로 보는 중국 「97」] 국가비밀, 말하고 싶지 않은 이야기, https://lrl.kr/Otks (검색일: 2024.4.14).

'시진핑의 양회' 1인 체제 완성하고 폐막한 中 양회, https://lrl.kr/gUad (검색일: 2024.4.8).

[뉴스속오늘] '中 경제 발전' 빛 이룬 덩샤오핑…천안문 사태는 그림자, https://lrl.kr/BSTo (검색일: 2024.4.8).

"6개월 새 로켓군 15명 숙청"…시진핑 8년 군 개혁 '와르르', https://lrl.kr/tuBl (검색일: 2024.4.8).

(종합) "시진핑 아래서 힘 잃은 2인자" 외신들, 리커창 별세 조명, https://lrl.kr/gUag (검색일: 2023.11.10).

10년간 쓴 시진핑의 새 역사교과서…"두 번째 결합" 의미는, https://lrl.kr/oJsu (검색일: 2024.4.15).

미국 의회 '티베트는 중국 영토 불인정' 법안 가결, https://lrl.kr/gUah (검색일: 2024.6.20).

미국에서의 한복과 중국에서의 한복이 다른 이유는, https://lrl.kr/Otky (검색일: 2023.1.10).

사회주의·중화민족 강조..집권3기 시진핑 '중국특색 강화' 예고, https://lrl.kr/Otkz (검색일: 2023.10.24).

소수민족 문화 말살하는 中… 몽골족 자치구서 푸퉁화로만 수업해야, https

://lrl.kr/gUak (검색일: 2023.11.10).

소수민족 지우는 中 … 대학 필수교재에 '중화 민족주의' 반영, https://lrl.kr/
Fv2z (검색일: 2024.4.8).

시진핑, 2년 연속 신장 자치구 시찰..."위구르 탄압 강화", https://lrl.kr/xGKt
(검색일: 2023.11.10).

시진핑, 美 티베트 법안 통과 속 '리틀 티베트' 칭하이성 시찰, https://lrl.kr/
gUan (검색일: 2024.6.20).

시진핑이 설날 메시지서 마오쩌둥의 시를 인용한 이유는, https://lrl.kr/gUam
(검색일: 2024.2.14).

양회 앞두고 잠잠한 中…존재감 사라진 총리, 시진핑 직접 나섰다, https://lrl.
kr/k6js (검색일: 2024.3.14).

中 경제개혁 이끈 실용주의 총리…시진핑 권력 집중에 존재감 상실, https://
lrl.kr/OtkH (검색일: 2024.2.14).

(종합) 中 당중앙 금융위·홍콩판공실 신설…'당강정약' 현저, https://lrl.kr/
pist (검색일: 2023.4.8).

中 신임총리 "정부 임무는 당 지도부 결정 충실히 이행하는 것", https://lrl.kr/
tuBu (검색일: 2023.4.8).

中, 소수민족 통합 촉진 촉구…"중화민족 공동체 의식 구축", https://lrl.kr/
oJst (검색일: 2024.4.15).

중국 "7월부터 휴대전화 불심검문?…반중세력의 '유언비어'", https://lrl.kr/
tuBC (검색일: 2024.6.20).

중국, 상무부장에 왕원타오 헤이룽장 성장 임명..'시진핑 측근', https://lrl.kr/
k6jA (검색일: 2024.4.15).

중국, 전략지원군 폐지…정보지원·사이버 부대 등 창설, https://lrl.kr/NUlj
(검색일: 2024.4.26).

中대학도 이제 '당 지도 우위'…당조직, 총장판공실 흡수통합, https://lrl.kr/
BSTF (검색일: 2024.3.12).

中지도부 소수민족 간부 10년만 최저…"민족 동화책 강화", https://lrl.kr/
xGKC (검색일: 2024.4.15).

中티베트, '중화민족 단결' 조례 제정..."소수민족 탄압 우려", https://lrl.kr/
pisx (검색일: 2023.3.15).

티베트 문제 압박하는 美에…中 "중국의 일부이자 내정", https://lrl.kr/gUas
(검색일: 2024.6.20).

"第一方陣"的新兵: 新組建的中央社會工作部近期頻頻亮相, https://lrl.kr/yfHX
(검색일: 2023.12.18).

「兩會"童"音」厚植愛國主義情懷, 人大代表建議加大靑少年藝術敎育培養, https://
lrl.kr/k6kh (검색일: 2024.4.10).

[每日一習話] 鑄牢中華民族共同體意識, https://lrl.kr/CrQ1 (검색일: 2023.12.
18).

[十年·中國觀察] "小粉紅"還是"躺平一代"?中國當代靑年呈現多色光譜, https://
lrl.kr/lFgU (검색일: 2023.12.18).

≪中華民族共同體槪論≫: 中華民族共同體學的奠基之作, https://lrl.kr/pRpX
(검색일: 2024.4.22).

≪中華民族共同體槪論≫爲甚麽被稱爲里程碑式的敎材, https://lrl.kr/CrQ4
(검색일: 2024.3.22).

23條立法完成 維護國安條例3月23日正式生效, https://lrl.kr/gUbe (검색일: 2024.
4.20).

55年, "楓橋經驗"的變與不變, https://lrl.kr/yfH3 (검색일: 2023.12.18).

60年來, "楓橋經驗"何以歷久彌新?, https://lrl.kr/hs7W (검색일: 2023.12.18).

9封紅色家書, 再憶英烈家國情懷, https://lrl.kr/hs7X (검색일: 2023.12.18).

鑒往知來 | 歷久彌新的"楓橋經驗", https://lrl.kr/O2ie (검색일: 2023.12.18)

關於加強靑少年愛國主義敎育的建議, https://lrl.kr/BST3 (검색일: 2023.12.
18).

貫徹≪愛國主義敎育法≫優化高校思政敎育路徑, https://lrl.kr/gUaB (검색일:
2024.3.20).

國家安全機關辦理刑事案件程序規定, https://lrl.kr/pitY (검색일: 2024.4.30).

國安部公布行政執法程序規定和辦理刑事案件程序規定, https://lrl.kr/xGKK
(검색일: 2024.5.2).

軍事立法工作條例, https://lrl.kr/pisH (검색일: 2024.3.2).

金融監管大變革: 組建中央金融委員會, https://lrl.kr/gUaE (검색일: 2024.3.
20).

金融系統兩大"委員會"來了 這意味着甚麼? https://lrl.kr/OtkV (검색일: 2024.
3.20).

端午節, 感知習近平總書記深沉的家國情懷, https://lrl.kr/xGKO (검색일: 2024.
1.10).

唐亞陽: 用法治力量保障愛國主義敎育在高校深入實施, https://lrl.kr/tuBN
(검색일: 2024.1.10).

黨中央、國務院決定: 組建中央金融委員會和組建中央金融工作委員會, https
://lrl.kr/gUaI (검색일: 2024.1.10).

臺灣問題與新時代中國統一事業, https://lrl.kr/gT9y (검색일: 2024.1.18).

臺灣問題與新時代中國統一事業, https://lrl.kr/gUaJ (검색일: 2024.2.24).

臺灣問題與新時代中國統一事業, https://lrl.kr/pisO (검색일: 2024.2.27).

臺灣問題與新時代中國統一事業(全文), https://lrl.kr/gT9x (검색일: 2024.1.
18).

臺灣問題與新時代中國統一事業——在新時代新征程上推進祖國統一,

https://lrl.kr/gT9w (검색일: 2024.1.18).

東西問 | 短評: 中國反恐怖主義實踐如何以"法"致遠? https://lrl.kr/xGKT (검색일: 2024.1.30).

廖永安, 以法治加強新時代愛國主義敎育, https://lrl.kr/pisQ (검색일: 2024.2.27).

文化和旅游部 國家民委關於印發≪"春雨工程"——文化和旅游志愿服務邊疆行計劃實施方案≫的通知, https://lrl.kr/pisR (검색일: 2024.4.8).

社會主義核心價値觀里的"家國情懷", https://lrl.kr/Otk5 (검색일: 2023.5.20).

社會主義核心價値觀里的"家國情懷", https://lrl.kr/xGKW (검색일: 2023.5.20).

西藏: 團結奮進推動雪域高原長治久安和高品質發展, https://lrl.kr/Khb4 (검색일: 2023.12.18).

西藏自治區民族團結進步模范區創建條例, https://lrl.kr/Khb5 (검색일: 2023.12.18).

西藏着力創建全國民族團結進步模范區路徑探索——以山南市成功創建全國民族團結進步示范市爲例, https://lrl.kr/gUaS (검색일: 2023.12.18).

收藏! ≪中國共産黨巡視工作條例≫解讀及修訂條文對照表, https://lrl.kr/tuB0 (검색일: 2024.2.25).

習近平: 廣大靑年要厚植家國情懷·涵養進取品格, 不負時代, 不負華年, https://lrl.kr/gUaV (검색일: 2023.12.18).

習近平的家國情懷家是最小的國, 國是千萬家, https://lrl.kr/gUaW (검색일: 2023.12.18).

習近平的殷殷家國情懷, https://lrl.kr/k6jZ (검색일: 2023.12.18).

新疆維吾爾自治區人民代表大會常務委員會關於加强鑄牢中華民族共同體意識宣傳敎育的決定, https://lrl.kr/Khcd (검색일: 2024.4.8).

新時代弘揚家國情懷的基本遵循, https://lrl.kr/xGK8 (검색일: 2024.4.20).

新組建的中央金融辦、中央金融工委發文, 釋放多個重磅信息, https://lrl.kr/Otlh (검색일: 2024.1.25).

新組建的中央社會工作部, 今年重點工作披露! https://lrl.kr/xGLa (검색일: 2024.2.25).

央行職責機構編制調整 部分職責劃入金融監管總局, https://lrl.kr/pis7 (검색일: 2024.1.25).

愛國主義教育法等一批重要法律法規本月起正式施行, https://lrl.kr/Otll (검색일: 2024.1.25).

愛國主義教育法即將實施 以法治方式推動和保障新時代愛國主義教育, https://lrl.kr/Otlk (검색일: 2024.1.25).

楊海濤, 堅持完善落實反恐法律制度體系, https://lrl.kr/xGLh (검색일: 2024.2.2).

延邊朝鮮族自治州朝鮮語言文字工作條例(修訂草案), https://lrl.kr/gUba (검색일: 2024.1.25).

王耀宇, 鑄牢中華民族共同體意識(專題深思), https://lrl.kr/BSUl (검색일: 2024.1.25).

王楨, 四封家書展現共産黨人的家國情懷, https://lrl.kr/Otls (검색일: 2024.1.25).

爲甚麼要組建中央社會工作部? https://lrl.kr/Otlt (검색일: 2024.1.25).

爲一刻不停推進全面從嚴治黨提供堅强紀律保障——解讀新修訂的≪中國共産黨紀律處分條例≫, https://lrl.kr/gUa8 (검색일: 2024.1.25).

依法反恐 保障人權——≪中國的反恐怖主義法律制度體系與實踐≫白皮書解讀之一, https://lrl.kr/Khcl (검색일: 2024.1.26).

以古鑒今 以讓促和(法治頭條·探訪"楓橋式工作法"), https://lrl.kr/Khck (검색일: 2024.1.25).

人民政協界別設置改革: 問題與對策, https://lrl.kr/gT95 (검색일: 2024.1.25).

这個新組建的中央機構, 架構明確! https://lrl.kr/k6i8 (검색일: 2024.2.25).

全國人大常委會法工委負責人就對外關係法答記者問, https://lrl.kr/gT97 (검색일: 2024.2.25).

全文發布｜中華人民共和國國務院組織法, https://lrl.kr/gT98 (검색일: 2024.4.8).

傳承紅色基因｜新中國首任"駐藏大臣"張經武, https://lrl.kr/xGKh (검색일: 2024.2.25).

電影≪駐藏大臣≫即將上映, https://lrl.kr/xGJ4 (검색일: 2024.2.25).

組建中央科技委員會, 提升科技政策"政治势能"｜新京智庫, https://lrl.kr/Otkd (검색일: 2024.1.25).

從這九個字讀懂習近平的家國情懷, https://lrl.kr/F42a (검색일: 2024.1.25).

朱濤, 家國情懷激發向心力和凝聚力, https://lrl.kr/gT9Z (검색일: 2024.1.25).

鑄牢中華民族共同體意識, https://lrl.kr/pir4 (검색일: 2024.2.25).

駐藏大臣 愛國題材史詩巨制電影, https://lrl.kr/gT91 (검색일: 2024.3.8).

中共中央 國務院印發≪黨和國家機構改革方案≫, https://lrl.kr/gT92 (검색일: 2024.2.25).

中共中央 國務院印發≪黨和國家機構改革方案≫, https://lrl.kr/tuA9 (검색일: 2024.1.25).

中共中央印發≪中國共產黨巡視工作條例≫, https://lrl.kr/pir8 (검색일: 2024.2.25).

中共中央印發≪中國共產黨巡視工作條例≫, https://lrl.kr/pirW (검색일: 2024.3.20).

中共中央印發≪中國共產黨巡視工作條例≫, 全文來了, https://lrl.kr/gT9T (검색일: 2024.2.25).

中國共産黨紀律處分條例, https://lrl.kr/Kha8 (검색일: 2024.1.18).

中國共産黨巡視工作條例(全文), https://lrl.kr/xGJ3 (검색일: 2024.3.18).

中國共産黨中央委員會社會工作部, https://lrl.kr/tuAW (검색일: 2024.3.22).

中國人民政治協商會議全國委員會, https://lrl.kr/F413 (검색일: 2024.1.18).

中國的反恐怖主義法律制度體系與實踐, https://lrl.kr/BSSX (검색일: 2024.1.
27).

中國的反恐怖主義法律制度體系與實踐, https://lrl.kr/gT9M (검색일: 2024.1.
28).

中央軍委主席習近平簽署命令 發布新修訂的≪軍事立法工作條例≫, https://
lrl.kr/gT9P (검색일: 2024.2.4).

中央軍委主席習近平簽署命令 發布新修訂的≪軍事立法工作條例≫, https://
lrl.kr/xGJW (검색일: 2024.2.4).

中華人民共和國家庭教育促進法, https://lrl.kr/gT9G (검색일: 2024.1.18).

中華人民共和國家庭教育促進法, https://lrl.kr/gT9H (검색일: 2024.1.18).

中華人民共和國國家安全部令, https://lrl.kr/gT9I (검색일: 2024.5.28).

中華人民共和國國家安全部令 第3號, https://lrl.kr/gT9I (검색일: 2024.4.30).

中華人民共和國國務院組織法, https://lrl.kr/tuAP (검색일: 2024.3.18).

中華人民共和國對外關係法, https://lrl.kr/xGJS (검색일: 2024.1.18).

中華人民共和國反間諜法, https://lrl.kr/pirP (검색일: 2024.1.18).

中華人民共和國保守國家秘密法, https://lrl.kr/gT9E (검색일: 2024.3.20).

中華人民共和國保守國家秘密法, https://lrl.kr/OtjV (검색일: 2024.3.4).

中華人民共和國保守國家秘密法(全文), https://lrl.kr/pirH (검색일: 2024.3.4).

中華人民共和國愛國主義教育法, https://lrl.kr/gT9C (검색일: 2024.1.18).

中華人民共和國香港特別行政區維護國家安全法, https://lrl.kr/k6iD (검색일:
2024.1.18).

着力創建全國民族團結進步模范區 努力推進民族團結進步走在全國前列, https
://lrl.kr/gT9A (검색일: 2024.1.18).

春雨工程, https://lrl.kr/F41L (검색일: 2024.1.18).

何立峰在中央金融委員會辦公室 中央金融工作委員會會議上强調: 金融系統
要認眞學習貫徹全國兩會精神 扎實做好全年金融工作, https://lrl.kr/gT9v
(검색일: 2024.3.20).

何星亮, 深化鑄牢中華民族共同體意識教育(新書評介)──≪中華民族共同體
槪論≫簡評, https://lrl.kr/tuAA (검색일: 2024.5.28).

學習貫徹紀律處分條例 | 重拳糾治形式主義官僚主義問題, https://lrl.kr/pirx
(검색일: 2024.4.18).

解碼新一輪黨和國家機構改革 新組建五個"中字頭"機構, https://lrl.kr/tuAy
(검색일: 2024.2.8).

香港中聯辦: 堅決擁護設立中央港澳工作辦公室, https://lrl.kr/F41D (검색일:
2024.2.8).

厚植愛國情懷 培養時代新人──駐馬店市第五十八小學開展≪中華人民共和
國愛國主義敎育法≫學習宣傳系列活動, https://lrl.kr/piru (검색일: 2024.
4.28).

시진핑 정부의 등장과 외교정책

박범종

1. 들어가는 말

1949년 10월 1일 마오쩌둥(毛澤東, 1893~1976)이 중화인민공화국 건국을 선언한 지 75년이 지난 지금 중국은 세계 2위의 강국으로 성장했다. 그리고 20세기 국제질서가 미국 중심의 '팍스 아메리카나(Pax Americana)'가 주도했다면, 이제 중국이 주도하는 세계 질서의 시대인 '팍스 시니카(Pax Sinica)'로 향하고 있다. 이처럼 중국의 대외정책의 목표와 원칙이 변하고 있다.

개혁개방 시기 중국지도부가 추구한 대외정책의 목표는 첫째 중국의 경제발전에 유리한 평화롭고 안정적인 국제환경을 조성하고, 둘째 미국을 중심으로 한 서방세력의 봉쇄정책을 저지하고 국제적 영향력을 확대하며, 셋째 중국식 사회주의 건설을 통해서 강대국의 위상을 되찾는 것이었다.

개혁개방 시기 중국지도부는 그들만의 독특하고 주목되는 방침(方針)을 통해서 각자의 독자적인 대외정책 기조를 제시하거나 추진해왔다. 덩샤오핑(鄧小平)의 '도광양회(韜光養晦)', '유소작위(有所作爲)', 장쩌민(江澤民)의 '책임대국(責任大國)', 후진타오(胡錦濤) 시기의 '평화발전(和平發展)', '조화세계(和諧世界)', '핵심이익(核心利益)', 그리고 시진핑(習近平)의 '신형국제관계(新型國際關係)', '인류운명공동체(人類命運共同體)' 등으로 변화했다.

특히 시진핑 국가주석은 틈나는 대로 "중국은 패권을 추구하지 않는다"고 말했지만, '힘의 외교'를 추구하고 있다. 또한 시진핑 지도부는 미국 주도의 기존 국제질서와 제도에 대한 '보완적' 국제규범과 제도를 제시하는 새로운 양상의 대응 외교를 펼치면서 미국과의 갈등과 경쟁이 가속화되고 있다.

이처럼 20세기 후반 70여 년 동안 마오쩌둥, 덩샤오핑, 장쩌민, 후진타오로 이어지는 권력승계와 함께 중국 외교정책의 변화는 국제정치에 주요한 영향을 미치고 있다.

중국의 외교정책은 주권과 영토보전, 국가통일(대만문제), 사회주의 체제와 이데올로기 유지를 주요 목적으로 하고 있다. 그리고 세계화 시대 중국 외교정책은 국제레짐과 다자기구 등을 통해서 주변국들과 평화와 번영을 위한 공통의 이해관계를 형성하는 데 초점을 맞추고 있다. 이런 상황에서 시진핑 시대로 접어든 중국과 역대 지도자의 중국 외교정책의 목표와 원칙의 변화를 살펴본다. 그리고 시진핑 정부의 등장과 외교정책의 변화가 국제정치에 어떤 영향을 미칠 것인가를 전망해 보고자 한다.

2. 시진핑 시대로 접어든 중국과 외교정책

1) 시진핑 시대로 접어들다

2012년 제5세대 지도자로서 시진핑이 국가주석이 되면서, 기존의 중국과는 다르고 '중화민국의 위대한 부흥'이라는 중국몽을 내세우면서 '신시대 중국'으로 변화함을 알렸다.

시진핑 주석은 2012년 12월 개최된 중국공산당 제18차 전국대표자대회에서 중화민족의 위대한 부흥을 뜻하는 '중국몽(中國夢)'을 제시했다. 이것은 공산당 창건 100주년이 되는 2021년까지 전면적인 샤오캉 사회를 실현하고, 중화인민공화국 건국 100주년이 되는 2049년까지 부유한 사회주의 국가를 건설하겠다는 이른바 '두 개의 백년' 계획을 담고 있다. 또한 2013년 8월 시진핑 주석은 '일대일로(一帶一路, 육·해상 실크로드)' 프로젝트를 통해 중국 중심으로 육상·해상 교통망을 구축하는 '범중화 경제권'을 구축하겠다고 선언했다.

2015년 9월 유엔에서 시진핑 주석은 중국을 중심으로 전 세계가 협력해 인류에 이바지하자는 취지의 '신형국제관계' 개념을 제시했다. 이것은 중국이 더 이상 힘을 숨기지 않고 중국만의 길을 가겠다는 의지를 밝힌 것이며, 미국과의 패권경쟁에서 승리하겠다는 의지의 표명이다. 특히 시진핑 집권 2기를 시작하는 2018년 3월 제13기 전국인민대표대회에서는 '시진핑 신시대 중국특색 사회주의 사상(習近平新時代中國特色社會主義思想)'을 헌법전문에 수록하였으며, 국가주석의 연임 제한을 철폐하였다. 이것은 2018년 수정헌법에 국가주석의 '2기 10년' 연임제를 없애고 장기집권의 법적 근거를 마련했다.

2022년 10월 제20차 전국대표대회를 통해서 시진핑 집권 3기 시대

(2023~2027)를 열었다. 무엇보다도 20차 전국대표대회가 끝난 후 후진 타오가 회의 중에 끌려가는 듯한 모습은 큰 이슈가 되었다. 이것은 시진핑을 중심으로 한 강력한 권력 독재가 실현된 것을 의미하며, 시진핑 1인 권력이 강화되면서 '중국식 사회주의의 우월성'을 뒷받침 하는 '집단지도체제'도 막을 내리게 되었음을 보여 준다.

특히 시진핑 3기 시대로 접어들면서 중국의 지도자 교체 3원칙인 ① 격대지정, ② 2연임 초과금지, ③ 공산당 집단지도체제의 근간이라 고 할 수 있는 '7상8하(七上八下: 67세는 유임하고 68세는 은퇴한다)' 불문 율을 깨고 있다.

또한 시진핑 3기 체제에서는 왕이(王毅)정치국 위원이 외교 라인의 최고위직인 공산당 중앙외사판공실 주임에 올라섰으며, 외교부장에 는 주미대사였던 친강(秦剛)이 임명되면서 중국 외교를 이끄는 새로운 진영이 갖추어졌다. 이러한 시진핑 3기 체제에서 외교부문의 새로운

출처: 파이낸스투데이, 2018년 3월 11일자, https://lrl.kr/t3zS (검색일: 2024.4.25).

지도부 인선이 중국의 대외전략에 어떤 변화를 가져올지 궁금해진다.

2023년 3월 13일 중국의 연례 최대 정치행사인 양회(兩會, 전국인민대표대회와 중국인민정치협상회의)가 폐막했다. 이번 양회는 중화인민공화국 건국 이후 첫 3연임 지도자의 탄생을 공식화하고, 당·정 신지도부 인선을 마무리함으로써 시진핑 주석 '집권 3기 체제의 완비'를 대내외에 공표했다.

시진핑 주석은 이번 양회에서 주요 요직에 '시진핑의 사람들(習家軍)'을 전면 배치하여 당·정·군을 모두 장악했다. 중국 행정부 조직을 이끄는 국무원 총리에는 2022년 20차 전국대표대회에서 권력 서열 2위에 오른 리창(李强) 중앙정치국 상무위원이 리커창(李克强)을 대신해 새 총리로 취임했다. 상무부총리에는 당내 서열 6위인 딩쉐샹(丁薛祥) 상무위원과 중앙정치국 위원인 허리펑(何立峰) 국가발전개혁위원회 주임, 류궈중(劉國中) 전 산시(陝西)성 서기, 장궈칭(張國淸) 전 랴오닝성 서기가 임명되었다. 또한 중국의 국정 자문기구인 중국인민정치협상회의(정협)와 헌법상 최고 권력 기구인 전국인민대표대회(전인대) 지도부도 교체되었다. 전인대 상무위원장은 당내권력 3위인 자오러지(趙樂際) 상무위원이 맡고, 정협 주석은 '시진핑의 책사'로 불려온 왕후닝(王滬寧)[1] 상무위원이 맡게 되었다. 특히 이번 양회를 통해서 시진핑 주석은 개혁개방 이후 역대 어느 지도자보다 강력한 권력과 지위를 획득했다. 이것은 시진핑 주석의 '중국의 꿈'을 실현한다는 자신의

---

1) 왕후닝은 장쩌민 주석에게 발탁돼, 후진타오(胡錦濤) 시절과 시진핑 시대까지 최고 지도자 세 명의 정책을 직접 설계하고 보좌한 중국공산당 역사에서 매우 이례적인 인물이다. 중국공산당 당헌에 명시된 지도이념인 장쩌민 전 주석의 '3개 대표론'(공산당이 노동자·농민, 지식인 외에 자본가의 이익도 대변한다는 이론), 후진타오 전 주석의 '과학적 발전관'(지속 가능하고 균형 잡힌 성장 추진), 시진핑 주석의 '신시대 중국특색사회주의 사상'이 모두 그의 작품이다.

대업을 이루기 위해 임기 제한 없는 절대권력 체제의 구축을 이루어 낸 것이다. 즉, 2023년의 양회는 중화인민공화국 건국 이후 마오쩌둥과 덩샤오핑을 거쳐 시진핑으로 이어지는 '삼대서사(三代書史)'의 제도적 완성을 알린 것으로 볼 수 있다.

2) 중국 지도부의 외교정책 목표

한 국가의 외교정책에 영향을 미치는 요인은 다양하며, 외교정책은 국가이익에 기초한다. 특히 중국은 지도부의 정치적 사상과 이념 그리고 중국이 처한 대내외적 환경의 변화에 따라 외교정책이 변화했다. 따라서 중국 외교정책의 전략과 목표를 이해하려면, 우선 중국이 국제정치를 인식하는 방법에 대한 논의가 선행되어야 한다.

중국은 전통적으로 국제정치에 대하여 현실주의적인 접근을 하며, 국가이익 추구를 외교의 최우선 과제로 간주한다.

마오쩌둥 시대에는 이데올로기적 가치를 중시하여 수정주의(소련)와 제국주의(미국)에 맞서 제3세계 국가와의 연대를 강화하고 경제적 군사적 지원을 하였다. 그러나 개혁개방기에는 이데올로기보다 실용주의에 기초하여 중국의 국익과 현대화를 위한 외교전략을 수행하였다.

강대국에의 열망은 19세기 중엽부터 20세기 중엽까지 일본과 서구 제국주의의 침탈을 받은 역사적 경험인 '굴욕의 세기(百年國恥)'에 기인하고, 그러한 경험 때문에 주권(sovereignty)과 영토문제에 민감하고 단호한 태도를 나타낸다. 대만문제나 티벳문제를 주권과 관련된 국내문제로 간주해 미국 등 다른 국가의 개입을 배제하는 것은 좋은 예이다.

중국 외교정책의 목표는 전통성 그리고 역사성과 관련된다. 중국인들은 역사적 경험을 토대로 첫째, 국제사회에서 자국의 몫을 자주적으로 추구하고자 한다. 둘째, 생존을 위해 확고한 안정보장을 유지해 나간다. 셋째, 경제발전을 이루어 국민경제를 도모해 나간다. 넷째, 실지(失地)회복을 포함한 영토의 통일이다. 다섯째, 주권과 독립을 자주적으로 확보하는 것이다. 여섯째, 사회주의진영 내부의 결속과 평화공존을 견지한 '평화공존 5원칙'에 바탕을 둔 국제정치체제의 안정유지이다. 따라서 중국 외교정책의 목적은 주권과 영토보전, 국가통일(대만문제), 사회주의 체제와 이데올로기 유지라고 할 수 있다.

이러한 중국 외교정책 형성 배경에는 첫째 전통적 중화사상(中華思想), 둘째 민족주의, 셋째 공산주의 이데올로기가 있다. 중국은 공산정권수립기를 전후로 마르크스－레닌주의 이데올로기와 마오쩌둥 사상을 대외정책 결정의 주요 이념으로 활용했다. 마오쩌둥은 공산주의 세계전략으로 폭력혁명을 신봉했고, 자본주의와 제국주의 그리고 수정주의 세력은 종국적으로 약화될 것으로 확신하고 있었다.

중국 외교정책의 기본방향을 규정하는 대전략으로는 마오쩌둥 시대의 '양대진영론'과 '제3세계론'이나 덩샤오핑의 '도광양회'2)와 '유소작위'가 있다.

중국은 1990년대 후반, 지속적인 경제성장과 국제사회의 영향력 확대를 바탕으로 2000년 미국을 중심으로 제기된 '중국위협론'에 대응하기 위하여 새로운 대전략에 대한 논의가 진행되었다. 이 논의에서 '책임대국론', '화평굴기(和平堀起)' 그리고 '조화세계(和諧世界)3)'란

---

2) 도광양회(韜光養晦), 즉 "빛을 감추고 은밀히 힘을 기른다"는 뜻에서 보듯이 비교적 피동적이고 방어적인 경향에 치우쳐 있다.

3) 후진타오는 평화발전과 함께 '조화세계(和諧世界)'이념을 대외정책의 키워드로 강조했으며, 조화세계의 구축은 다자주의를 견지하고, 공동안보를 실현하며, 호혜협력을 견지함으로써 세계의 공동번영을 실현하고, 포용정신을 바탕으로 문명 간의 대화를 실현하는 것을 의미한다.

개념이 등장했다. 이 전략은 후진타오의 새로운 외교 전략을 정식화하기 위한 수사이기도 하지만, 중국의 부상에 대한 국제사회의 우려를 불식시키기 위하여 강대국으로서 중국의 책임과 역할을 강조하고, 평화로운 발전에 대한 대전략을 담고 있다.

2002년 16차 전국대표대회에서 후진타오와 원자바오(溫家寶)는 향후 20년을 위대한 중화민족의 중흥을 도모할 수 있는 전략적 기회의 시기로 보고 경제발전을 통해 '전면적 샤오캉사회(小康社會)'를 건설한다는 국가계획을 제시하였다.

이러한 중국 외교정책은 다음의 4가지 원칙을 기본적으로 추진하고 있다. 첫째, '독립자주외교'의 원칙으로써 1982년 9월 중국공산당 제12차 전국대표대회에서 덩샤오핑은 "중국의 문제는 중국의 상황에 따라 처리되어야 하고, 중국인 스스로의 역량에 의지해서 처리되어야만 한다"면서 외교에서의 독립자주를 강조했다. 둘째, '평화공존 5원칙'을 준수하는 것으로써 이는 "영토와 주권의 상호존중, 상호불가침, 내정불간섭, 평등호혜, 평화적 공존"을 내용으로 하며, 개혁개방 시기 국제화의 문제가 주요 이슈로 등장하면서 대외정책의 기본원칙으로 재차 강조되었다. 셋째, '반패권주의' 원칙을 유지하는 것으로써 이른바 주요 2개국(G2)의 반열에 오른 오늘날 까지도 중국이 '반패권주의'와 '국제관계의 민주화'를 내세우는 것은 미국 주도의 일방주의에 대한 거부와 비판의 의미를 담고 있다. 넷째, '하나의 중국(一個中國)' 원칙을 견지하는 것으로써 중국이 강조하는 하나의 중국 원칙은 베이징에 있는 정부만이 중국을 대표하는 유일 합법정부라는 것으로서 대만을 겨냥할 뿐 아니라 제3국과의 외교관계를 수립할 때, 예외 없이 관철시키고 있다.

3) 시진핑 시대의 등장과 외교정책

시진핑은 전임 지도자들과 달리 중화인민공화국 건립 이후 태어난 혁명 후 세대로서 중국의 발전에 대한 남다른 자부심, 책임감, 강한 민족주의 정서를 함유하고 있으며, 이것이 대외정책에 투영되고 있다. 즉, 시진핑 시기 중국의 대외정책은 덩샤오핑이 강조했던 '도광양회'와 '유소작위'를 넘어 보다 적극적인 성격의 '분발유위(奮發有爲)'와 '주동작위(主動作爲)'의 방향을 추구하고 있다.

특히 시진핑 정권의 외교정책구상 출발점은 강대국으로서의 중국으로 위치를 설정하는 것이었다. 2012년 11월 제18차 전국대표대회에서 시진핑 주석은 중국의 부상한 국력에 맞게 "더욱 적극적으로 국제문제에 참여하고, 책임있는 대국의 역할을 발휘하며, 글로벌 이슈에 공동으로 대응할 것"이라고 강조했다. 또한, 2013년 3월에 시진핑은 국가주석으로 취임하면서 "중국공산당 창당 100주년에 샤오캉 사회 완성의 목표가 실현되고, 중화인민공화국 건국 100주년에는 사회주의 현대화라는 국가목표가 실현됨으로써 중화민족의 위대한 중흥의 꿈이 이루어질 것"이라는 '두개의 백년' 목표를 제시했다. 또한 시진핑은 일대일로를 국가의 최고 전략으로 제시하면서 중국이 세계 범위에서 더욱 적극적으로 진출해야 한다는 것을 강조했다. 그리고 중국은 일대일로의 상대국과 "상호연계와 소통(互聯互通)" 방침을 수립하고, 정책소통(政策沟通), 도로관통(道路聯通), 무역상통(貿易暢通), 화폐유통(貨幣暢通), 민심상통(民心相通)의 '5가지 방향(5通)'을 제시하고 있다.

시진핑은 2014년 11월 중앙외사공작영도소조(中央外事工作領導小組)의 외사공작회의의 연설에서도 "주변국과의 신형국제관계의 수립 그리고 주요 강국 간 신형국제관계의 건설과 같이 보다 능동적인 안보

접근법을 담은 중국외교"를 역설했다.

그리고 시진핑은 16차 전국대표대회에서 주창된 '중화민족의 위대한 부흥'과 더불어 18차 전국대표대회에서는 '중국의 꿈(中國夢)' 및 '강군의 꿈(强軍夢)'이라는 새로운 비전을 제시함으로써 대외정책에서 '강한 민족주의'와 '공세적 외교정책'을 추구하고 있다.

시진핑 지도부는 '중국의 꿈'이라는 비전을 제시하면서 대내적 국민통합을 추동하고, '신형대국관계(新型大國關係)'라는 대국외교의 틀을 제시함으로써 미중관계의 안정화를 꾀하고자 하였다. 이러한 시진핑 정권의 강대국 정체성은 2017년 이후 더욱 확고해진 모습을 보인다.

2017년 제19차 전국대표대회에서 시진핑은 '신형국제관계'와 '인류운명공동체'의 구축을 제시하고 있다. 이러한 신형국제관계와 인류운명공동체는 중국이 미국과 비슷한 글로벌 리더의 지위를 전제함으로써 제시된 것이며, 중국이 '책임 있는 대국'으로서의 역할에 대한 자신감을 표현한 것이라고 볼 수 있다. 이를 토대로 시진핑의 집권 1기의 외교정책은 신형대국관계 수립을 통한 강대국관계를 중시하는 '신형대국관계', '신형국제관계', '인류운명공동체(人類命運共同體)'으로 정의된다. 또한 시진핑 집권 2기는 신형국제관계 수립을 통한 미국 우회의 새로운 국제관계 수립하기 위한 '친, 성, 혜, 용(親, 誠, 惠, 容)의 주변외교(周邊外交)', '해양강국(海洋强國)의 건설' 등으로 정리될 수 있다. 한편 시진핑은 싸움에서 이기는 '강군의 꿈'을 내세우고 '국방군대개혁'을 감행하는 한편 과거와 달리 "남이 나를 건드리지 않으면 나도 남을 건드리지 않으며, 남이 나를 건드리면 나도 반드시 남을 손봐준다(人不犯我, 我不犯人, 人若犯我, 我必犯人)"는 것을 강조하고 있다. 이것은 자체 항공모함 건조, 스텔스전투기 실전배치, 극초음속 무기개발, 전략핵

잠수함 증강, 장거리 전략폭격기 배치 등을 통해 군사강국의 면모를 과시하면서 분쟁지역에서의 주권, 영토보전을 강조하는 등 강력한 대외정책의 추진에서 증명된다.

4) '신형강대국론'과 중·미관계 및 국제관계의 변화

1949년 중국공산정권 수립 이후 현재까지의 중미관계를 살펴보면, 1950~60년대에는 쌍방이 각각 동서냉전구조에 편입되어 적대적 관계를 유지한 반면, 1972년 상하이공동성명과 1979년 국교정상화를 통해 1970~80년대는 협력적인 관계를 구축하였다. 중미 양국이 상호 간 이념적 차이에도 불구하고 협력관계를 유지하였던 것은 소련에 대항하기 위한 전략적 이유 때문이었다.

한편 1980년대 후반 사회주의권 붕괴로 인해 대·소 전략적 유대관계가 소멸한 탈냉전기 중·미관계는 이전과는 상이한 양상을 보이고 있으며, 군사, 안보 문제뿐만 아니라 경제, 인권, 대만문제 등에서 협력과 갈등관계가 동시에 표출된다. 그리고 중·미관계의 이러한 변화는 주로 미국의 대중국정책에 의해 결정되어져 왔다. 하지만 중국위협론의 등장으로 인해 중미관계는 중국의 국가이익이라는 중국 외교정책의 변화에 따라 결정되고 있다. 특히 신형대국관계는 40여 년의 미중관계에서 중국이 미국에 제안한 최초의 양자관계 틀이라는 점에서 중요한 구조적 변화이다.

중국의 외교정책 변화는 미국뿐 아니라 중국 주변 국가 간 갈등을 초래하고 있다. 이러한 갈등은 중국과 미국 사이에서 가장 분명하게 나타났다. 2010년 들어 중국과 미국은 미국의 대만에 대한 무기판매, 구글(Google) 사태, 위안화 평가, 그리고 달라이 라마(Dalai Lama) 면담 등 일련의 이슈와 관련하여 공방을 전개하였다.

특히 중국의 부상은 2009년 7월 미국이 오랫동안 거부해 온 동남아 우호협력조약(TAC: Treaty of Amity and Cooperation in Southeast Asia)에 서명함으로써 아세안 국가와의 관계를 강화하게 했다. 그리고 2010년 9월 미국 오바마 대통령은 뉴욕에서 처음으로 아세안 국가 지도자들과 정상회담(US-ASEAN Summit)을 개최했고, 해상안보와 항해 자유의 중요성을 강조하는 공동성명을 채택하여 남중국해 문제와 관련한 중국의 입장을 비판했다. 또한 오바마 대통령은 동년 11월 인도, 인도네시아, 한국, 일본을 순방했고, 2011년 11월에는 최초로 동아시아정상회의(EAS: East Asia Summit) 참가를 위한 순방 길에서 미국의 '아시아로의 회귀'를 공식적으로 선언했다.

이것은 미국이 동아시아 국가들과의 관계를 강화함으로써 중국을 견제하기 위한 외교 전략이다. 또한 중국에 대한 위협의식이 확산됨에 따라 지역 국가들은 중국과의 경제관계를 증진시키면서도, 동시에 중국의 부상이 초래할 위협에 대비하려는 노력을 강화하고 있다.

2009년 2월 필리핀 의회는 중국의 반대에도 불구하고 남사군도 일부 도서를 자국의 영토로 포함시키는 '영해기선법안'을 가결했다. 그리고 중국은 2010년 9월 격화된 중·일간 '조어도(일본명 센카쿠) 분쟁' 이후 현재까지도 일본과의 대립관계를 지속하고 있다. 이 과정에서 중국의 남중국해 정책은 2010년을 기점으로 변화되기 시작했다. 2010년 중국은 남중국해를 자국의 핵심 이익에 편입시킴에 따라 남중국해에서 공격적인 모습을 보여주기 시작했다.

중국은 2010년부터 남중국해에서 행정 관할권의 확대, 인공섬 건설, 군사훈련 그리고 권익보호 행동 등 일련의 행위를 통해 자국의 남중국해에 대한 주권 행사를 강화시켰다. 이에 대항해 2012년 6월

21일 베트남 국회도 '베트남 해양법'을 표결로 통과시켰다. 이 법안은 서사군도와 남사군도를 베트남의 영토로 편입하였을 뿐만 아니라 베트남의 해양경제 발전 그리고 영토와 주권 유지를 강화시키는 규칙도 새롭게 제정하였다. 말레이시아도 대륙붕 한계 정보 제출 전인 2009년 3월 총리가 분쟁이 있는 탄환초에 상륙하는 방식으로 도서의 주권을 선포했다. 이처럼 중국과 주변 5개국이 연결되어 있는 남중국해 영유권문제를 둘러싸고 갈등이 더욱 강하게 표출되었다. 이러한 중국과 주변국의 반응은 남중국해 문제를 국제화시켰고, 영토와 주권 문제에 강경한 중국의 외교정책 기조를 재차 확인시킨 계기가 되었다.

시진핑 주석은 2012년 오바마 대통령과의 만남에서 "중·미 양국은 전략적 신뢰의 강화, 상대 국가 핵심 이익에 대한 존중 및 포용적인 협력을 전개하여 공동으로 글로벌 문제에 대응해야 한다"고 제안하였다. 이러한 '신형대국관계론'은 2013년 6월 7~8일 이틀 간 시진핑 중국 국가주석이 오바마 미국 대통령과의 만남과 양제츠(楊潔篪) 전 중국 외교부 부장이 제5차 중미 전략경제대화 연설에서도 언급되고 있다.

신형대국관계는 첫째, 불충돌(不沖突), 불대항(不對抗)이다. 즉, 객관적이고 이성적인 판단을 통해 전략의도를 파악하고, 파트너십을 강조함으로써 대화와 협력을 통해 갈등과 이견을 해소하는 것이다. 둘째, 상호존중이다. 상대방의 사회제도와 핵심이익을 존중하며 구동존이(求同存異)를 원칙으로 포용을 통해 공동발전을 도모하는 것이다. 셋째, 윈-윈 구도의 추구이다. 이러한 신형대국관계는 강대국과의 협력을 보장하는 것과 중국의 자주성과 영향력을 확대하는 것이다.

특히 시진핑 시기에 제기되고 있는 신형강대국관계의 주 대상은 미국이지만 다른 강대국 관계에도 확대 적용되고 있다. 그 내용은 첫째, 중국은 미국의 국제질서 안에서 비군사적 방식으로 미국과 계속 경쟁을 하겠다는 것이다. 둘째, 중국의 새로운 국제적 지위를 반영하는 상호 평등하고 호혜적인 관계를 요구하고 셋째, 상호 핵심이익 혹은 전략적으로 중시하는 사안은 존중해주기를 요구한다. 그리고 중국은 '새로운 아시아 안보체제 수립 구상'처럼 미국을 배제한 새로운 국제기구의 수립을 제안하고 있다.

2013년 10월 24~25일 중국은 건국 이후 처음으로 주변외교공작좌담회를 소집했고, 시진핑 국가주석은 '두 개의 100년' 및 '중화민족의 위대한 부흥'을 주변외교의 전략 목표로 설정하고, 국가주권·안보·발전이익 수호, 주변국과의 정치관계·경제유대·안보협력·인문유대 강화 등을 강조했다. 특히 '친(親)·성(誠)·혜(惠)·용(容)'이라는 새로운 주변외교 이념을 제시하고, 중국과 주변국관계에서 운명공동체 개념을 강조했다.

또한 시진핑은 2013년 보아오포럼(Boao Asia Forum)에 참석하여 주변국가의 중요성을 강조하고, 중국은 주변국가와의 관계 강화를 통하여 주변국들로 하여금 중국의 지역질서 제창에 동참 또는 유도하는데 주력하고 있다.

특히 중국이 제시한 일대일로 구상과 아시아인프라투자은행(AIIB) 등과 같은 아시아 구상 전략은 중국이 자국을 강대국으로 인식하며, 이러한 강대국 정체성을 바탕으로 외교관계와 국제사회 속 역할을 설정하고 있음을 나타내는 것이다.

이에 대해 미국을 포함한 주변 국가들은 중국은 여전히 주변 국가들을 대등한 지위로 인정하지 않는 중화주의적 심리를 갖고 있다는 의구심을 갖고 있다. 왜냐하면 시진핑 주석이 중국의 동아시아 정책 및 주변외교에서 과거보다 더 적극적이고 주도적으로 추진하면서 향후 중국이 패권국으로 부상할 가능성이 높다고 보기 때문이다.

이러한 주변국의 의구심을 무마하기 위해 중국은 자신들이 보유한 전략적·경제적 이점을 활용하여 주변 국가들과의 협력을 강화함으로써 미국의 재균형 전략에 대응하려고 노력한다. 예를 들어, 현재 남사군도 등 잠재적 영토분쟁이 여전히 해결되지 않고 있음에도 불구하고 중국은 경제적 교류 증대 등을 매개로 하여 베트남, 미얀마, 인도, 남아시아 주변국들과 우호 관계증대에 노력하고 있고, 인도와 베트남 같은 구소련과 협력관계를 유지했던 국가들과의 관계 진전으로 미국의 세력 확대를 견제하며 남방 포위선 구축을 저지하고자 한다.

시진핑은 2014년 5월 20~21일 상하이에서 열린 '아시아 교류 및 신뢰구축 회의(CICA)' 정상회의에서 아시아 신안보관을 제시했다. "아시아의 안보는 아시아 국가들이 책임지고 협력해야 한다"는 점을 강조함으로써 공세적인 군사력 건설로 나타나고 있으며, 미국의 개입을 배제하려는 의도가 내포되어 있다.

시진핑 주석은 2015년 3월 28일 보아오포럼 연차총회에서 "아시아 운명공동체 건설을 촉구하면서, 우선 중국과 동남아국가연합이 더욱 긴밀한 운명공동체를 건설하고 아세안과 한·중·일 3국의 2020년까지 동아시아 경제공동체 건설을 위한 노력"을 강조하고 있다. 그리고 신경제구상으로 추진 중인 일대일로와 아시아 인프라투자은행을 아시아 협력의 중요한 수단으로 제시했다.

이러한 시진핑의 신형강대국론은 1990년대부터 유지해 온 중국외교의 핵심 기조인 도광양회, 유소작위를 포기하고 중국의 외교적 접근이 '적극작위(積極作爲)', '분발유위(奮發有爲)'로 적극적이고 공격적으로 전환됐음을 보여주는 것이다.

따라서 미·중관계는 양국의 종합국력, 상호 전략적 불신 해소 여부, 신형대국관계에 대한 미국의 호응 여부 등에 따라 영향을 받을 것이며 지역별·이슈별로 전략적 협력과 경쟁 및 갈등이 일상화되는 복합적인 관계가 지속될 가능성이 높다. 예를 들어, 글로벌 이슈(테러, 환경, 글로벌 경제회복, 우주안보 등)에 대해서는 전략적 협력 기조가 우세할 것이고, 지역적 이슈에 대해서는 상호 전략적 불신으로 인해 역내 영향력 확대 경쟁과 갈등이 불가피하지만, 민감한 지역적 이슈(남중국해문제, 북핵문제 등)에 대한 지정학적 차원의 현상 유지 가능성도 배제할 수 없다. 뿐만 아니라 쌍무적 차원의 이슈(대만문제, 사이버안보, 무역적자 등)에 대해서는 전략적 갈등 기조가 우세해지고 있다.

시진핑 시대로 접어들면서 세계사적 대전환과 미·중 전략경쟁이 본격화되고 있다. 또한 아시아-태평양 권역과 아시아-인도양 권역을 아우르는 인도-태평양을 두고 미중 간 신해양패권 경쟁이 벌어지고 있다. 그 전환점은 2015년 여름부터 불거진 중국의 남중국해 도서의 인공섬 및 군사기지화 정책이 제공했다. '모래장성(the Great Wall of Sand)'으로 불리는 남중국해 내 일련의 인공섬 조성 및 군사기지화의 결과, 중국은 이 지역에 대한 통제력을 점차 확대하고 있다. 이에 대해 2018년 12월에 개최된 동남아국가연합(아세안) 정상회의에서 마이크 펜스 미국 부통령은 "남중국해에서 중국의 부상을 좌시하지 않을 것"이라면서 "미국의 항공모함은 앞으로도 '항행의 자유' 작전을 수행하겠다"고 밝혔다.

이에 대해 중국 리커창 총리도 "미국의 행보는 아시아 지역의 안정을 해친다"고 응수했다. 이런 상황 속에서 2018년 12월 15일 폐막 연설에서 리셴룽 싱가포르 총리가 "현재 아시아 국가들이 '중국이냐 미국이냐'의 선택을 강요받고 있다. 하지만 우리는 누구의 편도 들고 싶지 않다." 라는 발언은 미국과 중국의 '고래싸움'으로 피해를 보던 각국 정상의 마음을 제대로 대변했다는 평가를 받았다.

출처: 서울신문, 2020년 1월 13일자, https://lrl.kr/lFhR (검색일: 2024.4.25).

중국과 미국은 계속된 무역분쟁에 이어 화웨이 제재, 신종 코로나 바이러스 감염증(코로나19) 책임론, 홍콩과 신장위구르자치구 인권 문제 등 거의 모든 영역에서 충돌하고 있다.

2020년 7월 20일 미국 법무부가 중국 정보당국과 연계해 코로나19 백신 정보 등 각종 기업 정보를 빼내려 한 혐의로 중국인 2명을 기소했다. 이들은 첨단기술, 제약, 게임 소프트웨어 기업 등은 물론 미국과 중국, 홍콩 등에서 활동하는 반체제 인사와 인권 활동가를 타깃으로 삼았다. 법무부 당국자는 중국을 "사이버 범죄자에게 피난처를 제공하는 나라"라고 비난했다. 이러한 과정에서 미국은 휴스턴서 "중국 총영사관 폐쇄"를 공지했고 결국 중화인민공화국 외교부도 2020년 7월 24일에 주청두(成都) 미국 총영사관을 72시간 이내에 폐쇄하라는 명령을 내렸다.

2020년 7월 24일 오전에 "중화인민공화국 외교부는 주중국 미국 대사관에 주청두 미국 총영사관 설립 및 운영에 대한 동의 결정을 철회한다는 결정을 통보했다". 중화인민공화국 외교부의 이러한 조치는 2020년 7월 22일에 주휴스턴 중국 총영사관 폐쇄를 명령한 미국 정부에 대한 보복 조치이기도 했다.

왕원빈(汪文斌) 중화인민공화국 외교부 대변인은 "주청두 미국 총영사관 직원들은 자신들의 신원에 맞지 않는 행동을 벌이는 한편 중국에 대한 내정 간섭, 중국의 안보 이익 훼손을 자행했다"고 밝혔다. 이에 대해 미국 백악관은 중국 정부에 "눈에는 눈, 이에는 이" 수준의 보복 조치를 하지 말 것을 촉구했다.

이렇듯 미국과 중국의 역사적 외교 산실인 두 지역의 총영사관의 폐쇄는 미중간의 갈등이 확대되고 있음을 보여주는 사례이다.

시진핑 정부는 공개적으로는 대만의 독립을 저지하기 위해 무력 사용 가능성을 배제하지 않는다는 강경한 입장을 피력하고 있다. 이에 대해 미국의 유명 정치학자 그레이엄 앨리슨은 '불가피한 전쟁'(2017)이라는 저서를 통해 "미중 두 나라가 '투키디데스의 함정'4)에 빠져 서로 원치 않는 전쟁으로 치닫고 있다"고 분석했다. 지금의 미중 두 나라가 2400여 년 전 스파르타와 아테네처럼 무력 충돌을 피할 수 없는 운명이라고 보았다.

이러한 시진핑 집권 이후 중국이 직면한 외교 및 대외정책의 도전은 '사해(四海)문제'로 요약할 수 있다.

첫째, 동해(東海)문제로서 중국은 2012년 제2차 센카쿠분쟁 이후 동중국해에서 일본과 지속적으로 긴장상태를 유지하고 있으며, 중·일 정상회담 복원에도 불구하고 양국 간 불신과 대립이 근본적으로 해소된 것은 아니다.

---

4) 앨리슨은 펠로폰네소스전쟁(기원전 431~404)을 신흥강국 아테네와 이를 견제하려는 스파르타 간 구조적 갈등의 결과로 설명하며 이를 '투키디데스의 함정'이라고 불렀다.

둘째, 서해(西海)문제로서 중국은 북한 핵문제로 인해 북중관계가 어느 때보다 악화되었으며, 사드(THAAD)문제로 한국과도 상당한 관계손상이 있다.

셋째, 남해(南海)문제로서 중국은 남중국해분쟁으로 인해 베트남, 필리핀 등 동남아시아 국가는 물론이고 미국과 남사군도 일대에서 지속적으로 긴장상태에 빠져들고 있다.

넷째, 타이완해협(臺海)문제로서 중국은 대만의 차이잉원 정부 등장 이후 '하나의 중국'을 둘러싸고 긴장과 대립이 지속되고 있으며, 정부 간 교류도 중단된 상태이다.

3. 시진핑 3기 정부의 외교 정책 방향을 말하다

친강 외교부장이 2023년 2월 21일 중국공공외교협회가 개최한 '란팅(藍廳)포럼'에서 '글로벌안보구상개념문건(全球安全倡議概念文件)'을 발표함으로써 중국의 국제안보에 대한 구상을 공식적으로 수립·제시하였다.

이러한 중국의 글로벌안보구상은 그동안 미국 주도의 국제질서에 대항하여 '인류운명공동체' 건설을 목표로 내세웠던 기존의 외교안보 정책들을 종합한 것으로, 시진핑 3기 중국이 추진해 나갈 세계전략을 의미한다.

특히 양회 기간 중인 3월 10일에 중국외교부는 베이징에서 사우디－이란 대화를 주최하여 양국이 외교관계 정상화에 합의했다고 발표했다. 중동지역에서 오랫동안 적대관계에 놓여 있던 사우디와 이란이 중국의 중재 하에 비밀회담을 열고 단교 7년 만에 외교관계 정상화를

이루었다. 이에 대해 중국은 사우디와 이란의 관계 정상화를 이끌어
낸 것을 글로벌안보구상의 성공적 실천사례로 대외에 선전하고 있다.

글로벌안보구상에서 드러나는 중국의 목표는 유엔(UN)과 국제법
을 중심으로 한 다자주의를 통해 단기적으로는 미국의 봉쇄를 돌파하
면서 공동의 종합안보(포괄안보)를 명분으로 외교, 군사, 사회, 경제,
식량, 과학기술, 자원 등에서 중국의 핵심이익을 보호하고, 장기적으
로는 중국의 규칙과 규범이 표준이 되는 국제기구와 국제법을 만들어
중국 주도의 중화질서를 구축하는 데 있다.

2023년 12월에 개최되었던 중앙외사공작회의에서 시진핑은 "중국
의 발전은 새로운 전략적 기회를 맞았고, 중국 특색의 강대국 외교는
더 역할을 발휘(更有作為)할 수 있는 새로운 단계에 진입했다"고 밝혔다.
회의에서 시진핑은 "신시대 중국 특색의 대국외교의 역사적 성과와
새로운 여정이 직면한 국제 환경과 역사적 사명을 설명하면서 현재와
미래의 대외 업무를 전면적으로 배치한다."라고 밝혔다. 그리고 "서구
중심의 기존 국제 질서를 바꾸겠다."라고 강조하였다.

중앙외사공작회의에서 중국 정부는 중국 외교의 우선순위는 별도
로 언급하지 않았다. 2014년 회의에서 중국 정부는 "주변국 외교 →
대국 외교 → 개발도상국 외교 → 다자 외교 순서"로 외교의 우선순위
를 드러냈다. 집권 2기에 열린 2018년 회의에서는 "일대일로 외교
→ 대국 관계 → 주변국 외교"로 순서를 조정했다.

그런데 2023년 회의에선 '중국 특색의 대국 외교'(7차례), '대국'(11차
례), '인류 운명 공동체'(5차례), '인류'(10차례), '개발도상국'(1차례) 등을
언급하였다.

중앙외사공작회의에서 중국 정부는 '시진핑 체제' 지난 10년의 외
교성과를 평가하면서, "대국의 책임과 독립·자주 정신의 발산"을 거

론하였다. 그러면서 "선명한 '중국 특색', '중국 스타일', '중국 기풍 (ethos)'을 보여줬고, 자신감 있고 자립적이며, 천하를 품고 개방·포용적인 대국의 이미지를 수립했다"고 의미를 부여하였다.

2024년 1월 타이완 총통 선거에서, 친미반중 색채가 강한 민진당의 라이칭더(賴淸德)가 총통으로 당선되었다.

시진핑 3기(2023~2028년) 중국의 외교 기조를 제시하는 중앙외사공작회의에서 "투쟁 정신을 발휘하라"고 하면서 '투쟁'을 강조함에 따라 '전랑(戰狼, 늑대전사)외교5)'로 불리는 중국의 거친 외교가 계속될 것이란 전망이 나온다. 회의에서 중국 정부는 "투쟁 정신을 발휘하며 모든 강권 정치와 집단 따돌림 행위에 단호하게 반대한다"고 밝혔다.

중국은 전반적으로 전방위외교를 통한 대국외교를 펼치고자 한다. 그러면서 자원외교, 판다외교, 셔틀외교 등을 펼치고 있다. 외교부장 친강이 물러난 뒤에 전랑외교가 주춤하고 있다.

그리고 중국은 '통일중국'을 위해 타이완을 압박하면서 '하나의 중국'을 위한 외교전략을 펼치고 있다. 타이완 수교 국가와 수교를 맺으면서 타이완을 단교시키고 있다.

1) 인류운명공동체 대국외교

2023년 12월 중앙외사공작회의에서 중국은 "대국의 책임과 독립·자주 정신의 발산"을 거론하였다. 중국 대국외교의 핵심은 미국과

---

5) 시진핑 집권을 계기로 중국공산당은 중국이 선택한 사회주의의 길, 중국의 정치체제, 중국의 지도이론, 중국의 문화 등에 대한 이른바 '네 개의 자신(四個自信)'을 강조하면서 민족주의와 애국주의를 고조시켜 왔다. 특히 코로나 팬데믹 이후 국제사회에서 '중국 책임론'이 비등하고 공산당 체제에 대한 비판이 고조되는 등 전 세계적 반중 정서가 확산하자 이를 돌파하는 과정에서 전랑외교가 부상하기 시작했다.

러시아 및 유럽연합 등 강대국 관계를 안정적으로 관리하는 것이다. 중국은 2023년 '글로벌 문명 구상(GCI)'을 발표해 미국과 구분되는 '중국식' 국제질서 창출 의지를 표명하였다.

(1) 2023년 12월 중앙외사공작회의, 중국 외교를 전망하다

2023년 12월에 개최되었던 중앙외사공작회의는 앞으로 중국정부가 실시할 대외정책을 알 수 있게 한다. 회의는 "시진핑 외교사상의 핵심 이념인 인류 운명 공동체 구축은 항구적 평화, 보편적 안전, 공동 번영, 개방적이고 포용적인 세계 건설을 목표로 한다"며 "세계가 직면한 문제와 도전에 대응해 평등하고 질서 있는 세계 다극화와 포괄적인 경제 세계화를 견지한다는 것을 제시했다"고 설명했다. 그리고 "새로운 시대 10년간 대외 외사 업무에서 많은 파도를 겪으며 다양한 어려움과 도전을 극복해 중국 특색의 대국 외교의 새로운 국면을 열었으며 중국 외교의 전략적 자주성과 주도성이 제고됐다"며 "중국은 국제적 영향력, 혁신 리더십, 도덕적 호소력이 더 큰 책임 있는 국가가 됐다"고 하였다. 또한 "세계 대격변의 진화가 계속되고 시대의 변화가 전례 없는 방식으로 전개되고 있지만 국제사회의 운명과 공동의 큰 흐름은 변하지 않을 것"이라며 "새로운 여정에서 중국 특색의 대국 외교는 더욱 성과를 낼 수 있는 단계에 진입할 것"이라고 밝혔다. 그러면서 "질서 있는 세계 다극화는 크고 작은 국가의 평등을 견지하고 패권주의와 강권정치에 반대하며 국제관계의 민주화를 효과적으로 추진하는 것"이라고 부연했다.

무엇보다도 중앙외사공작회의는 "시진핑 외교사상의 창시 및 발전, 중국 외교의 특색 및 자신감 있는 대국 이미지 수립, 인류 운명 공동체 건설을 제창, 정상 외교 전략의 지도력을 견지해 국제문제에서 건설적 역할, 양자 관계를 전면적으로 계획 운영해 안정 및 균형 발전의 관계 구축 촉진, 고품질의 글로벌 파트너십 네트워크를 형성 등의 성과를 거두었다."라고 평가했다. 따라서 "세계화를 거스르거나 범안보화하는 것과 다양한 형태의 일방주의와 보호주의를 반대한다. 무역과 투자의 자유화를 확고하게 촉진하고 세계 경제의 건전한 발전을 저해하는 구조적 문제를 해결해 보다 개방적이고 포용적이며 포괄적인 방향으로 경제 세계화를 추진해야 한다."라고 강조했다.

(2) 전방위 외교

2023년 중국 외교의 목표를 중국에 유리한 우호적인 전략환경 조성 및 글로벌 영향력 확대로 설정하였다. 시진핑 지도부는 이러한 외교 목표 달성을 위해 '전방위 외교'를 실시하고 있다. 2023년 중국은 국가원수 외교를 활용해 강대국, 주변국, 개발도상국, 다자기구 등을 대상으로 다각적으로 전방위외교를 전개하였다.

2023년 중국은 브릭스(BRICs)와 상하이협력기구(SCO)의 외연 확대 및 사우디아라비아와의 관계 강화 등 개발도상국에 대한 영향력을 확대하고 있다.

중국은 풍부한 자원 확보, 일대일로를 위한 투자처 확보, 미국 주도의 국제질서를 개편하는 데 필요한 '배후 지원세력' 확보 등의 측면에서 오랫동안 아프리카에 공을 들여왔다. 중국 외교부장은 매년 첫 출장지로 아프리카를 찾는 전통을 33년째 고수하며 우군 확보를 위한 외교에 박차를 가하고 있다. 친 부장은 취임 첫해인 2023년 1월 에티오피아, 가봉, 앙골라, 베냉, 이집트 등을 방문했다. 친강 전 외교부장은 2023년 5월 "중국과 아프리카는 세계에서 가장 큰 개발도상국이자 개발도상국이 가장 많이 집중된 대륙으로서, 그 어느 때보다 단결과 협력을 강화해야 한다."라며 "중국과 아프리카의 관계가 긴밀할수록 세계 평화가 보장되고 중국과 아프리카의 협력이 성공할수록 세계 발전도 희망이 있다"고 주장하였다. 그러면서 "서로의 정당하고 합법적인 권익을 수호하고 서로의 주권 및 발전과 관련된 문제에서 지지를 강화하자"며 "각자의 특색 있는 현대화 사업을 적극 추진하고 일대일로의 효과를 증대시켜 아프리카의 산업화와 지방화를 도울 것"이라고 약속했다.

(3) 자원외교

2023년 12월 중국 상무부는 '중국 수출 금지 및 제한 기술 목록'을 새롭게 발표하고 희토류의 채굴, 선광, 제련 등 기술을 수출 금지 목록에 포함하는 등 중국의 자원외교 강화를 위해 중국 이외의 국가에서 희토류 소재 산업과 관련된 기술개발 등을 억제하기 위한 움직임을 보이고 있다.

중국은 현재까지 드러난 글로벌 희토류 매장량의 약 34%를 차지하고 있다. 중국은 풍부한 희토류 매장을 발판으로 1950년대부터 희토류 원재료 채굴과 수출을 시작했다. 중국은 희토류 시장을 장악하자 서서히 수출제한 조치를 실시하면서 본색을 드러냈다.

2009년 9월 중국은 희토류 수출 관세를 10%에서 15%로 인상했고, 2011년에는 25%로 다시 관세를 올렸다. 2010년에는 일본이 센가쿠 열도에서 일본 해상보안청 순시선과 충돌한 중국 어선의 선장을 구속하자, 중국은 그해 9월 21일부터 일주일 동안 희토류 수출통관을 중단했다. 금수 조치는 일본이 구속된 선장을 석방한 후인 9월 28일 해제됐다.

미·중 패권경쟁이 심화되면서 미국이 반도체, 인공지능 등 첨단기술 수출 통제를 강화하면 중국은 곧바로 자원무기화 카드로 맞대응하고 있다. 2023년 8월 중국은 갈륨과 마그네슘에 대한 수출통제 카드를 빼든 것을 시작으로, 흑연과 요소수에 대한 수출제한 조치를 실시했다.

(4) 판다외교

중국의 '판다외교'는 1941년 중일전쟁 당시 장제스 전 대만 총통이 미국에 판다 한 쌍을 선물하면서 시작되었다. 1972년 중국이 우호 관계의 상징으로 미국에 판다를 보내며 '판다 외교'라는 용어가 알려지기 시작하였다. 1983년 워싱턴 조약으로 희귀 동물을 다른 나라에 팔거나 기증할 수 없게 됨에 따라 임대 형식으로 바뀌었다. 그리고 중국은 관계 개선이 필요한 국가들을 중심으로 판다를 보내는 방식으로 외교를 진행해 왔다.

무엇보다도 판다는 미·중 데탕트(긴장 완화)의 상징으로 여겨져 왔다. 중국은 1972년 워싱턴DC 국립동물원에 판다 한 쌍을 보냈다. 이후 큰 인기 속에 미국의 다른 지역들도 판다를 임대하기 시작하면서 한때 미국 내 판다 수는 15마리까지 늘었다. 하지만 미·중 관계 악화와 함께 중국이 임대 계약 종료 후 계약을 연장하지 않고 추가 임대에도 나서지 않으면서 현재 미국 내 판다는 애틀랜타 동물원에 4마리만 남아 있는 상태다.

2023년 11월 시진핑 국가주석은 미국 샌프란시스코에서 열린 아시아태평양경제협력체(APEC) 정상회의에 참석해 판다를 더 보낼 수 있다고 언급했다. 그는 "많은 미국인, 특히 어린이들이 판다와 헤어지기 싫어했다고 들었다"며 "샌디에이고 동물원과 캘리포니아 주민이 판다의 귀환을 매우 고대하고 있는 것을 알고 있다"고 말했다. 이후, 2024년 2월 21일 AP통신은 중국이 미국 샌디에이고 동물원에 자이언트 판다 한 쌍을 보내 '판다 외교'를 재개할 예정이라고 보도했다. 이와 관련하여 샌디에이고 동물원 관계자는 "모든 승인이 떨어지면 이르면 올해 초여름 판다 수컷과 암컷이 도착할 것으로 보인다."라고 말했다.

이외에도 판다외교는 여러 국가에서 이루어지고 있다. 2019년에는 북극 항로 개척과 북극 개발에 필요한 협력을 얻기 위해 덴마크에 판다 한 쌍을 임대하였다.

2024년 2월 20일 왕이 중국 공산당 중앙정치국 위원 겸 외교부장은 호세 마누엘 알바레스 스페인 외교장관과의 회담 후 열린 공동 기자회견에서 "현재 스페인에 있는 판다 가족이 돌아온 뒤 중국은 다른 새끼 판다 한 쌍을 스페인으로 보낼 것"이라고 밝혔다.

왕이는 "판다는 양국 국민 간 우호의 메신저"라며 "중국은 양국 간 40년 넘게 이어져 온 판다를 통한 유대관계를 이어갈 것"이라고 밝혔다.

특히 말레이시아가 임차 중인 판다 싱싱과 량량이 말레이시아 내에서 인기를 끌고 있다. 이에 말레이시아 정부는 중국에 판다 반환 기한 연장 협상까지 요청하였다. 중국은 2014년 말레이시아와의 수교 40주년을 기념해 판다 싱싱과 량량 부부를 10년간 임대하였다. 안와르 이브라힘 말레이시아 총리는 2024년 1월 27일 "판다 싱싱과 량량이 곧 돌아갈 예정이지만 중국 정부, 특히 시진핑 국가주석과 협의해 판다들의 말레이시아 체류 기간을 연장할 방안이 있는지 알아보겠다."라고 밝혔다. 또 "양국이 우호적인 관계를 맺고 있는 만큼 중국이 우리의 제안을 받아들일 것으로 기대한다."라고 덧붙였다.

(5) 셔틀외교

2024년 2월 28일 중국외교부는 중국이 우크라이나 사태의 정치적 해결을 위해 러시아와 우크라이나를 각각 방문하는 셔틀외교를 진행한다고 밝혔다. 셔틀외교는 분쟁 중인 국가들을 제3국이 오가는 중재외교이다.

제1차 셔틀외교는 2023년에 진행되었다. 중국의 유라시아 사무 특별대표 리후이(李輝)는 우크라이나 전쟁 발발한 지 1년이 지난 2023년 5월에 열흘 동안 우크라이나와 폴란드, 프랑스, 독일, EU 본부(벨기에 브뤼셀), 러시아를 잇달아 방문하는 셔틀 외교에 나섰다. 중국의 제1차 셔틀 외교에서 서방 진영은 중국의 중재 행보를 환영하면서도 러시아의 철군과 우크라이나의 법적 영토 회복이 필요하다는 입장을 제시했으나, 중국은 '철군'보다는 '휴전'에 방점을 찍으면서 견해 차이를 드러냈다는 평가를 받았다.

마오닝(毛寧) 중국 외교부 대변인은 정례브리핑에서 "리후이 중국 정부 유라시아 사무 특별대표는 3월 2일부터 러시아·유럽연합(EU) 본부·폴란드·우크라이나·독일·프랑스를 방문해 우크라이나 위기의 정치적 해결을 추진하기 위한 제2차 셔틀외교를 진행한다."라고 말했다.

마오 대변인은 "우리의 목표는 하나, 즉 전쟁을 멈추고 합의를 이뤄 평화회담을 위한 길을 닦는 것"이라며 "셔틀 외교를 진행하면서 각 당사자와 공감대를 형성하고 우크라이나 위기를 정치적으로 해결하는데 중국의 지혜를 통해 기여할 것"이라고 말했다.

(6) 전랑외교

일반적으로 직업외교관들은 민감한 사안일수록 물밑에서 협상을 통해 외교 사안을 처리하는 '조용한 외교'를 기본으로 한다. 그러나 코로나 팬데믹을 전후하여 중국의 외교관들은 국익 보호와 해외 영향력 확대를 목적으로 공세적 외교의 전면에 적극적으로 나서기 시작했다.

중국의 외교관들은 국가이익을 지킨다는 명분으로 상대국과의 대립을 불사하면서 인터넷과 언론매체를 활용해 중국의 의도를 강요하는 언사와 행태를 펼쳤다. 국제사회는 이를 '전랑외교' 또는 '늑대전사 외교'라는 말로 묘사하고 있다.

이러한 중국의 전랑외교는 시진핑 집권을 계기로 덩샤오핑이 내건 도광양회 방침을 벗어나 중국 내에서 치솟던 '중화민족주의'의 연장선과 맞물려 있다고 보아야 한다.

중국이 전랑외교를 본격화한 데에는 2019년 11월 외교부 창립 70주년 연설에서 왕이(王毅) 외교부장이 외교관들에게 "국제적 도전에 직면한 상황에서 중국의 이익을 대변하는 데 더 강한 투지를 보이라"고 촉구한 것이 계기가 되었다.

왕이는 2023년 1월 1일 발간된 중국공산당 이론지 『구시(求是)』에 '민족의 부흥에 뜻을 두고 인류 운명을 가슴에 품으며 중국특색 대국외교의 새로운 여정을 위해 용감히 나아가자'는 제목의 글을 게재하고 "정상외교와 핵심 업무를 위해 최선을 다하고 국가이익과 민족의 존엄을 결연히 수호해야 한다."라고 강조했다.

친강도 2022년 12월 31일 외교부 홈페이지에 올린 취임사에서 "국가 주권과 안전, 발전이익을 확고히 수호하고, 전력을 다해 해외중국 국민과 법인의 합법적 권익을 보장할 것"이라고 밝혔다.

하지만, 지난 몇 년 동안 중국 '늑대전사(전랑) 외교'를 상징하는 인물인 친강이 물러나면서, 앞으로 중국의 전랑외교는 사라질 것으로 보고 있다.

친강은 시진핑 국가주석의 총애를 받아 56세 때인 2022년 말 외교부장에 발탁된 데 이어 2023년 3월 국무위원으로 승진했다. 그러나 친강은 2023년 6월 갑자기 공식 석상에서 자취를 감췄다. 이어 중국 당국은 같은 해 7월 25일 그를 외교부장에서 해임했으며, 10월 전인대 상무위원회가 국무위원직도 박탈했다. 2024년 2월 톈진시 인민대표대회 상무위원회는 친강 전 외교부장의 제14차 전인대 대표 직무 사퇴를 결정했다. 친강 전 부장은 톈진시 인민대표대회 소속으로 2023년 1월 14기 전인대 대표에 선출되었다.

중국 역사상 최단기 재임 외교부장으로 기록된 친강의 해임 사유와 현재 소재에 대해 중국 당국은 함구하고 있다. 2023년 12월 6일 미국 정치전문매체 폴리티코는 친강이 2023년 7월 말, 중국 고위층 인사들을 치료하는 군병원에서 숨졌으며, 자살이나 고문으로 인한 죽음이라고 주장하였다.

2) 중국의 '하나의 중국'과 타이완 통일 정책

(1) 강화되는 하나의 중국

2024년 1월 15일 마오닝 중국 외교부 대변인은 정례브리핑에서 "세계에는 하나의 중국만 있으며 대만은 중국 영토의 불가분한 일부"라며 "중화민주공화국은 중국 전체를 대표하는 유일한 합법 정부"라고 강조하였다. 마오 대변인은 "이는 유엔총회 결의 2758호에 의해 확인된 것으로 국제사회의 공통된 인식"이라며 "중국은 하나의 중국 원칙에 기초해 전 세계 182개국과 외교관계를 수립했다"고 강조하였다. 이러한 중국의 주장은 2023년 8월 중국에서 공개한 새로운 표준지도에서도 드러났다. 중국 정부는 타이완을 중국 영토로 표기한 10단선을 공개하였다. 최근 중국정부는 타이완을 통일하겠다는 의지를 강하게 보이고 있다. 그런 가운데 '하나의 중국'을 천명하면서 국제사회에 타이완을 고립시키고 있다.

타이완 총통 선거 결과 직후 필리핀 마르코스 대통령은 "선출을 축하한다"면서 "긴밀히 협력해 상호 이익을 강화하길 기대한다."라고 말했다. 이에 중국 외교부는 "필리핀이 '하나의 중국' 원칙을 엄중히 위반했고 중국 내정에 대한 난폭한 간섭"이라고 비난하였다.

태평양 도서국 나우루[6]는 2024년 1월 타이완과 관계를 단절하고 중국은 승인한다고 발표했다. 그리고 중국 신화통신과 중앙통신 등은 나우루와 정식으로 국교를 회복했다고 1월 24일 보도했다.

중국 왕이(王毅) 외교부장은 1월 24일 날 베이징에서 나우루 라이오넬 아인지메아 외무장관과 수교 문서에 서명하고 대사급 양국 관계를 즉각 재개했다. 중국중앙TV(CCTV)에 따르면 나우루 정부는 이날 성명에서 "'하나의 중국' 원칙과 유엔 총회 결의 제2758호를 준수하고, 중화인민공화국 정부를 전체 중국을 대표하는 유일 합법 정부로 승인한다"고 밝혔다. 신화통신은 "중국 정부는 하나의 중국 원칙에 근거해 나우루와 양국 관계의 새로운 장을 열어갈 것이라고 밝혔다"며 "중국

---

6) 1968년 독립한 나우루는 호주 북동쪽 남태평양에 자리잡고 있으며, 인구는 1만 2천여 명이다.

은 전 세계 182개국과 수교 관계를 체결하고 있으며, 나우루의 단교로 대만의 수교국은 12개국에 불과하게 됐다"고 했다. 실질적으로 타이완의 수교국은 과테말라와 파라과이, 에스와티니 등 12개국이다.

나우루 정부는 "나우루가 더는 대만을 하나의 독립국으로 승인하지 않고, 중국 영토의 분할할 수 없는 일부분으로 본다는 것"이라며 "오늘부터 대만과 외교관계를 단절하고 대만과 어떠한 공식적 관계 발전이나 왕래를 하지 않을 것"이라고 강조했다.

(2) 타이완 통일을 향한 중국

국제사회에서 중국이 타이완에 대한 무력 통일을 시도할 가능성이 있다는 전망도 나오고 있다. 2024년 1월 시진핑 국가주석은 "대만 내 애국·통일 세력을 키워 대만인의 마음을 얻으라."라고 주문했다.

2024년 1월 16일 『구시(求是)』는 시 주석이 기고한 '새 시대 당의 통일전선 사업의 완전·정확·전면적 실천에 대한 중요사상'이란 제목의 글을 공개했다. 시 주석은 글에서 "대만 애국·통일 세력을 발전시키는 동시에 독립주의 활동을 반대하며 조국의 완전한 통일을 촉진해야 한다"고 밝혔다. 그러면서 "직면한 국내외 상황이 엄청나게 변화한 까닭에 통일전선공작이 더욱 중요해졌다"며 "당의 성공은 마음을 얻는 역량에 달려 있으며, 이것이 최대 정치"라고 지적했다.

통일전선공작은 해외에서 친(親)중국 여론을 조성하기 위한 일종의 '선전 활동'이다. 시 주석은 통일전선공작을 강화하고 개선하기 위한 새로운 전략 12가지를 제시했는데, 아홉 번째 전략에서 "홍콩, 마카오, 대만 및 해외 통일전선의 역량을 충분히 발휘해 (그곳) 사람들의 마음을 얻어야 한다."라고 주문했다. 그러면서 "우리는 새 시대 대만문제

해결을 위한 당의 총체적 전략을 관철하고 대만 애국통일 세력을 발전 강화해야 한다."라고 강조했다.

왕이 중국 외교부장은 타이완 총통 선거 이후 "대만 독립은 중화민족의 이익을 훼손하며 평화를 파괴하는 죽음의 길"이라고 언급하였다.

2024년 2월 22일 베이징에서 열린 대만공작회의에서 왕후닝 전국인민정치협상회의 주석은 "(올해는) '하나의 중국' 원칙과 '92합의(九二共識)'를 견지하면서 양안 관계의 평화·발전을 이끌고 조국 통일 프로세스를 추진해야 한다."라고 밝혔다. 그리고 "'대만 독립' 분열 세력을 단호하게 타격하고, 외부 세력의 간섭을 억제하면서 섬(대만) 안의 애국·통일 역량을 굳게 지원해 대만 동포를 널리 단결시키며 대만해협의 평화·안정을 수호해야 한다."라고 말했다.

3) 더욱 심해지는 남중국해 영토분쟁

중국은 1950년대 당시 남중국해에 자체 영해 개념인 '구단선(九段線)'을 그렸다. 2023년 8월 중국이 표준 지도를 공개한 이후, 관련 국가들이 중국을 비난하고 나섰다. 현재 중국은 남중국해 90%에서 영유권을 주장하며 필리핀은 물론, 베트남, 인도네시아, 말레이시아, 브루나이와 영유권 분쟁을 빚고 있다. 앞으로 남중국해를 둘러싼 국가 간의 갈등은 더욱 심각해 질 것으로 보인다. 특히 필리핀과 중국의 영유권 분쟁은 더욱 두드러질 것으로 보인다.

2024년 2월 22일 중국 해경은 필리핀 농업부 산하 수산수생자원국(BFAR) 소속 선박인 '다투 산다이호'가 스카보로 암초 인근 자국 해역에 불법 침입해 몰아냈다고 밝혔다. 중국은 해양 권익을 지키겠다며 필리핀과 영유권 분쟁 중인 지역에서 필리핀 어선들을 차단하기 위해 이른바 '부표 장벽'을 설치하기도 했다.

페르디난드 마르코스 주니어 대통령은 중국 해경의 활동이 우려된다면서 어민들을 보호할 것이란 입장을 밝혔다. 마르코스는 2024년 2월 27일 호주에서 열린 기자회견에서 "우리는 어민들의 생계가 유지될 수 있도록 지원하고 도울 것"이라고 말했다.

4. 나오는 말

1978년 개혁개방 이후, 중국은 급속한 경제성장을 바탕으로 미국을 대응할 G2국가로 성장하였다. 그리고 20세기 국제질서가 미국 중심의 '팍스 아메리카나(Pax Americana)'가 주도했다면, 이제 중국이 주도하는 세계 질서의 시대인 '팍스 시니카(Pax Sinica)'로 향하고 있다.

개혁개방 시기 중국지도부는 그들만의 독특하고 주목되는 방침(方針)을 통해서 각자의 독자적인 대외정책 기조를 제시하거나 추진해 왔다. 중국 외교정책의 기본방향을 규정하는 대전략으로는 마오쩌둥 시대의 '양대진영론'과 '제3세계론'이나 덩샤오핑의 '도광양회'와 '유소작위'가 있다.

특히 중국은 1990년대 후반, 지속적인 경제성장과 국제사회의 영향력 확대를 바탕으로 2000년 미국을 중심으로 제기된 '중국위협론'에 대응하기 위하여 장쩌민의 '책임대국론', 후진타오 시기의 '평화발전', '조화세계', '핵심이익'론이 등장했다. 이후 시진핑의'신형국제관계', '인류운명공동체' 등으로 변화했다. 특히 시진핑 시기 중국의 대외정책은 덩샤오핑이 강조했던 '도광양회'와 '유소작위'를 넘어 보다 적극적인 성격의 '분발유위'와 '주동작위'의 방향을 추구하고 있다.

20세기 후반 70여 년 동안 마오쩌둥, 덩샤오핑, 장쩌민, 후진타오로 이어지는 권력승계와 함께 중국 외교정책의 변화는 국제정치에 주요한 영향을 미치고 있다. 그렇다면 시진핑 시대의 등장으로 중국의 외교정책은 어떻게 변화할 것인가?

제5세대 지도자로서 시진핑 주석은 2012년 12월 개최된 중국 공산당 제18차 전국대표자대회에서 중화민족의 위대한 부흥을 뜻하는 '중국몽'을 제시했으며, '두개의 백년' 계획을 담고 있다. 또한 2013년 8월 시진핑 주석은 '일대일로' 프로젝트를 제시했다. 시진핑은 2014년 11월 중앙외사공작영도소조의 외사공작회의의 연설에서 "주변국과의 신형국제관계의 수립 그리고 주요 강국 간 신형국제관계의 건설과 같이 보다 능동적인 중국외교"를 역설했다

2015년 9월 유엔에서 중국을 중심으로 전 세계가 협력해 인류에 이바지하자는 취지의 '신형국제관계' 개념을 제시했으며, 2017년 중국 공산당 제19차 전국대표대회에서 시진핑은 '신형국제관계'와 '인류운명공동체'의 구축을 제시했다. 이러한 신형국제관계와 인류운명공동체는 중국이 미국과 비슷한 글로벌 리더의 지위를 전제로 한 것이다.

특히 2018년 3월 제13기 전국인민대표대회에서는 '시진핑 신시대 중국특색 사회주의 사상'을 헌법전문에 수록하였으며, 국가주석의 연임 제한을 철폐하였다.

이것은 시진핑의 강력한 권력 독재가 실현된 것을 의미하며, 중국식 사회주의의 우월성'을 뒷받침하는 '집단지도체제'도 막을 내리게 된 것을 보여준다.

시진핑의 집권 1기의 외교정책은 신형대국관계 수립을 통한 강대국관계를 중시하는 '신형대국관계', '신형국제관계', '인류운명공동체'로 정의된다. 또한 시진핑 집권 2기는 신형국제관계 수립을 통한 미국

우회의 새로운 국제관계 수립하기 위한 '친, 성, 혜, 용의 주변외교', '해양강국의 건설' 등으로 정리될 수 있다. 또한 시진핑은 싸움에서 이기는 '강군의 꿈'을 내세우고 '국방군대개혁'을 감행하는 한편 과거와 달리 "남이 나를 건드리지 않으면 나도 남을 건드리지 않으며, 남이 나를 건드리면 나도 반드시 남을 손봐준다."는 것을 강조하고 있다.

그렇다면 시진핑 집권 3기의 외교정책은 어떻게 변화할 것인가?

시진핑 3기 시대로 접어들면서 중국의 지도자 교체 3원칙인 ① 격대지정, ② 2년임 초과금지, ③ 공산당 집단지도체제의 근간이라고 할 수 있는 '7상8하(七上八下: 67세는 유임하고 68세는 은퇴한다)' 불문율을 깨고 있다. 또한 2023년 3월 13일 중국의 연례 최대 정치행사인 양회는 중화인민공화국 건국 이후 첫 3연임 지도자의 탄생을 공식화했고, 이번 양회에서 주요 요직에 '시진핑의 사람들'을 전면 배치하여 당·정·군을 모두 장악했다.

친강 외교부장이 2023년 2월 21일 중국공공외교협회가 개최한 '란팅(藍廳)포럼'에서 '글로벌안보구상개념문건'을 발표함으로써 중국의 국제안보에 대한 구상을 공식적으로 수립·제시하였다. 이러한 중국의 글로벌안보구상은 그동안 미국 주도의 국제질서에 대항하여 '인류운명공동체' 건설을 목표로 내세웠던 기존의 외교안보정책들을 종합한 것으로, 시진핑 3기 중국이 추진해 나갈 세계전략을 의미하며, 중국 주도의 중화질서를 구축에 목표를 두고 있다.

이에 따라 중국은 첫째, 2023년 '글로벌 문명 구상(GCI)'을 발표해 미국과 구분되는 '중국식' 국제질서 창출 의지를 표명하고, 있다. 둘째, 2023년 중국은 국가원수 외교를 활용해 강대국, 주변국, 개발도상국, 다자기구 등을 대상으로 다각적으로 전방위외교를 전개하고 있다. 셋째, 2023년 12월 중국 상무부는 중국의 자원외교 강화를 위해 중국 이외의 국가에서 희토류 소재 산업과 관련된 기술개발 등을 억제하기 위한 움직임을 보이고 있다. 넷째, 중국은 1941년 중일전쟁 당시 장제스 전 대만 총통이 미국에 판다 한 쌍을 선물하면서 시작된 판다외교를 확대하고 있다. 무엇보다도 판다는 미·중 데탕트(긴장 완화)의 상징으로 여겨져 왔다. 다섯째, 2024년 2월 28일 중국외교부는 중국이 우크라이나 사태의 정치적 해결을 위해 러시아와 우크라이나를 각각 방문하는 셔틀외교를 진행하고 있으며, 전쟁을 멈추고 합의를 이뤄 평화회담을 위한 길을 닦을 것이라고 말한다. 여섯째, 중국의 외교관들은 국가이익을 지킨다는 명분으로 펼치고 있는 '전랑외교'를 추진하고 있다.

이러한 중국의 외교목표와 전략 속에 '하나의 중국'과 타이완 통일 정책을 강력히 추진하고 있다. 중국은 국제사회에서 타이완을 고립시키고 있으며, 타이완에 대한 무력 통일을 시도할 가능성도 높이고 있다. 또한 남중국해 영토분쟁도 더욱 심화되고 있다.

이처럼 시진핑 3기 시대 중국의 적극적인 개입과 능동적 태세의 외교정책의 변화는 미·중 간의 갈등뿐만 아니라 주변국들의 경제 및 안보 이해관계에 위협이 될 수 있다.

참 고 문 헌

공봉진 외, 『강한나라를 꿈꾸는 중국』, 경진출판, 2023.

박범종 외, 『중국공산당이 세운 신중국! 중화민족에 빠지다』, 경진출판, 2022.

박병광, 「미중 무역전쟁의 향방」, 『이슈브리프』 통권 134호, 2019.

박병광, 『중국 대외정책 기조의 변화와 함의』, INSS전략보고, 2월, no, 62, 2020.

박병광, 「중국 시진핑 3기 '전랑외교'의 지속과 변화」, 『이슈브리프』 417호, 2023.

박병광, 「중국의 시진핑 3기 체제 등장과 양회 결과 분석」, 『KDI 북한경제리뷰』 3월호, 2023.

외교부, 『중국개항 2017』, 외교부 동북아시아국, 2017.

외교부, 『중국개항 2020』, 외교부 동북아시아국, 2020.

이동률, 「중국외교 개관」, 한국국제정치학회 중국분과 편, 『중국 현대 국제관계』, 오름, 2008.

이희옥, 「중국공산당 100년의 궤적과 '중국의 길' 독해법」, 『아시아브리프』 1권 27호(통권 27호), 2021.

조영남, 「중국공산당 20차 당대회와 시진핑 '집권 3기' 전망」(기획특집: 시진핑 3연임과 중국의 미래(1)), 『아시아브리프』 2권 35호(통권 74호), 2022.

Avery Goldstein, "The Diplomatic Face of China's Grand Strategy: A Rising Power's Emerging Choice", *The China Quarterly*, No. 168, 2001.

Dickson, Bruce J., *The Party and the People: Chinese Politics in the 21st Century*,

Princeton University Press, 2021.

The Wall Street Journal, March 6, 2023.

Timothy Cheek, Klaus Mühlhahn and Hans Van De Ven., *The Chinese Communist Party: A Century in Ten Lives*, Cambridge University Press, 2021.

Shambaugh, David, *China's Leaders: From Mao to Now*, Polity, 2021.

葉自成, 「關於韜光養晦和有所作爲: 再談中國的大國外交心態」, 『太平洋學報』 第1期, 2002.

鄧小平, 「中國共産黨第十二次全國代表大會開幕詞」, 『鄧小平文選』第三卷, 北京: 人民出版社, 1993.

中華人民共和國國務院新聞辦公室, 『中國的和平發展』, 北京: 中國國務院辦公室, 2011.

中華人民共和國國務院新聞辦公室, 『中國武裝量的多樣化運用』, 北京: 人民出版社, 2013.

남중국해 분쟁 격화…마르코스 "中 해군 활동 우려, 어민 보호해야", https://lrl.kr/yfH8 (검색일: 2024.4.15).

중국, 5년만 외사공작회의서 "자립적 대국 이미지 확립…보호주의 반대", https://lrl.kr/hs71 (검색일: 2024.4.15).

중국 "스페인에 판다 한 쌍 또 보낸다"…판다 외교 지속 계획, https://lrl.kr/hs72 (검색일: 2024.3.25).

中, 美와 올 여름 '판다 외교' 재개, https://lrl.kr/lFg5 (검색일: 2024.3.25).

中서 '귀환 여론' 들끓었는데… 판다, 다시 미국에 보낸다, https://lrl.kr/yfIc (검색일: 2024.3.25).

"中 "한국 말참견 용납 못해"…박진 '대만 발언' 뒤늦은 반발 왜", https://lrl.kr/hs76 (검색일: 2024.2.28).

시진핑 3기의 국방정책과 인민해방군 개혁의 방향

정호경

1. 들어가며

2022년 10월, 제20차 전국대표대회를 통해 제16대 중국공산당 중앙위원회 총서기에 오른 시진핑은 중국공산당의 수장으로서 3연임에 성공하였고, 이듬해인 2023년 3월에 열린 제14기 전국인민대표대회에서 역사상 처음으로 3연임 국가주석으로 확정되었다. 동시에 같은 인원으로 구성되는 당과 국가 중앙군사위원회 주석에도 오르면서, 당, 정, 군을 모두 통솔하는 중국 최고지도자의 자리에 올랐다.

시진핑은 2017년 10월 두 번째 임기를 확정 지은 제19차 전국대표대회에서 '시진핑 신시대 중국 특색 사회주의 사상'(일명 '시진핑 사상')을 당장에 삽입시켰다. 일반적으로 중국 내에선 '~사상', '~주의'가 '~이론'보다 더 높은 권위를 갖는다는 점에서 시진핑 주석은 앞선 덩샤오핑, 장쩌민, 후진타오 주석보다 한 단계 더 높은 사상적 권위까지 확보하였다고 볼 수 있다.

'시진핑 사상'은 8개를 명확하게 규명(8個明確)하였고, 시진핑 사상이 제기한 목표를 실현하기 위해 14개로 이뤄진 방법과 원칙(14個方略)을 담고 있다. '8개의 명확'은 ① 중국 특색 사회주의의 목표와 과정, ② 신시대의 모순, ③ 중국 특색 사회주의의 실현 방법, ④ 전면적 개혁 심화와 목표, ⑤ 전면적 의법치국의 목표, ⑥ 강군 건설의 목표, ⑦ 대외 관계의 목표, ⑧ 중국 특색 사회주의의 가장 큰 장점은 당의 영도를 가리켰고, '14개의 방략'은 ① 모든 업무에 대한 당의 영도, ② 인민을 중심으로 하는 원칙 견지, ③ 전면 심화 개혁의 견지, ④ 새로운 발전 이념을 견지, ⑤ 인민을 주인으로 하는 원칙 견지, ⑥ 전면 의법치국 원칙의 견지, ⑦ 사회주의 핵심 가치 체계의 견지, ⑧ 민생의 보장과 개선에 대한 견지, ⑨ 인간과 자연의 조화로운 공생의 견지, ⑩ 총체적 국가 안전관 견지, ⑪ 당의 인민군대에 대한 절대적 영도의 견지, ⑫ 일국양제와 조국 통일 추진 견지, ⑬ 인류 공동 운명체 구축 추동 견지, ⑭ 전면적인 엄격한 당 관리 원칙의 견지를 의미한다.

중국공산당은 제18차 전국대표대회 이후부터 중국이 신시대에 접어들었다고 선언했는데, 이는 장쩌민, 후진타오에 해당하는 이전 세대 지도자들과는 다른 시대에 직면했다는 것을 의미했고, '시진핑 사상'의 당장 삽입은 새로운 시대에 중화민족의 위대한 부흥인 '중국몽'을 이루기 위한 일련의 새로운 이념과 새로운 사상, 새로운 전략임을 보여주는 것이었다. 그렇다면 시진핑은 장쩌민, 후진타오와는 달리 어떻게 마오쩌둥과 덩샤오핑 수준의 지도자 반열에 오를 수 있었을까? 중국공산당은 지난 2021년 제19기 중앙위원회 6차 전체회의(19기 6중 전회)에서 역사상 세 번째 역사결의(3차 결의)를 채택하였다. 이로써 1949년 중화인민공화국 성립 이후, 중국은 3번째 주요 분기점을 맞이하게 되었고, 이는 중화인민공화국 탄생 이후 현재까지의 중국 역사를 3단계로 나눌 수 있다는 것을 의미하였다. 앞선 두 번의 역사 결의가 마오쩌둥과 덩샤오핑 시기에 이뤄졌고, 이를 통해 두 사람이 최고의 지도자로 남았다는 점에서 시진핑 시기의 세 번째 역사결의 채택은 중국의 최고지도자 계보가 마오쩌둥-덩샤오핑-시진핑으로 이어진다고 해석할 수 있다. 중국의 역사적 분기점은 시진핑 주석이 2017년 제19차 전국대표대회에서 언급한 "중화민족은 일어섰고(站起來), 부유해졌으며(富起來), 강해지는(强起來) 비약을 맞이하였다"는 표현에서 찾을 수 있다. 즉, 마오쩌둥이 중국을 일으켰고 덩샤오핑이 중국을 부유하게 했으며 시진핑이 강력한 중화민족을 이룩한다는 것이다.

그렇다면, 중화민족의 위대한 부흥인 '중국몽'은 무엇일까? 시진핑은 기존의 덩샤오핑 '3단계 발전 전략'과 장쩌민의 '두 개의 백 년 분투 목표'를 조정하고 수정하여 2050년까지 사회주의 현대화 완성이라는 목표를 제시하였다. 그리고 목표를 달성하기 위한 기본 토대가 되는 것이 '시진핑 사상'이고, 이는 앞서 언급한 '8개 명확'과 '14개 방략'으로 구체화할 수 있다.

중국이 이처럼 자신감을 가지게 된 데에는 개혁·개방 이후 급격한 성장을 이룬 경제력에 기초하고 있다. 덩샤오핑의 주도로 세계를 향해 문을 열기 전까지만 해도 중국은 폐쇄적이고, 경제적으로 실패했으며, 문화적으로도 후퇴한 국가였다. 그러나 개혁·개방으로 자본주의의 맛을 보고 WTO 가입으로 고속성장의 과실을 누린 중국이 맞이한 경험은 2010년 당시 세계 2위의 경제 대국 일본을 추월한 것이었다. 그리고 2014년 실질구매력 평가(PPP) 기준 GDP로 미국까지 추월하는 과정에서 등장한 것이 시진핑 정권이었다. 경제력 측면에서의 자신감은 군사적 측면에서의 자신감으로 이어졌고, 이는 2015년에 발표된 중국의 국방백서에서 "중국의 꿈은 강군몽(強軍夢)"이라 칭하기에 이르렀다.

물론, 중국의 군사적 팽창은 비단 성장한 경제적 요인에만 기인하는 것은 아니었다. 중국이 본격적으로 문을 열고 해외로 진출하기 시작함에 따라 해외에서 중국의 이익을 확보하고 보호하려는 조치가 필요해졌으며, 이미 후진타오 시기부터 중국의 국제적 이익확대와 보호의 임무를 인민해방군에 요구하기 시작하였다. 게다가 2001년 9·11테러 이후, 흔들리기 시작한 미국의 국제질서와 국제사회의 탈세계화, 자국우선주의 부상 등의 흐름 속에서 중국 역시 주변국과의 영토분쟁, 대만 문제 등에서 목소리를 내기 시작하였다. 이는 인민해방군을 더욱 강력한 국방정책과 적극적인 군사전략을 채택하도록 만들었고, 시진핑은 집권과 더불어 강력하게 인민해방군의 현대화와 국방개혁을 이끌었다.

본 글은 시진핑 집권 이후, 중국 인민해방군의 개혁과 현대화 그리고 국방정책의 변화를 살피고, 2023년 국가주석으로 공식적인 3연임을 시작한 시진핑 3기에서의 인민해방군 변화와 현대화 방향의 특징을 살펴보고자 한다.

2. 중국의 국방백서와 국방정책

1) 중국 국방백서의 발간 목적과 구성

중국은 자신들의 부상(浮上)으로 인해 미국을 비롯한 서구국가들과 동북아시아에 있는 중국의 주변국들이 우려하고 있다는 사실을 인식하고 있다. 이에 중국은 우려를 불식시키기 위해 1998년부터 『중국의 국방(中國的國防)』이라는 제목으로 국방백서에 해당하는 종합형 국방백서를 발간해 오고 있다. 종합형 국방백서의 형태는 아니지만, 중국 국방부가 처음 발간한 국방 관련 공식백서라 할 수 있는 것은 전문주제형의 형태로 1995년에 발간된 『중국의 군비통제와 군축(中國的軍備控制和裁軍)』이다. 2010년까지 종합형 국방백서를 발간하던 중국은 시진핑 지도부가 출범한 이후부턴 2013년, 2015년 각각 전문주제형 국방백서, 2017년 안보백서라는 새로운 형식의 백서 그리고 2019년엔 다시 종합형 국방백서를 발간하며 1998년 이후 2년 주기로 국방 및 안보 관련 주제로 중국의 국방백서를 발간하고 있다.

중국의 국방백서는 기본적으로 실체적인 정보를 전달하기보다 중국의 정치적 의도를 선전하는 '프로파간다(Propaganda)' 성격의 문서로 평가받고 있다. 따라서 중국 당국의 발표나 언론에 보도되는 수준의 내용조차 정확하게 반영하지 못하는 경우가 많다. 그나마 중국 정부가 매번 국방백서를 발간할 때마다 군사적 투명성 제고를 위해 정보 공개의 수준과 범위를 조금씩 확대해 오고는 있으나, 국방 관련 사안에 대해서는 공개되는 내용이 많지 않고 투명성이 높지 않다는 한계가 존재한다.

비록 홍보적 성격이 강하고, 공개되는 내용도 제한적이긴 하지만,

중국 국방백서는 중국 국방부문과 관련해선 중국 정부의 공식 견해를 밝힌 유일한 공개 자료이다. 따라서 중국 국방 관련 정책을 확인할 수 있는 중요한 문서이자, 중국의 국제정세 평가, 대내외 위협인식, 국방정책 및 군사전략, 그리고 최근의 군사 동향까지 파악할 수 있는 자료이다.

중국은 과거부터 상대에게 자신의 전투능력을 노출하지 않는 다소 폐쇄적인 전략을 사용해 왔다. 이는 부상하는 경제력과 함께 군사력 증강에 대한 주변국들의 우려를 불식시키기 위함이기도 하지만, 경제력 부상과 비교할 때 상대적으로 떨어지는 군사력을 외부에 노출하지 않는 것이 전략적으로 유리하다고 판단했을 것이다. 그런데도 중국이 국방백서를 발간하고 자신의 전력(戰力)을 드러내기 시작한 데에는 몇 가지 이유가 있다.

우선, 미국을 비롯한 주변국들이 중국에 대해 군사적인 투명성을 요구하기 때문이다. 냉전이 끝난 후, 중국은 국방전력을 외부세계에 공개하라는 압력을 지속해서 받아왔는데, 중국의 경제력이 크게 신장하기 시작한 1990년대 중반 이후부터 이런 압력은 더 증대되었다. 두 번째는 주변국이 우려하는 '중국위협론'을 불식시킬 수 있다는 기대감이다. 앞선 원인이 외부의 요구로 이뤄진 수동적인 요인이라면 '중국위협론' 불식은 능동적인 요인에 해당한다. 중국은 과거 인민해방군의 '심리전' 개념을 발전시킨 '미디어전'의 개념을 채용하고 있는데, 이는 '담론 전파'를 통해 중국에 유리한 국제환경을 조성해나가는 전략이다. 따라서 중국은 국방백서의 공개를 통해 자신들을 향한 국제사회의 우려를 잠재울 수 있을 것으로 기대한다.

세 번째는 중국 자신감의 표현이다. 중국이 국방백서를 발간해 온 기간을 보면, 폭발적인 경제성장을 통해 국제사회에서 강대국으로 부상을 했던 시기와 함께 한다. 중국이 발간하는 국방백서에는 중국의 대외인식과 국방정책뿐만 아니라 인민해방군의 국방예산과 군 구조 등에 관한 세부적인 내용도 공개하고 있는데, 그동안 중국이 이뤄온 군사 현대화의 성과에 대한 자신감을 반증한다고 볼 수 있다. 중국이 충분한 군사력을 갖추지 못한 상황에서는 이른바 '전략적 모호성'을 유지하는 것이 일종의 '억지 기제'로 작용하였지만, 인민해방군의 전력이 강화되고 현대화를 어느 정도 달성한 상황에선 오히려 증강된 전력의 실체를 보여주는 것이 억지의 효과를 달성할 수 있다고 판단한 것이다. 이는 국방백서가 발간을 거듭할수록 군사력의 억지 기능의 중요성을 강조하고 있다는 점에서 충분히 유추해볼 수 있다.

마지막으로는 중국 인민에게 중국의 발전상을 알리기 위한 용도로도 활용된다. 중국 인민들은 군사문제에 많은 관심이 있으며 중국 국방력의 강화를 국력의 성장과 중국의 위상 증대의 척도로 인식하고 있다. 2001년 전국인민대표대회(NPC)가 「국방교육에 관한 특별법」을 제정하였는데, 이 법에 따라 매년 9월 셋째 주 토요일을 '국방교육을 위한 국경일'로 지정하였고, 국방백서를 각급 학교와 기업·관공서에서 행해지는 국방교육의 주교재로 사용하고 있다. 중국은 동 법의 제정을 통해 국민이 국방의 중요성과 국방 현황을 충분히 이해할 필요가 있다는 점을 강조하고자 했다.

중국의 국방백서는 국방부 외사판공실에서 발간의 전 과정을 주도하고 조정하는 업무를 담당하고 있다. 최종적으로 발간은 국무원 신문판공실의 이름으로 발간되는데, 내용은 인민해방군의 최고 연구기관인 군사과학원(Academy of Military Science)에서 구성하는데, 국방과학원의 지원 하에 인민해방군의 고위 장교들에 의해 작성되고 중앙군사위원회가 직접적으로 통제하면서 작업을 진행한다. 즉, 국방백서는 중국의 최고위 지도부와 군·국방 관련 최고 기관들이 참석하고 심의하는 과정을 통해 작성되는 것이다.

1995년『중국의 무기통제와 군축』이라는 주제로 전문주제형 방식의 국방 관련 백서가 발간되었으나, 우리의 국방백서에 해당하는 중국의 국방백서는『중국의 국방』이라는 제목으로 1998년부터 2010년까지 2년 주기로 발간되었고, 그 형식도 종합형 방식이었다. 전문주제형 국방백서와는 달리 종합형은 비교적 유사한 구성체계를 가지고 있다. 제1장과 2장은 '안보환경'과 '국방정책'으로 고정되어 있고, 마지막 두 개의 장도 2006년에 발간된 백서를 제외하곤 모두 '국제안보협력'과 '군비통제와 군축' 관련 내용을 다루고 있다.

2013년 시진핑 집권 이후부터 발간된 중국의 국방백서는 기존 유지해 오던 종합형 국방백서와는 다른 틀을 가진다. 2013년 4월에 발간된 국방백서인『중국 무장역량의 다양화 운용(中國武裝力量的多樣化運用)』은 기존 종합형식이 아닌 전문주제형식의 백서로 발간되었다. 이어 2015년 5월에 발간된 국방백서『중국의 군사전략(中國的軍事戰略)』역시 전문주제형 백서로 발간되었다. 2017년 1월에는 기존 국방백서와는 달리『중국의 아시아·태평양 안보협력정책(中國的亞太安全合作政策)』이란 제목으로 최초의 안보백서를 발간하였다. 국방백서 발간에 있어 형식상의 변화는 종합형 백서에서 종합형과 전문주제형을 교차적으로 발간하는 다른 국가들의 방식을 참고한 데에 기인하고 있다.

가장 최근에 공개된 중국의 국방백서는 2019년 7월 24일 발간된『신시대 중국 국방(新時代的中國國防)』이다. 원래 중국은 2년 주기로 국방백서를 발간하였으나, 2019년 발간된 국방백서는 지난 2015년 발간된 국방백서 이후, 5년 만에 발간된 것이며, 시진핑 집권 이후 발간된 최초의 종합형 국방백서이다.

〈표 1〉 중국 국방안보 관련 백서 목차

(연도)유형	제목	목차
(1995) 전문주제형 국방백서	중국의 무기 통제와 군축 (中國的 軍備控制與裁軍)	서언 Ⅰ. 인류평화와 발전의 촉진 Ⅱ. 군인 100만 명 감축 Ⅲ. 낮은 수준의 국방비 유지 Ⅳ. 군사기술의 평화적 이용 Ⅴ. 민감한 자재 및 군사 장비 반출의 엄격한 통제 Ⅵ. 국제적 군비통제와 군축의 적극추진
(1998) 종합형 국방백서	중국의 국방	서언 Ⅰ. 국제안보정세 Ⅱ. 국방정책 Ⅲ. 국방력 건설 Ⅳ. 국제안보협력 Ⅴ. 군축과 군비통제
(2000) 종합형 국방백서	중국의 국방	서언 Ⅰ. 안보정세 Ⅱ. 국방정책 Ⅲ. 국방력 건설 Ⅳ. 군사력 건설 Ⅴ. 국제안보협력 Ⅵ. 군축과 군비통제
(2002) 종합형 국방백서	중국의 국방	서언 Ⅰ. 안보정세 Ⅱ. 국방정책 Ⅲ. 무장역량 Ⅳ. 국방력 건설 Ⅴ. 군사력 건설 Ⅵ. 국제안보협력 Ⅶ. 군축과 군비통제
(2004) 종합형 국방백서	중국의 국방	서언 Ⅰ. 안보정세 Ⅱ. 국방정책 Ⅲ. 중국특색군사혁신 Ⅳ. 국방비 및 국방자산 Ⅴ. 병역제도 Ⅵ. 국방 동원 및 예비전력건설 Ⅶ. 국방과학기술공업 Ⅷ. 군대와 인민 Ⅸ. 국제안보협력 Ⅹ. 군축-군비통제 및 비확산
(2006) 종합형 국방백서	중국의 국방	서언 Ⅰ. 안보정세 Ⅱ. 국방정책 Ⅲ. 국방지도-관리체계 Ⅳ. 인민해방군

(연도)유형	제목	목차
		V. 인민무장경찰 VI. 국방 동원 및 예비전력건설 VII. 국경 및 연안경비 VIII. 국방과학기술공업 IX. 국방경비 X. 국제안보협력
(2008) 종합형 국방백서	중국의 국방	서언 I. 안보정세 II. 국방정책 III. 인민해방군의 개혁발전 IV. 육군 V. 해군 VI. 공군 VII. 제2포병 VIII. 인민무장경찰 IX. 국방예비전력건설 X. 군대와 인민 XI. 국방과학기술공업 XII. 국방경비 XIII. 국제안보협력 XIV. 군축-군비통제
(2010) 종합형 국방백서	중국의 국방	서언 I. 안보정세 II. 국방정책 III. 인민해방군의 현대화건설 IV. 무장역량운용 V. 국방동원 및 예비전력건설 VI. 군사법제 VII. 국방과학기술공업 VIII. 국방경비 IX. 군사적신뢰구축 X. 군축-군비통제
(2013) 전문주제형 국방백서	중국 무장역량의 다양화 운영 (中國武裝力量的 多樣化運用)	서언 I. 신(新)정세, 신(新)도전, 신(新)사명 II. 무장역량건설과 발전 III. 국가주권, 안보, 영토보전의 수호 IV. 국가경제사회발전보장 V. 세계평화와 지역안정유지
(2015) 전문주제형 국방백서	중국의 군사전략 (中國的軍事戰略)	서언 I. 국가안보정세 II. 군대 사명과 전략적 임무 III. 적극방어전략방침 IV. 군사역량건설발전 V. 군사투쟁준비 VI. 군사안보협력

(연도)유형	제목	목차
(2017) 안보백서	중국의 아태안보협력정책 (中國的亞太 安全合作政策)	서언 Ⅰ. 중국의 아태안보협력정책주장 Ⅱ. 중국의 아태안보개념 Ⅲ. 중국과 역내지역주요국가의 관계 Ⅳ. 역내 지역 이슈 문제에 대한 중국의 입장과 주장 Ⅴ. 중국의 아태지역 주요 다자체제참여 Ⅵ. 중국의 비전통적 안보협력 참여
(2019) 종합형 국방백서	신시대 중국국방 (新時代的中國國防)	서언 Ⅰ. 국제안보정세 Ⅱ. 신시대 중국의 방위적 국방정책 Ⅲ. 신시대 군대의 사명과 임무 이행 Ⅳ. 개혁 중인 중국 국방 및 군대 Ⅴ. 합리적이고 적정한 국방비 지출 Ⅵ. 인류운명공동체 구축에 적극적인 이바지

출처: 정재흥, 「2019 중국 국방백서 분석과 평가」, 『세종정책브리프』 2019(13), 6~8쪽.

2) 중국의 국방정책 변화

중국의 국방 관련 백서들의 구성을 보면 대부분 공통적으로 가지는 구성이 있다. 안보정세에 대한 분석인데, 이를 통해 중국이 국제안보 뿐만 아니라 국제정치와 경제 전반에 걸친 국제환경을 어떻게 인식하고 있는지를 분석할 수 있다. 다음으로 나오는 장(章)은 국방정책인데, 이는 앞선 안보환경 인식에 대한 대응으로서 중국의 국방정책의 기본 기조를 제시하고 있다. 중국이 처음 발간한 종합형 국방백서인 『중국의 국방』에선 '평화와 발전이 현시대의 대세'라고 규정하였다. 그러나 2002년에선 '세계는 전혀 고요하지 못하다'는 표현이 등장했고, 2004년에는 '평화와 불안정의 기회가 공존하고 있다'고 했으며, 2010년에 와서는 '전반적으로 세계 평화는 모호한 상태에 있다'고 밝히며 시간의 흐름에 따라 중국의 국제사회에 대한 인식이 달라지고 있다는 점을 살펴볼 수 있다.

중국의 국방정책은 국가전략 및 안보정책의 하위요소로 "국가의 안보와 통일을 수호하고 국가의 발전이익을 보장"하는데 목표를 두고 있다. 중국의 국방백서에 나타난 주요 내용을 살펴보면 다음과 같다. 우선 국가주권, 안보수호 그리고 국가발전이익을 수호하는 것이다. 구체적으로 외부의 침략에 대응하며, 국가의 정치적 안보, 인민 안보, 사회적 안보를 수호하고, 대만 독립을 반대 및 억제하고, 티베트와 신장위구르자치구 등 분열세력들을 타파하는 것이다. 또한, 국가의 해양권익, 우주·전자·사이버 공간에서 국가 안보 이익과 국가 해외이익을 수호하며 국가의 지속 가능한 발전을 지지하는 것이라 밝히고 있다.

두 번째는 사회적 조화와 안정을 유지하는 것이다. 인민해방군은 인민을 위해 봉사하며, 국가 경제 및 사회발전에 적극적으로 참여하고, 법에 따라 국가안보와 사회안보를 수호한다. 자연재해나 테러 등 초국가적 안보위협에 대비하기 위해 '전쟁 이외의 군사 활동'에 대비하며, 이를 위해 긴급사태 대응을 위한 특수부대를 창설하고 대테러 활동 및 안정유지 능력을 갖추고 긴급구조 및 재난구조 임무 수행능력을 강화한다. 인민해방군은 사회안정 유지를 핵심임무로 규정해 언제든 전복 및 태업활동과 폭력적 테러활동을 단호히 진압할 수 있는 준비를 갖추기 위해 노력하고 있다는 것이다.

세 번째는 국방 및 군 현대화를 가속화하는 것이다. 중국은 2006년 국방백서에서 3단계 현대화 계획을 제시하였는데, 이에 따르면 2050년경에 "정보화 조건하 국부전쟁에서 승리할 수 있는 능력을 구비한다"는 목표를 설정하여 3단계의 군 현대화를 추진하고 있다.

네 번째는 세계평화와 안정을 유지하는 데 기여하는 것이다. 중국은 상호신뢰, 호혜, 평등과 협력의 '신안보개념'을 견지하고 국지분쟁을 평화적으로 해결하며, 영토보전과 주권의 상호존중, 상호불가침,

상호 내정불간섭, 호혜평등 그리고 평화공존의 '평화공존 4원칙'에 입각한 관계 발전을 추구하는데, 중국인민해방군은 전통적으로 불(不)동맹, 불(不)대항, 불(不)겨냥에 입각한 협력적 군사 관계를 발전시키고, 국제협력을 통해 유엔 평화유지군 활동, 해양수송, 대테러협력, 재난구조 작전에 적극 참여한다는 방침을 가지고 있다.

이처럼 중국의 국방정책은 자주독립의 평화적 외교정책을 이행하기 위한 군 차원의 정책으로써, 국가주권을 수호하고, 사회안정을 도모하며, 국방 및 군 현대화를 추진하고, 나아가 세계평화에 이바지하는데 주안을 두고 있다. 이를 바탕으로 최초의 종합형 국방백서로 볼 수 있는 1998년부터 가장 최근에 발간된 2019년까지의 각 국방백서에서 나타나는 주요 변화들은 다음과 같다. ① 중국의 군사전략은 적극방어 전략으로 적의 공격이 먼저 발생한 후에만 공격을 하되 적의 공격에 대해서는 반드시 반격하고 전장의 주도권을 확보할 것임을 밝히고 있다(1998년 국방백서). ② 중국인민해방군의 현대화는 자위를 위한 것이며, 국가안보와 현대화 노력을 지원하기 위한 것임을 강조하고 있다(2000년 국방백서). ③ 중국 국방정책의 근본적 기초는 중국의 국가이익에 기초하고 있다(2002년 국방백서). 국가이익은 국방정책의 방향성을 결정하는 중요한 상위원칙으로 중국은 유일하게 국방백서를 통해 국가이익이 공식적으로 천명되었다. ④ 중국의 국방은 국가의 생존과 함께 발전 역시 보장해야 하는 요소라는 점을 명확히 했으며(2004년 국방백서), ⑤ 3단계 군 현대화 발전 전략(1단계: 2010년까지 국방과 군대현대화를 실현할 수 있는 기반 마련/ 2단계: 2020년까지 기계화와 정보화의 발전을 달성/ 3단계: 2050년까지 국방과 군대 현대화를 달성)을 제시하였다(2006년 국방백서). ⑥ 정보화 조건하 국부전쟁에서의 승리를 위해 현대전 체계에 대응하기 위해 통합합동작전 지휘체계, 합동훈련 및 합동지원체제 완비, 전력의 결합구조 최적화, 부대편성을 완비한다는 내용이 포함되었다(2008년 국방백서). ⑦ 국가의 해양권익을 수호하고, 우주, 전자, 사이버공간에서의 국가 안보 이익 수호, 인재 전략 공정을 통한 인재 양성을 추구하였으며(2010년 국방백서), 시진핑 집권 이후 발간된 2013년 국방백서에선 전통과 비전통 안보, 해양권익, 해상 교통로, 해외이익 등 다양한 안보환경에 대응하기 위한 무장역량 운용에서의 다양화를 추진하였다. 2015년 국방백서에선 미국의 아시아·태평양 재균형 정책 및 일본의 군사력 증강 등을 최초로 명시했으며, 마지막에 발간된 2019년 국방백서는 '방어적 국방정책, 패권불추구, 주권·안보의 확고한 수호'가 핵심내용을 이뤘다.

3. 시진핑 집권 이후 국방정책의 변화와 인민해방군 개혁

1) 시진핑의 군사사상과 강군몽 의지

2012년 11월 제18차 전국대표대회를 통해 시진핑은 중국공산당의 총서기직과 중앙군사위원회의 주석직에 동시에 올랐다. 이듬해 3월에는 국가주석으로 선출됨으로써 전임 지도자들과는 달리 집권과 함께 당·정·군의 권력을 한꺼번에 장악하게 되었고 이는 이후 시진핑이 일련의 개혁적인 조치들을 강행하는데 큰 토대가 되었다. 중앙군사위원회 주석으로 선출된 시진핑은 첫 번째로 나선 공식 부대시찰에서 중국의 꿈(中國夢)에 관해 언급하였고 이는 곧 '강국의 꿈(强國夢)'이고 군대에 있어서는 '강군의 꿈'임을 의미한다고 정의하였다. 즉, 중화민족의 위대한 부흥을 실현하기 위해선 부국(富國)과 강군(强軍)의 목표를 통합 추진해야 하고, 공고한 국방 및 강한 군대를 건설하기 위해 노력해야 한다는 것이었다.

시진핑은 취임 이후 중앙군사위원회 확대회의와 같은 공식적인 자리와 지역의 현장을 시찰하는 과정에 여러 차례 나온 연설을 통해 국방과 군사력 건설 방향에 대한 자신의 생각과 방향성을 제시하였다. 2012년 11월 16일에 개최되었던 중앙군사위원회 확대회의에서 국방 군대 건설에 대해 강조한 내용을 보면 시진핑의 군사관(軍事觀)을 엿볼 수 있다.

시진핑이 제시한 4가지의 중대 요구사항은 다음과 같다. 그는 먼저 "반드시 추호의 동요 없이 당의 군대에 대한 절대적 영도를 견지해야 한다"고 밝히며 '군에 대한 당의 절대적 영도'를 요구하였다. 군에 대한 당의 절대영도는 인민해방군의 성격과 주지(主旨)와 관련되어 있을 뿐만 아니라 향후 사회주의 및 국가의 운명과도 연관되어 있다고 강조하면서 '국가와 국민의 군대'가 아닌 '당의 군대'로서의 지위를 확고히 유지하라는 요구였다. 군에 대한 절대적 영도를 통해 어떠한 상황에서도 군이 공산당의 명령에 따르도록 해야 하며, 이를 위해 사상적, 정치적으로 군을 확실하게 장악해야 함을 의미한다고 볼 수 있다.

두 번째는 '반드시' 각종 군사투쟁임무를 결연히 완수해야 한다고 강조하며, 국가안보와 국가발전전략 측면에서 군의 지위와 역할에 대한 정확한 인식을 요구하였다. 국가 주권의 안전과 국가이익 수호를 위해 어떠한 상황에서도 승리할 수 있도록 제반 군사투쟁 임무에 대비하고 수행해야 함을 의미하는 것이다. 이를 위해 군은 군사훈련을 전략적 차원에서 다뤄야 하고, 부대의 실전작전능력을 지속적으로 강화해야 한다고 주문하였다.

세 번째는 '전면적 건설 사상에 입각한 군대의 혁명화·현대화·정규화의 추진'이다. 거시적이고 포괄적인 관점에서 군사·정치·근무지원·장비 등 모든 영역을 두루 고려한 포괄적인 발전을 추진해 전반적으로 군 건설 수준을 끌어올려야 한다고 지적하였다. 이는 시진핑의 집권 이후 이어지고 있는 중국의 군 구조 개혁과 군사력 현대화로 실현되고 있다.

마지막으로 요구한 것은 '반드시' 군의 자랑스러운 전통과 우수한 기풍을 유지해야 한다는 것이다. 장병들에게 위기의식과 사명감을 강조하고, 사상무장과 전투의지 고취 등 확고한 전투정신을 요구하였다. 특히 집권과 동시에 강력하게 추진하고 있는 '부패척결 운동'에 군도 적극적으로 동참할 것을 주문했고, 고급간부들에 대한 청렴과 자율적 규정 준수 등을 강조하였다.

시진핑 시기에 들어 군의 위상과 중요성은 집권 이후 군에 대한 행보를 통해 알 수 있다. 시진핑은 중앙군사위원회 주석직에 오른 후 불과 2개월 반 만에 육군·해군·공군·제2포병·무장경찰 등을 모두 시찰하였다. 특히 단순 시찰이 아닌 전투기 탑승, 항공모함 승선, 전투복 착용 시찰 등은 시진핑이 군에 대해 가지는 특별함을 방증해주는 부분이다. 특히 2013년 3월 11일 제2기 전국인민대표대회 제1차 회의 해방군대표단 전체회의에서 이뤄진 그의 연설은 일반적인 군 시찰 중 나온 발언과는 격이 다른 정식적이고 권위 있는 장소에서 인민해방군 핵심 대표들을 대상으로 이뤄졌다는 점에서 주목할 만하다.

그는 연설을 통해 새로운 형세 하에서의 강군목표를 간단명료하게 제시하였다. '당의 지휘에 따르는', '싸워서 이길 수 있는', '우수한 기풍을 지닌' 군대를 건설하는 것을 강군목표라고 정의하였다. '당의 지휘를 따르는' 것은 군은 어떠한 상황에 직면하더라도 당 중앙과 중앙군사위원회의 지휘에 따라야 한다는 것을 의미했고, '싸워서 이길 수 있는'은 강군의 핵심으로 전투력 향상을 위해 항시 전쟁에 임한다는 마음가짐으로 군 생활을 하고 훈련하도록 독려하는 것이다. 오랜 시간 동안 전쟁경험이 없는 인민해방군 장병들의 전쟁에 대한 인식을 보다 강화하여 실질적인 전투력 제고를 추구하는 것이다. '우수한 기풍을 지닌'다는 것은 시진핑 사상에서 나타난 '전면적 의법치국'을 통한 법에 따른 통치를 강조한 것과 같이 엄정한 기율을 통해서 부대가 건설되고 관리될 수 있도록 해야 한다는 것이다.

시진핑의 군사 사상이 역대 지도자들과 차이나는 점은 군에 대한 당의 통제력 강화와 더불어 실질적으로 전투에서 승리할 수 있는 군대를 건설하고자 하는 의지가 두드러진다는 점이다. 2013년 3월 제12기 전인대 제1차 회의 해방군 대표단 전체회의에서 나온 3가지의 내용은 앞선 2012년 취임 후 첫 군부대 시찰에서 강조한 3가지(① 당의 지휘에 복종하는 것은 강군의 영혼, ② 전투에서 승리하는 것은 강군의 기본 덕목, ③ 법에 의거해 군대를 엄하게 다스리는 것은 강군의 기본 방침) 사항과 의미상 동일하다

2) 시진핑 집권 1·2기의 국방·안보백서의 주요 내용

2012년 11월 시진핑의 집권은 중국이 그동안 발간해 오던 국방백서에도 많은 변화를 주었다. 중국은 그동안 『중국의 국방(中國的國防)』제목의 종합형 국방백서를 발간하였는데, 시진핑 정부 출범 5개월 만에 나온 2013년부터 전문주제형 방식으로 바뀐 국방백서가 발간되었다. 2017년엔 처음으로 국방백서가 아닌 안보백서가 발간되었으며, 2019년 다시 종합형 국방백서가 나오기 전까지 2013년, 2015년, 2017

년 모두 기존 발간 백서와는 다른 형태를 보여줬다. 이렇듯 시진핑 집권 이후 총 4차례의 국방·안보백서가 나왔는데 시진핑 이후의 중국 국방정책의 변화를 살피기 위해선 2013년 이후 발간된 국방·안보 백서의 내용에 주목해볼 필요가 있다.

(1) 『중국 무장역량의 다양화 운용(中國武裝力量的多樣化運用)』(2013)

2013년 4월 발간된 『중국 무장역량의 다양화 운용』은 그동안 중국이 국방백서에서 다루던 국방정책, 국방개혁, 군사력 현대화, 국방예산, 군축에 관한 항목이 제외되고 특정 분야에 관한 전문주제의 형식이었다. 형식이 바뀐 이유에 관해 조심스럽게 추측해보자면, 우선 시진핑 정부 출범 이후 중국의 새로운 지도부와 군사지도부가 안보정세 인식, 국방정책 변화, 인민해방군 건설 그리고 군사개혁 등과 관련한 정책 방향에 관해 새로운 개념을 정립하지 못했거나 상호 간에 구체적인 합의가 이뤄지지 않았을 것으로 보인다. 두 번째는 종합형 국방백서 발간에 따른 '중국위협론'을 비롯해 인민해방군의 투명성에 대한 의문 등 외국의 부정적 평가에 대비해 고의적으로 재난구호, 평화유지활동 참여 등 인민해방군의 평화 지향적 성격을 부상시키려는 의도가 존재했을 것으로 보인다. 이유야 어찌되었든 중국이 2013년 전문주제형 국방백서를 통해 인민해방군의 전투서열을 최초로 공식 발표한 것은 대외적으로 군사력에 관한 투명성 제시 노력을 보인 것으로 평가할 수 있다. 다만, 제2포병 등에 관한 일부 정보만 제시하는 등 여전히 공개에 있어서는 한계가 존재한다.

2013년의 국방백서는 종래 중국이 견지해 왔던 미국에 대한 전략적 방어입지에서 벗어나 미국에 대한 도전적인 입장을 제시하고 있고,

국방정책 가운데 국가주권과 안보·영토보전의 수호를 최우선 과제로 삼고 있음을 강조하고 있다. 특히, 주권과 영토수호에 대해 우선을 두고 군사력 또는 군사전력을 다양화해 운용하겠다는 의지를 밝힌 것은 해양 영유권 분쟁과 관련해 한반도의 안보에도 영향을 미칠 수 있음을 시사해주는 요인이기도 하다.

(2) 『중국의 군사전략(中國的軍事戰略)』(2015)

2015년 시진핑 주석의 집권 3년 차를 맞이해 중국은 『중국의 군사전략』이라는 제목의 전문주제형 국방백서를 발간했다. 새로운 국방백서에서는 새로운 역사적인 시기에 진입한 중국인민해방군의 사명과 전략적 임무를 체계적으로 기술하고 있다는 점에서 과거에 발간되었던 국방백서들과 차별성을 보인다. 이번 백서의 특징은 중국이 자국의 핵심이익에 대해서는 적극적·공세적으로 대응하겠다는 의지를 공개적으로 천명했다는 것이다. 서문에서도 "중국의 군사 현대화를 가속화하며 국가주권과 안정, 발전이익을 수호함으로써 '2개의 백 년'과 중화민족의 위대한 부흥인 중국의 꿈을 실현할 것임"을 천명하고 있다. 게다가 그동안 중국이 주장해 오던 '적극방어전략'에 대해 '공산당 군사전략사상의 기본점'이라고 설명하며 백서를 통해 구체적으로 언급하고 있다. 백서에서는 새로운 정세 아래에서 '적극방어전략' 방침 실행을 위해서 다음과 같은 3가지의 사항을 강조하고 있다.

첫째, '군사투쟁 준비의 출발점을 조정'한다. 전쟁 양상의 변화와 국가안보정세에 근거해 군사투쟁 준비의 출발점을 정보화 국부전쟁 승리에 두고, 해상 군사투쟁과 군사투쟁 준비를 강조하여 중대 위기를 효과적으로 통제하고, 발생 가능한 연쇄반응에 원활히 대응하여 국가의 영토주권과 통일 및 안전을 결연히 수호한다.

둘째, '기본 작전 사상을 혁신'한다. 각 방향별 안보위협과 군대의 실질적인 능력에 근거해 민첩한 기동과 자주적인 작전원칙을 견지하고, 우리의 전투방식을 따르며, 각 군·병과 일체화 작전역량을 운용하여 정보 주도·정밀 타격·합동작전 승리의 체계작전을 실시한다.

셋째, '군사전략 구조를 최적화'해야 한다. 새롭게 변화하는 중국의 안보위협과 군의 전략 임무에 따라 전체총괄, 분구(分區)책임, 상호협동, 상호일체의 전략적 배치와 군사적 운용을 설계한다. 또한, 우주와 사이버 공간 등 새로운 영역에서의 안보위협에 대응해야 한다.

이외에도 새로운 정세 아래 적극방어전략 방침 실행을 위해 견지해야 할 원칙을 9가지로 제시하였다. ① 총체적 국가안보관 실현, ② 국가 전략목표 달성을 위해 복종하고 총체적 국가 안보관 실현, ③ 권익수호와 안정유지의 균형 유지, ④ 군사투쟁의 전략적 주도권 쟁취, ⑤ 융통성 있고 기동성 있는 전략전술 운용, ⑥ 최악의 상황에 대응하는 사고 견지, ⑦ 인민군대 특유의 정치적 강점 발휘, ⑧ 인민전쟁의 전체적인 위력 발휘, ⑨ 군사안보협력 공간의 확장이다. 이러한 변화는 기존에 중국이 가지고 있던 '적극방어전략'을 유지하는 가운데 새로운 시기 변화된 상황에 맞춰 군사전략방침 실행 방향을 조정해 나가고 있다고 볼 수 있다. 2015년 국방백서에는 각군별 전략대응방향이 나타나는데, 육군은 각 군별 지역방어 개념에서 탈피해 군구 합동 연합작전을 강화하는 방향으로 변화했고, 해군은 근해방어에서 탈피해 적극적 원양방어로 전환되었다. 공군은 방어위주에서 공격·방어 겸용전략으로 전환되었으며, 제2포병은 중장거리 핵무기 정밀타격성 제고가 요구되었다. 무장경찰부대 역시 반테러 역량강화의 방향으로 변화했다. 이런 점을 미뤄볼 때, 결국 적극방어전략은 중국군의 공세적 방어전략을 내포하고 있음을 알 수 있다. 다시 말해, 남중국해 등에서 중국의 영유권 주장에 대응해 '항행의 자유'를 빌미로 해군력을 투입한 미국에 대해 '강대강(強對強) 전략'으로 맞서겠다는 의지를 표시한 것으로 볼 수 있다.

(3) 『중국의 아시아·태평양 안보협력정책(中國的亞太安全合作政策)』

2017년 1월에 발간된 『중국의 아시아·태평양 안보협력정책』은 시진핑 정부가 발간한 안보백서로 이전의 국방백서와는 구별된다. 도널드 트럼프(Donald Trump)의 미국 대통령 당선으로 미·중 간의 갈등과 대결 구도가 이뤄질 것이라는 우려가 높아진 시점에서 발간되어 아태지역에서 다국간 협력과 양자 관계를 통해 중국이 펼쳐온 안보정책이 담겨 있다. 따라서 아시아·태평양 정세 변화에 대비해 중국이 자국의 입장을 대내외에 강력하게 알리려 한 것으로 분석되고 있다.

중국은 아시아·태평양 지역이 세계정세에서 중요한 전략적 지위를 갖고 있고, 중국이 이 지역의 안정을 위해 노력하지만, 핵심이익에서는 양보하지 않겠다는 점을 강조하고 있다. 한국과 관련해서는 한반도 비핵화 문제와 사드 문제를 언급하고 있는데, 중국은 한반도 비핵화에 일관된 입장을 견지하고 있고 이를 위해 평화·안정, 대화를 통한 문제해결 노력은 물론 6자회담 복원을 추진해 왔다고 주장하고 있다. 북핵 문제에 이어 백서에 소개된 내용은 사드반대 관련 입장이다. 중국은 미사일방어를 전략안정과 상호신뢰, 포용적인 정세안정을 만들어 나가는 데 도움이 안 된다고 밝히며, 한국이 사드를 배치한 것은 지역의 전략균형을 엄중하게 파괴하고 중국을 포함한 역내국가의 전략안보이익을 엄중하게 손상하며 한반도 평화안정을 지키려는 노력에도 배치된다고 주장했다.

2017년의 안보백서를 통해 중국이 말하고 싶은 것은 중국은 중화민족의 위대한 부흥을 위해 노력하고 아시아·태평양 지역에 더 많은 협력과 발전기회를 창출하며 아·태 지역 국가와 함께 공영의 원칙을 견지하여 아·태 안보대화를 추진하고 새로운 국제관계를 구축해 밝은 미래를 개척해야 한다는 것이다.

(4) 『신시대 중국 국방(新時代的中國國防)』

2019년 발간된 『신시대 중국 국방』은 시진핑 정부 가장 최근의 국방백서로 본 국방백서의 주요 내용을 파악하면 시진핑 정부의 최신 국방정책의 기조를 확인할 수 있다. 서언을 제외하고 총 6장으로 이뤄진 백서는 국제안보정세, 신시대 중국의 방어적 국방정책, 개혁 중인 중국 국방 및 군대 등의 내용으로 이뤄졌고, 각 장의 내용을 요약하자면 다음과 같다.

먼저, 1장에서는 국제사회가 지난 100년간 유례없는 대변화 국면에 놓여 있어 안보영역의 불안정성이 증가하고 있고 세계 각국의 군사적 경쟁이 심화되는 추세에 있다고 보았다. 특히 아시아·태평양 지역은 전반적으로 안정적이긴 하나, 미국이 이 지역의 군사동맹을 강화하고 군사력을 증강하는 움직임이 지역 안보형세를 복잡하게 하는 요인으로 작용하고 있다고 보았다. 중국의 안보상황은 전반적으로 안정적이나 대만을 비롯한 일부 독립 세력에 의해 국가분열에 대한 위협이 매우 심각한 수준이라고 인식하고 있다.

2장에선 중국 국방정책의 근본목표는 주권과 안보, 경제발전 이익의 수호라는 점을 명확히 하며, "어떤 개인·조직·정당이든지, 어떤 시기와 방식이든지 중국 영토의 단 한 토막이라도 떼어내는 것을 절대로 용납할 수 없다"는 점을 강조하였다. 주목할 점은 '대만 독립세력'에 대한 무력사용을 포기하지 못한다는 점을 명시하며, 적극방어의 개념에 기초해 "남이 나를 범하지 않으면, 나도 남을 범하지 않으며, 만약 남이 나를 범한다면, 나도 반드시 남을 범한다"는 원칙을 견지하고 있다는 것이다.

이어서 다루고 있는 3장 신시대 군대의 사명과 임무이행에선 신시대 중국군대의 사명과 임무의 근본을 소개하고 중국 무장역량 운용 영역을 제시하고 있다. 4장에서는 전면적인 군대 현대화 국방개혁을 통해 강군(强軍)으로 변모하는 중국의 군 관련 개혁의 내용을 다뤘다. 5장에서는 2012년 이래 중국과 국제사회의 국방비를 비교하며 국방 지출의 합리성을 강조하고 있으며 마지막 6장에서는 인류운명공동체 건설에 적극 공헌하는 중국인민해방군 관련 내용을 다루고 있다.

3) 시진핑 시기 국방정책의 변화

시진핑 집권 이후 지금까지 발간된 4차례의 국방·안보백서의 내용을 통해 확인할 수 있는 시진핑 시기의 국방정책 변화의 특징을 살펴보면 다음과 같이 정리할 수 있다.

우선, 과거부터 지속하여 온 일관된 방어적 국방정책을 추구하긴 하지만, 국가의 주권·안전·발전이익 면에서 철저히 수호하겠다는 것이다. 그러면서 원칙적으론 영원히 패권을 추구하지 않고, 영원히 확장을 추구하지 않으며, 영원히 세력범위를 도모하지 않겠다고 명시하긴 했지만, 방어·자위·후발제인(後發制人: 상대의 선재 공격을 기다린 후 상대를 제압)의 원칙은 견지하면서 적극방어를 시행한다는 것이다. 국방의 발전 방향 역시 중국 특색의 강군 노선을 견지하고자 한다. 이는 중국의 무장역량인 군사력의 사용과 군사력 대비 영역이 확대되었고, 주요 지역과 세계안보 이슈에서 중국인민해방군의 존재감 강화로 이어지게 되었다. 시진핑 시기 들어 인민해방군의 임무가 기존의 단순 '전쟁승리'가 아닌 '전쟁 이외 군사작전', '억지' 등으로 확대되었고 인민해방군의 군사력 사용과 대응범위도 영토·영해·영공과 같은 지리적 경계를 뛰어넘어 해양, 우주, 네트워크, 사이버 공간 등으로 확장된 것에 기인한다. 인민해방군의 존재감 강화 역시 중국의 부상과 함께 중국의 이익 공간이 넓어지고, 이에 따라 핵심이익 등을 수호하기 위한 인민해방군의 활동 범위가 확장되었기 때문이다.

두 번째는 부국강병을 위한 기존의 '평화발전'의 대전략을 기본적으로 계승하면서도 군사력 현대화에 기반한 군사력의 운용목적은 더욱 확대되고, 운용방식은 더욱 세련되며, 운용형태는 더욱 적극적·공세적 방향으로 나아가고 있다. 강력한 현대화 군을 건설하는 것은 중국 국방전략의 역사적 임무였고, 개혁개방 이후 중국군은 기계화 조건 아래 군 건설을 우선했지만, 장쩌민 시기에는 세계군사 추세에 맞춰 정보화전쟁에서 승리를 위한 정보화 군 건설이 중시되었다. 후진타오시기 들어 현대군사역량체계 구축이 인민해방군 현대화의 중요한 목표가 되었으며, 시진핑 역시 중국의 국방개혁과 군 현대화에 있어 현대군사역량체계의 구축이 가지는 시대적 의미를 강조하였다.

세 번째는 중국의 국제적 지위 및 국가안보와 발전이익에 상응하는 국방과 군대를 건설하고자 하는 것이다. 중국의 국익이 글로벌 차원으로 확장되면서 국익 수호에 새로운 접근법이 필요하게 되었다. 테러리즘, 해적, 대량살상무기, 자연재해, 전염병 등 비(非)전통적 안보 문제가 갈수록 중요시되고 있고, 세계 각국 간 군사안보협력 강화가 요구되고 있다. 따라서 국제사회의 책임과 의무를 다하기 위해 중국은 유엔 헌장의 취지와 원칙을 수호하고, 신형 안보동반자관계 구축을 추진하며, 지역안보협력구조 구축을 추진해 인류운명공동체 건설에 적극 공헌하겠다는 것을 국방백서를 통해 명시하고 있다. 또한, 영토문제와 해양경계획정 분쟁의 타당한 처리, 중국 스스로가 더 많은 국제안보공공재를 적극적으로 제공하겠다는 뜻을 밝히고 있다.

그러나 한편으로는 대외적으로 자국의 이익을 적극적으로 표출하고 이를 구현하기 위해 증간된 힘을 활용하며 이 과정에서 국제사회나 관련 국가와 갈등이 초래되는 것을 불사하는 공세적 모습을 보여줄 가능성이 존재하며, 영토방위에 한정되었던 국방의 목적이 점차 적극적인 전쟁억지기능에 대한 강조와 국가이익 실현의 적극적 수단으로의 의미를 부여하고 있다. 또한, 국제안보협력과 군축문제에 있어서는 협력적 안보와 평화에 대한 의지를 과시하면서도 자국의 이익이 직결된 분야에 대해서는 단서를 달아 행동의 반경을 확보하려는 의도를 내비치고 있다. 국방백서들의 내용을 종합해보면 알 수 있듯이 인민해방군은 2035년까지 국방개혁과 첨단장비현대화를 기본적으로 실현하고 2049년까지 더는 방어하는 군대가 아닌 어떠한 전쟁에서도 싸워서 이기는 세계 일류 군대로 육성한다는 강한 의지를 내비치고 있다. 미국이 한반도, 대만, 동/남중국해 문제에 개입할 경우 즉각 대응한다는 군사전략을 가지고 있으며, 강군의 꿈을 실현하기 위해 2035년까지의 개혁과 장비현대화는 물론, 민군합동능력, 군내 부패척결, 군제도 개혁, 군체질 개선 등을 지속적으로 추진해 2049년에 미국을 뛰어 넘는 세계 일류 군대로 자리매김한다는 중장기 군사안보전략을 목표로 하고 있다.

4) 인민해방군 개혁

중국이 국방현대화를 본격적으로 추진한 것은 미국이 중동에서 치른 걸프전의 영향이었다. 정보기술, 마이크로 전자기술, 우주시스템, 정보전달 및 처리, 유도항법 기술, 정밀유도 등 많은 첨단기술이 전쟁에 사용되기 시작하면서 미래전쟁이 어떻게 진행될 것인지를 인식하면서부터였다. 실제로 중국에선 700권의 전문서적과 2만여 건의 걸프전 수행 관련 연구보고서가 쏟아져 나왔고, 인민해방군의 과학기술 혁신능력의 부족함을 깨달았다.

시진핑 주석이 표방하는 인민해방군의 개혁 목표는 정보전에서 '싸울 수 있는 군대, 싸워서 이기는 군대'를 만들자는 것이었다. 따라서 '강군몽'을 실현하고 이기는 군대를 건설하기 위해 '국방 및 군대개혁'을 단행하였다. 2013년 11월 제18기 3중전회의 결정문에서 "중국군의 고질적인 비효율성을 개선하기 위해 군의 규모와 구조를 최적화하고, 군종과 병종 간의 균형을 모색하며, 비전투조직과 인력을 감축하겠다."라고 밝혔는데, 이는 중공 전체회의 역사상 결정문에서 국방개혁에 관한 내용이 단독으로 다뤄진 것은 처음이었다. 중국인민해방군은 실제로 1927년 창군이래 본질적인 변화없이 지상군 우위의 '대육군주의'를 유지해 왔다. 편제 역시 낡아서 시진핑 주석이 표방하는 싸워서 이기는 군대를 만들기 위해선 인민해방군의 대대적인 개편이 필요했다. 과거 중국의 지도부는 수십 년 동안 체제개혁을 실시하였지만, 광범위한 변화에 대한 군 관료들의 저항으로 본질적으로 지상군 중심의 조직을 유지해 왔다. 1952년 인민해방군 조직 편성이 완료된 이래 수차례 추진되어온 기존의 개혁은 주로 병력 감축이나 군구 재편, 또는 계급제도 조정 등에 초점을 맞추었던 반면, 시진핑 주석이 추진한 군 개혁은 대규모 병력 감축과 함께 지휘체계, 구조 및 편제, 정책·제도에 이르기까지 그 범위와 폭에 있어서 역대 최대 규모였다.

(1) 개혁의 과정

2013년 11월, 제18기 3중전회에서 군 규모와 구조개혁을 제기한 시진핑은 2014년 3월 15일, 중앙군사위원회 국방 및 군대개혁 심화 영도소조를 신설하고 시진핑을 조장으로 6개의 전문소조를 설치하였다. 2015년 9월 3일 개최된 전승절 70주년 기념 열병식에서 인민해방군의 30만 명 감축 계획이 발표되면서 중국군의 개혁이 본격적으로 추진되었다. 동년 11월 24일에서 26일에 개최된 중앙군사위원회 군 개혁 4차 회의를 통해 구체적인 개혁조치를 확정하고 실시 단계로 진입하였다. 2015년 12월 31일 육군지휘기구·로켓군·전략지원부대에 깃발이 수여되며 신설되었고, 2016년 1월 11일 기존의 4대 총부를 15개 직능부처로 개편하며 대대적인 조직개편이 이뤄졌다. 2월 1일에는 그동안 유지됐던 7대 군구 체제를 폐지하고 동부·남부·서부·북부·중부전구(조직 서열순) 체제로의 전환을 공식 선포하였으며, 4월 20일 중앙군사위원회와 각 전구에 합동작전지휘기구를 설치하였다. 5월에 들어서는 「군대건설발전13·5규획강요」를 발표해 13차 5개년 계획 기간 동안 인민해방군은 2020년까지 국방·군대 개혁의 목표 및 임무를 기본적으로 마무리해 군대의 기계화 완성 및 정보화 측면에서 중대한 진전을 실현할 것을 강조하였다. 9월 13일에는 중앙군사위원회 합동후근보장부대가 출범하였다.

2017년 들어서도 군 관련 개혁은 계속되었는데, 4월에 기존 육군 18개의 집단군 중 5개를 해체해 13개로 감축하고 새로운 부대 번호를 부여하였다. 11월에는 중앙군사위원회의 위원 정원을 11명에서 7명으로 축소하고, 12월에 들어 무장경찰의 지휘권을 공안부/국방부에서 중앙군사위원회로 단일화하였다.

〈표 2〉 군 개혁의 과정

날짜	주요 내용
2013.11	제18기 3중전회에서 군 규모와 구조개혁 제기
2014.03	중앙군사위원회 국방 및 군대개혁 심화 영도소조 신설, 시진핑 조장으로 6개의 전문소조 설치
2015.09	전승절 70주년 기념 열병식에서 인민해방군의 30만 명 감축 계획 발표
2015.11	중앙군사위원회 군 개혁 4차 회의를 통해 구체적인 개혁조치를 확정, 실시 단계로 진입
2015.12	육군지휘기구·로켓군·전략지원부대에 깃발이 수여되며 신설
2016.01	4대 총부를 15개 직능부처로 개편
2016.02	7대 군구 체제 폐지하고 동부·남부·서부·북부·중부전구 체제로 전환
2016.04	중앙군사위원회와 각 전구에 합동작전지휘기구 설치
2016.05	「군대건설발전13·5규획강요」 발표
2016.09	중앙군사위원회 합동후근보장부대 출범
2017.04	육군 집단군 18개를 13개로 감축하고 새로운 부대 번호 부여
2017.11	중앙군사위원회의 위원 정원 11명에서 7명으로 축소
2017.12	무장경찰 지휘권을 공안부/국방부에서 중앙군사위원회로 단일화

(2) 개혁의 내용

시진핑 시기 인민해방군 개혁의 핵심은 '중앙군사위원회가 군사를 총괄하고, 전구는 작전과 전투 수행에 주력하며, 각 군은 부대 건설과 관리에 매진한다'이다. 이는 작전지휘체계 상의 변화인 '군위관총(軍委管總)', 7대 군구에서 5대 전구로의 작전수행 체제 변화를 정립한 '전구주전(戰區主戰)', 육군·해군·공군·로켓군·전략지원군을 포함한 5대 군종체계확립을 주요 내용으로 하는 '군종주건(軍種主建)'으로 정리할 수 있다.

우선, 군위관총은 중앙군사위원회의 권한 강화와 연합 및 합동작전 체제 강화를 주요 내용으로 하고 있다. 2016년 1월 11일 인민해방군의 중추 부문을 맡아온 '4대 총부'를 해체하고 그 기능을 분산 담당하는 15개 부국(部局)을 신설하였다. 이로써 기존에 막강한 권한을 행사하던 총참모부·총정치부·총후근부·총장비부 4대 총부가 중앙군위판공청·연합참모부·정치공작부·후근보장부·장비발전부·훈련관리부·국방동원부 7개 부(청)와 기율검사위원회·정법위원회·과학기술위원회 3개 위원회, 전략기획판공실·개혁편제판공실·국제군사합작판공실·심계서·기관사무관리총국 5개 직속기구 등 15개 중앙군사위원회 직능체제로 변모하게 되었다.

이전 4대 총부인 총참모부·총정치부·총후근부·총장비부는 각각 작전, 인사·정훈, 군수 등 후방지원, 무기조달을 주 임무로 하던 조직으로 육군이 모두 장악하였다. 조직개편을 통해 각 기능 부서들은 전문성을 높이고, 효율성을 향상시켰으며, 상호협조, 견제 및 감독

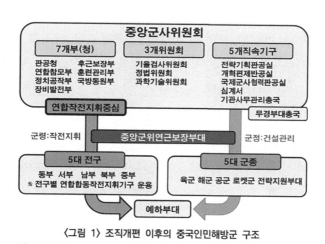

〈그림 1〉 조직개편 이후의 중국인민해방군 구조

*출처: 박병광, 『중국 인민해방군 현대화에 관한 연구』, 국가안보전략연구원, 2019, 55쪽.

등의 참모기능을 수행하게 됨으로써 권력과 병폐의 상징이었던 4대 총부 대신 중앙군사위원회가 부대 지휘의 실권을 장악하게 되었다. 군위관총의 핵심은 군사전략 수준에서 중앙군사위원회 주석의 강력한 통제 아래 군령과 군정을 명확하게 구분함으로써 전략수행의 '전구주전'과 전투력 건설의 '군종주건'으로 이뤄지는 기반을 구축하는 것이었다.

둘째, 전구주전은 작전과 전투 수행에만 주력한다는 개념으로 2016년 2월 기존 7개의 대군구(大軍區)에서 동·서·남·북·중부 지역을 관장하는 5대 전구(戰區)로의 개편을 의미하는 것이다. 이는 전구와 군종 간의 권한과 책임을 혁신적으로 조정하고 전·평시 일체화를 구축해 군사전략을 구현할 수 있는 기본 틀을 정립하였다. 기존 군구체제의 합동 작전능력의 발휘는 구조적으로 제한되는 측면들이 있었는데, 이는 4대 총부에서 육·해·공군에 대한 작전지휘권을 가지고, 모순적이게도 해군과 공군의 사령부도 예하부대의 지휘권을 보유했기 때문이다. 게다가 군구의 경우 전략수립과 작전수행에 대한 책임만 있고, 부대의 지휘권이 없는 비대한 조직이었다. 전구로의 개편은 각 군종 사령부가 부대 건설과 관리를 담당하는 군정권을 가지고, 전구가 작전을 지휘하는 군령권을 가지게 함으로써 군종은 부대 건설과 관리, 전구는 작전 및 전투지휘에 집중할 수 있게 함으로써 전시와 평시에 각 전구가 할당된 합동전력을 지휘할 수 있게 함으로써 전투력 투사에 효율적인 혁신이 이뤄졌다.

또한, 전구는 '적극방어', '정보화국지전 연합작전' 전략을 수행하는 주체가 되었는데, 기존 7대 군구의 특징이 '일정한 근거 진지를 두고 육군이 중심이 되어 방어 작전을 수행'하는 개념이었다면, 5대 전구는 '지역과 군종을 초월하여 연합합동작전과 기동성을 중시'하는 방향으

7대 군구(과거)	5대 전구(현재)

〈그림 2〉 7대 군구에서 5대 전구로의 개편

*출처: 외교부, 『2023 중국개황』, 외교부, 2023, 173쪽.

로 전환되었다. 전시와 평시에 전구는 중앙군사위원회와 연합작전 지휘센터의 지휘를 받는데, 각 전구마다 전구 수준의 연합작전지휘기구를 설치하여 독립적인 전구 주도의 연합합동작전 및 변경지구연합반격 작전이 가능하도록 설계되었으며, 동시에 역외 투사능력을 향상시켰다.

셋째, 군종주건은 각 군이 부대 건설과 관리를 하는 것으로 2015년 12월 31일 육군지휘기구와 전략지원부대를 신설하고, 제2포병을 로켓군으로 재편하여 5대 군종 체제로 바꾸는 것이 핵심이다. 이로써 인민해방군의 구조는 1966년 이후 유지되어 오던 육·해·공·제2포병의 4개 군종에서 육·해·공·로켓군·전략지원부대의 5개 군종 체제로 변화하게 되었다. 육군지휘기구는 공군과 해군사령부와 같이 육군사령부로서 육군의 군정권을 가지고 군사력 건설을 담당하는 기구이다. 기존 총참모부의 지휘를 받았던 비대한 육군을 4대 총부 해체와 함께 육군지휘기구를 신설함으로써 공군·해군과 같은 수준으로 지위를 약화시키고, 중앙군사위원회가 5대 군종을 직접 지휘하도록 한 것이다. 로켓군의 경우, 기존 제2포병의 조직을 그대로 유지하고 핵억제 및 핵반격이라는 기본 임무에는 변함이 없지만, 타 군과 동등한 위상을 확보함으로써 전략적 중요성 측면에서 비중이 커졌다. 시진핑 집권 이후 특히 중요시되는 로켓군에 관한 위상은 시진핑의 발언을 통해 확인할 수 있다. 창설 기념식에서 "전략억제의 핵심역량인 로켓군은 강대국 지위의 전략적 지지이고, 국가안보 수호의 중요한 주춧돌"이라고 강조하면서, "핵·재래식 겸비, 전역(全域) 전쟁억제의 전략요구에 따라, 핵 억제력 및 핵 반격 능력을 증강하고, 중장거리 정밀타격 능력 건설을 강화하며, 전략적 제약을 통한 균형 추구 능력을 증강시키고, 강력하고 현대화된 로켓군을 건설하기 위해 노력해야 한다"라고 강조하였다.

전략지원부대는 신설 군종으로서 기존 총참모부의 3부와 4부가 담당했던 기능을 인수해 창설되었다. 군사강대국들에 비해 상대적으로 뒤처지는 전략적 수준의 작전수행 능력을 보완하기 위해 시도되었다고 분석하고 있으며, 정보, 기술정찰, 전자전, 사이버전, 심리전 등의 5대 영역에서의 지원 능력을 발전시킬 것으로 분석되었다.

군종주건에서의 또 다른 변화는 합동후근보장부대의 출범이다. 2016년 9월 13일 출범한 합동후근보장부대는 후근보장 체제 개혁의 핵심이다. 우한(武漢) 합동후근보장기지를 주축으로 하고, 구이린(桂林), 시닝(西寧), 선양(沈陽), 정저우(鄭州) 등 5대 합동후근보장센터를 건설하고, 분산되어 있던 군수·병참 조직을 일원화해 중앙군사위원회의 지휘를 받도록 함으로써 합동작전을 체계적으로 뒷받침하고자 했다.

4. 나가며: 시진핑 군 개혁의 의미와 시진핑 3기의 국방정책 방향

1) 시진핑 군 개혁의 배경 및 의미

1927년 창군 이래 1946년까지 '적군(赤軍)' 또는 '홍군(紅軍)'으로 불렸던 중국공산당의 군대 '인민해방군'은 1947년에서야 통합과 개칭을 통해 정식 명칭을 얻었다. 이후, 1980년대부터 1990년대에 걸쳐 수많은 개혁의 길을 걸어왔던 인민해방군은 시진핑 시기에 들어 이전 지도자들과는 다른 과감한 개혁을 단행하였다. 중국의 언론은 시진핑 시기 군 개혁의 배경으로 세 가지의 이유와 세 가지의 위험을 거론하였다. 첫째, 중국이 세계무대의 중심에 근접, 두 번째 중화민족의 위대한 부흥이라는 목표 실현에 근접, 마지막으로 목표를 실현하기 위한 능력의 확보가 군 개혁의 배경이라고 보았다. 직면한 세 가지의 위험은 첫째, 국가의 침략·전복·분열의 위험, 둘째 개혁발전의 안정이라는 대국이 파괴될 위험, 셋째 중국 특색의 사회주의 발전이 좌절될 위험이다. 중요한 것은 중국이 이처럼 전대미문의 변화된 새로운 국제정세와 안보상황에 적응할 필요가 있다는 것이다. 인민해방군은 그동안 수많은 신무기 개발을 지속하여 어느 정도의 가시적인 성과를 거두긴 했지만, 낙후된 인적자원과 군의 구조, 지휘통제체제 등의 문제로 효율적인 전투를 수행할 수 없다는 것이다. 결국, 개혁의 핵심은 군현대화에서 상대적으로 낙후된 군사체제를 대대적으로 개혁하는 것이었다.

현재 중국은 지상에서의 위협은 거의 사라진 상태이다. 일부 지역을 제외하곤 국경선을 마주한 14개 국가와 1990년대 말까지 국경선 획정을 거의 완료한 상태로 지상의 위협이 거의 사라졌지만, 여전히 육군이 우위가 된 군사체제를 갖추고 있었다. 군구체제의 경우 국경 방어 위주의 조직이고, 평시 관리 체제이며 해군과 공군이 각 군종 사령부의 명령을 받음으로써 합동전투작전 능력이 현저히 떨어졌다. 게다가 4대 총부가 거의 독립적인 지위를 누리고, 명령과 지휘체계가 중복되어 불합리한 구조를 갖추고 있었다. 중앙군사위원회가 편제에 대한 규정을 만들었지만, 부대들이 편제를 준수하지 않는 악습이 유지되고, 감독과 조사도 이뤄지지 않아 그동안 조직과 인원이 방만하게 운영되어 왔다. 그뿐만 아니라, 군의 전문화와 문민 지도자의 소외, 그리고 군의 매관매직과 부패가 큰 문제였다.

또 하나의 배경은 첨단과학기술의 발달과 적극적으로 군사화하는 세계주요국들의 추세이다. 미국 등 선진 군사강국들이 기술의 변화를 연구하고 이를 변화하는 전쟁형태에 접목하는 것이 중국에도 필요했기 때문이다. 마지막으로 중국의 글로벌 강국으로의 성장과 이에 따른 중국의 이익 증가, 그리고 이를 견제하는 미국과의 패권경쟁의 심화 등 중국이 대외안보정세를 바라보는 인식이 달라졌다. 안보정세 인식의 변화 속에서 중국은 실전전투력 강화를 위한 군대혁신을 강화할 필요가 있었다. 바로 강군화를 위한 4대 원칙(정치건군, 개혁강군, 과학기술강군, 의법치군)에 5개 중점인 '실전중점, 혁신운영, 시스템구축, 고효율집약, 군민융합'에 더욱 집중하는 것이었다.

물론 이런 시대적 변화만이 개혁의 요인으로 작용한 것은 아니다. 당의 관점에서 보면 전임 지도자였던 후진타오의 전철을 고려할 때, 중국의 당과 군의 관계가 '당이 군을 지휘한다'는 전통은 따르고 있지만, 최고지도자가 당정(黨政)의 지휘권을 보유하고 있더라도 실질적인 군권(軍權)을 장악하지 못하면 최고지도자로서의 권위가 확고하지 못한 것이었다. 이번 개혁을 통해 기존 4대 총부가 각 영역별로 인민해방군 전반을 지휘할 수 있는 권한을 빼앗아 중앙군사위원회가 군 전반에 관한 정책 결정과 지휘 권한을 직접 발휘할 수 있게 되었다. 또한 중앙군사위원회 주석 책임제의 전면적인 관철을 위한 제도적 장치 보완이 이뤄지면서 시진핑 주석의 권한과 역할도 한층 강화되었다.

5대 전구로의 개편을 통해 인민해방군의 합동작전 능력이 향상되었다. 현대전과 정보전은 합동작전 수행능력이 최우선으로 강조되는 새로운 형태의 방식으로 이뤄진다. 걸프전을 통해 미군이 보여준 합동작전능력은 성공적이었고, 지상군 우위의 인민해방군과 지휘체계의 중복은 진정한 합동작전 발전과 수행에 장애가 된다는 인식을 중국에 안겨주었다. 일체화 합동작전의 필요에 부응하기 위해 총참모부를 중아군사위원회 아래의 연합참모부로 개편하고, 각 전구에도 연합참모부를 설치함으로써 위로는 중앙군사위원회 연합참모부의 지휘와 명령을 받들고, 아래로는 전구 합동작전 자원을 통합하였다. 전구의 연합참모부 구성원은 육·해·공·로켓군 등 다양한 군종으로 이뤄졌고 서로 다른 작전개념·지식구조·군사전공의 융합을 통해 전구 사령관의 작전지휘를 보좌할 수 있게 되었다.

제2포병의 로켓군 승격과 전략지원부대의 창설은 강대국으로서 갖춰야 할 전략적 군사력 확충 외에도 해양, 우주, 사이버, 핵 등의 4대 안보영역에 대한 능력을 강화하기 위해 이뤄진 측면이 강하며, G2 국가 위상에 부합하는 미래지향적인 중요한 안보영역을 반영한 개혁이었다. 또한, 핵, 사이버, 우주, 정보 분야 등에 대한 투자를 강화하는 미국의 조치에 대응하는 측면도 강하여 향후 미·중 간의 이뤄질 경쟁에 대비해 이뤄진 개혁이라고 볼 수 있다.

마지막으로 인민해방군의 개혁은 미국이 아시아 국가들과의 동맹을 강화하여 중국을 압박하는 상황과 ASEAN 국가들과의 남중국해 영유권 분쟁에 대응하기 위한 군사력 증강에 대응하기 위해 이루어졌다. 이는 인민해방군의 '적극방어전략'을 실현하기 위한 공격형 군대로 변모하려는 노력의 일환으로 분석될 수 있다.

2) 시진핑 3기의 국방정책 방향

(1) 3기의 대외 및 국제정세 인식

대외인식은 국가의 대외정책 결정의 매우 중요한 지표이다. 국가지도자가 대외환경을 어떻게 인식하는지는 대외정책을 통해 드러나기 때문에, 대외인식의 변화는 향후 대외정책의 향방을 예측하는 데 적절한 분석을 제공한다. 시진핑은 3연임에 성공하면서 권력집중의 1인 지도체제를 확립하였다. 따라서 시진핑의 대외인식을 분석한다면 향후 중국의 대외정책 나아가 대외정책을 실현하는데 실질적인 토대를 제공해주는 국방정책의 방향을 예측하는데 유용한 분석을 제공해줄 수 있을 것으로 판단된다.

시진핑의 3연임이 확정된 제20차 전국대표대회의 보고를 보면 중국은 심각한 도전에 직면할 것이라는 위기의식이 나타난다. 현재의 세계는 전례가 없는 변화가 일어나는 대변혁의 시기로 중국은 보다 더욱 적극적으로 중국적 담론 또는 인류운명공동체 건설이 중요하고, 중국은 평화롭고 안전하며 공동번영과 상호포용의 세계 건설을 지향한다는 것이다. 특히 중국이 제안한 글로벌 발전구상(GDI), 글로벌 안보구상(GSI)을 국제사회와 협력하여 이행할 필요가 있으며, 이를 통해 평화, 발전, 공평, 정의, 민주주의, 자유라는 인류 공동의 가치를 증진하고, 다양한 문명에 대한 존중과 상호이해를 통한 글로벌 도전에 공동 대처할 시기라고 인식하였다.

이러한 인식을 토대로 시진핑 3기 지도부 대외정책의 목표와 원칙을 살펴보면, ① 세계평화와 공동발전의 외교정책 견지와 인류운명공동체 추동, ② 각국 주권과 영토, 평등성 존중, ③ 각국의 발전모델과 제도 존중, ④ 패권주의 강권 정치 반대, ⑤ 냉전 사유, 내정간섭, 이중 잣대 반대 등이다. 이는 중국의 전통적 외교원칙인 세계평화, 국가 간 다양성과 평등성 존중, 내정간섭과 패권 반대, 냉전적 사고를 반대하는 것을 의미한다.

2024년 양회를 통해 알 수 있는 중국의 대외인식은 우크라이나와 중동 사태 등으로 인한 국제질서 변화는 불가피할 것으로 내다보고 있으며, 새로운 다극화된 국제질서 준비 차원에서 러시아, 글로벌 사우스, 브릭스 등과 경제-안보 등 전방위적인 협력과 연대를 통해 기존 미국 및 서구 중심의 국제질서가 아닌 새로운 국제질서 변화를 추동해 나가겠다는 것이다. 또한, 우크라이나와 중동 사태가 격화되면서 국제질서의 불확실성도 높아지고 있어 2035년까지 사회주의 현대화 강대국 실현 차원에서 핵심이익 수호를 더욱 강조하고 있고, 과거의 수동적인 자세에서 벗어나 보다 주도적으로 대외정책 추진을 통해 전 세계 정치·경제 영향력 확대와 지속적인 중국인민해방군 현대화를 추진하여 대만 문제의 조속한 해결을 밝히고 있다.

국방정책과 관련해서는 새로운 국제질서 변화를 추동하기 위한 군사력 강화 차원에서 2027년 건군 100주년 분투 목표를 제시하며, 대만과의 통일 능력을 구비하고 첨단군사과학 기술 혁신 및 지능화에 중점을 두고 조속한 군 현대화를 달성해 나갈 것이라고 밝히고 있다. 특히 신흥첨단군사기술영역, 신형작전역량, 새로운 질적 전투력 발전에 모든 역량을 강화해 나간다는 방침으로 2024년 중국 국방비 규모를 2023년 대비 7.2% 증액한 약 1조 6,700억 위안으로 책정하였다. 그리고 2035년까지 군 현대화를 달성해 강력한 억지력을 확보한다는 계획으로 지속적인 국방비 증액과 첨단 무기개발 등을 통해 역내 지역에서 미국의 군사력을 넘어서는 수준으로 발전시켜 나간다는 계획을 밝히고 있다.

한편, 중국은 비동맹-동반자 관계 추구의 외교원칙 아래에 자국 주도의 안보협의 플랫폼을 구축해 글로벌 안보 거버넌스에 대한 영향력을 확대하려는 의도를 드러내고 있다. 중국의 역대 지도자들은 평화적인 발전 추구를 이유로 전통적인 동맹관계를 거부해 왔고, 시진핑 정부에서는 비동맹 원칙을 기반으로 한 동반자 관계 구축을 강조해 왔다. 이에 자국이 참여하는 다자협의체뿐만 아니라 자국 주도의 1.5트랙 국제안보협력회의를 활성화해 점진적으로 새로운 안보협의 플랫폼 틀을 만들고자 하였다. 2022년 시진핑 주석은 글로벌 안보 거버넌스에 대한 중국식 방안을 제공하기 위해 '글로벌 안보 이니셔티브'를 제창했고, 이듬해 2월 「글로벌 안보 이니셔티브 개념 문건」을 발표하였다. 이 문건에 따르면 중국은 글로벌 안보포럼 발족을 장려해 각국 정부, 국제기구, 싱크탱크가 글로벌 안보 거버넌스에 참여할 수 있는 새로운 플랫폼을 마련하고자 했다. 2022년 '글로벌 안보 이니셔티브' 공표 전후로 중국은 기존에 개최해 온 '베이징 샹산포럼' 이외에 '아프리카 및 중동과의 안보포럼', '글로벌 공공안보 협력포럼'을 발족하였다.[1] '베이징 샹산포럼'은 중국의 시각에서 지역안보를 다루

---

1) '중국-아프리카 평화안보포럼'은 중국국방부 주최로 2019년 출범하였고, '중동안보포럼'은 2019년 중국국제문제연구원의 주최로, '글로벌 공공안보 협력포럼'은 2015년부터 중국공안부에서 개최하던 국내회의를 2022년 중국우의촉진회로 주최기관을 변경해 국제회의로 승격하였다.

는 민관참여의 1.5트랙 국제안보협력회의로 2006년 중국인민해방군 직속기관인 군사과학원 산하 중국군사과학학회에서 개최하기 시작했고, 2014년부터 국가 공식 대표단을 초청하는 국제회의로 변모하였다. 2023년 10월 '베이징 샹산포럼'은 4년 만에 대면회의로 개최되었고, 90여 개 지역 및 국제기구 관계자가 참여해 중국이 주창한 '글로벌 안보 이니셔티브'의 핵심 이념인 '공동안보와 영구적 평화'를 주제로 개최되었고, 권역별 안보 현안을 포함해 중국의 정책담론을 논하는 자리를 마련하였다.

(2) 조직개편

시진핑 집권 후, 진행되었던 인민해방군의 대대적인 조직개편이 시진핑 3기를 맞이하여 재개편에 들어갔다. 이는 지난 2015년 기존 4개 군종에다가 전략지원부대를 신설하며 5개 군종 체제를 갖춘 지 9년 만에 이뤄지는 최대 규모의 구조조정이다. 이번 인민해방군 재개편의 핵심은 기존 '시진핑 주석의 비밀병기'라고 불렸던 전략지원부대의 해체이다. 전략지원부대는 그동안 전자·정보전, 사이버전을 전담하고 군사정보를 총괄하는 한편 로켓군의 핵전쟁과 우주 전쟁을 지원해 인민해방군의 새로운 핵심 조직이었다.

해체된 전략지원부대는 4개 병종으로 새롭게 재편되었는데, 기존 전략지원부대에 있던 군사우주부대(軍事航空部隊)와 사이버부대(網絡空間部隊)가 독립해 신규 병종으로 편제되었다. 이로써 기존 5개 군종 체제로 이뤄졌던 인민해방군은 4개 군종(육군·해군·공군·로켓군) 4개 병종(정보지원부대·군사우주부대·사이버부대·연합군수부대) 체제로 개편되었다. 시진핑 주석은 2024년 4월 19일, 베이징의 중앙군사위원회 청사에서 이뤄진 정보지원부대 창설대회에서 "정보지원부대 창설은 중앙군사위원회가 강군 사업이라는 전체 국면을 고려해 내린 중대한 결정이자, 신형 군병종을 구축하고 중국 특색의 현대 군사 역량체계를 개선하기 위한 전략적 조치"라고 지적하며, "정보지원부대는 완전히 새로 편성한 전략 병종이자 네트워크 정보 시스템 건설·운용을 총괄하는 핵심 버팀목이다"라면서 "중국 군의 고품질 발전과 현대 전쟁에서 승리를 쟁취하는 데에 중대한 책임을 갖는다"는 점을 강조하였다. 중국 국방부 역시 정보지원부대가 새로운 전략적 병종을 구축하고, 네트워크 정보 시스템을 건설·운영하는 데에 있어 핵심적인 기반 역량으로써 현대 전쟁에서의 승리에 중요한 역할을 할 것이라고 밝히고 있다.

특히 이번에 창설된 정보지원부대는 '정보사령부'격에 해당하는 부대로 정보를 획득하고 부대 전반에 배포함은 물론 중국군의 정보 유출을 방지하는 데 중점을 두며, 인민해방군의 합동작전을 개선하는 역량을 갖추게 될 것으로 분석되고 있다. 군사우주부대 창설과 관련해서 우첸(吳謙) 국방부 대변인은 "국가와 사회의 전략적 발전을 위해 우주 안보가 매우 중요하며, 우주 공간의 안전한 출입과 개방적 이용, 우주 공간에서의 위기 대응에 있어 중요한 의미가 있음"을 밝혔다. 사이버부대는 날로 커지고 있는 국가 사이버 안보 위협에 대응하기 위해 설립되었으며, 인민해방군의 사이버 보안 역량을 강화해 중국의 사이버 주권 수호와 정보 보호에 대응하게 된다. 중앙군사위의 직할 부대로 새롭게 창설된 4개 병종은 기존 전략지원군의 특성을 세분화하여 중간 지휘 단계의 권한을 축소하고, 통수권자인 시진핑 주석의 권한을 강화하는 결과를 가져왔다. 또한, 새로운 조직개편을 통해 중요한 정보와 첩보, 전자전에 대한 대응 능력과 미국과의 전략경쟁에서 핵심인 사이버전 및 우주전에 대응하는 능력도 증대될 것으로 판단된다.

<표 3> 시진핑 3기 인민해방군 조직 재개편

5개 군종 체제(2015.12.31.)				
육군	해군	공군	로켓군	전략지원부대

↓

4개 군종·4개 병종 체제(2024.04.19)	
육군·해군·공군·로켓군	정보지원부대·군사우주부대·사이버부대·연합군수부대

(3) 한국의 함의

중국인민해방군은 1927년 창군 이래, 중국공산당의 군대로 국공내전에서 승리를 이끌었고, 1949년 중화인민공화국의 건국에도 이바지하였다. 중국 정부가 수립된 지 오랜 시간이 지났지만, 여전히 당—국가 체제 아래에서 중국공산당의 군대로 타국의 국군과 같은 임무를 수행하고 있다. 긴 시간 육군 중심의 지상군 조직을 토대로 운영되고 낙후되었던 인민해방군은 개혁개방이 시작되고 덩샤오핑 집권 시기부터 현대화를 위한 개혁을 진행해 왔다. 그러나 개혁에 반대하는 군부의 반발과 각종 군 관련 부패 문제로 인해 만족스러운 성과를 거두진 못하였다. 기존 방어적·폐쇄적 전략을 고수했던 인민해방군은 경제성장과 함께 중국이 국제사회에서 큰 영향력을 행사하는 국가로 성장함에 따라 그 역할과 전략을 더 적극적인 방향으로 수정해나가고 있다. 게다가 인류의 지배영역이 지정학적인 현실영역을 뛰어넘어 대기권 밖의 우주, 그리고 가상의 사이버 영역으로 확대되어 감에 따라 전쟁의 양상이나 전력 투사의 수단 역시 빠르게 진화하고 있다.

아직은 단기간 내에 미국의 역량을 따라잡기는 힘들다는 분석들이 많기는 하지만, 그렇다고 중국의 발전속도를 무시할 수 있는 수준은 아니다. 중요한 것은 중국의 주변국으로 중국의 영향력 확장에 직접적인 영향을 받는 국가는 바로 한국이라는 점이다. 중국은 미래 전쟁의 핵심이 될 AI, 빅데이터, 양자 컴퓨터 등 핵심기술을 토대로 군사와 민간 분야를 망라하며 정보화, 지능화, 군사강국화를 동시다발적으로 연계하고 있다. 그리고 전쟁에서 승리할 수 있는 현대 전력을 갖춘 군대로 거듭나고 있다. 중국이 군사력을 강화하는 핵심적인 이유 역시 대만 통일 때문이라는 주장들도 나오고 있다. 이제는 남중국해 문제와 대만 문제 모두 한국의 안보와 밀접한 관련이 있고, 시간이 지날수록 불안해지는 동북아 역내 안보의 위기와 중국의 영향력 확대가 안보위기에 부정적인 요인으로 작용할 가능성이 크기 때문에 우리가 중국의 국방력 강화와 인민해방군의 개혁 및 현대화에 관심을 가지고 지켜봐야 하는 이유이다.

참 고 문 헌

구자선, 『중국 국방·군 개혁 현황 및 전망: 조직 구조를 중심으로』, 국립외교
　　원, 2016.

국립외교원 외교안보연구소, 『2016 중국정세보고』, 국립외교원, 2017.

기세찬, 「중국의 군사개혁과 군사현대화에 관한 연구」, 『중소연구』 43권 3호,
　　한양대학교 아태지역연구센터, 2019, 7~45쪽.

기세찬, 『21세기 새로운 위협과 중국의 대응: 2010년 중국 국방백서를 중심
　　으로』, 국방대학교 국가안전보장문제연구소, 2011.

김강녕, 「중국의 국방·안보백서 발간의 추이와 함의」, 『한국과 국제사회』
　　3권 1호, 한국정치사회연구소, 2019, 39~76쪽.

김상규, 「중국의 군사혁신 전략 변화와 전망」, 『국가안보와 전략』 22권 1호,
　　국가안보전략연구원, 2022, 55~88쪽.

박병광, 「2015 중국 국방백서 "안보위협에 '강 대 강' 전략으로!"」, 『통일한국』
　　2015년 7월호, 평화문제연구소, 2015, 11~15쪽.

박병광, 『중국 인민해방군 현대화에 관한 연구』, 국가안보전략연구원, 2019.

박병찬, 「중국의 군사전략사상과 군사변혁: 시진핑 시기를 중심으로」, 『국제
　　정치연구』 23권 3호, 동아시아국제정치학회, 2020, 159~186쪽.

박창희, 「중국국방백서(中國的國防)를 통해 본 중국의 국방정책」, 『국방정책
　　연구』 27권 3호, 한국국방연구원, 2011, 107~133쪽.

설인효·문성태, 「중국 국방백서 분석: 평화 공세와 군사적 부상의 정당화」,
　　『신아세아』 19권 4호, 신아시아연구소, 2012, 192~225쪽.

시진핑, 차혜정 역, 『시진핑, 국정운영을 말하다』, 와이즈베리, 2015.

심현섭, 「시진핑 시기 중국특색 군사변혁의 함의」, 『軍史』 제103호, 國防部軍史編纂研究所, 2017, 131~172쪽.

안치영, 「중국공산당 19차 당 대회 보고와 시진핑(習近平) 신시대 중국 특색 사회주의 사상」, 『동향과 전망』 102호, 한국사회과학연구소, 2018, 144~185쪽.

양정학, 「시진핑의 국방 및 군대건설 사상에 관한 소고」, 『전략연구』 21권 3호, 한국전략문제연구소, 2014, 107~140쪽.

유동원, 「중국 군사체제 개혁과 한국의 대응」, 『한국민족문화』 61, 부산대학교 한국민족문화연구소, 2016, 533~569쪽.

이상국, 「시진핑 시기 중국의 '강군몽(强軍梦)' 구상과 군사안보적 함의」, 『국방정책연구』 31권 3호, 2015, 9~35쪽.

이상택, 「중국 군사전략 변화의 안보적 함의」, 『한국동북아논총』 86권 1호, 한국동북아학회, 2018, 51~75쪽.

이영학, 「중국의 군사안보: 시진핑 시기 중국군 개혁의 평가와 함의」, 『서울대학교 세계정치』 27권, 서울대학교 국제문제연구소, 2017, 101~140쪽.

정재홍, 『2019 중국 국방백서 분석과 평가』, 세종연구소, 2019.

조현규, 「시진핑 시대 중국군 개혁이 역내 안보에 미치는 영향」, 『군사논단』 108권, 한국군사학회, 2021, 127~152쪽.

차정미, 「시진핑 시대 중국의 군사혁신 연구: 육군의 군사혁신 전략을 중심으로」, 『국제정치논총』 61권 1호, 한국국제정치학회, 2021, 75~109쪽.

하도형, 「중국의 국방백서와 국방정책의 변화에 관한 고찰」, 『중국연구』 제58권, 한국외국어대학교 중국연구소, 2013, 193~212쪽.

황재호, 「시진핑 시대 중국의 군사력 평가와 전망」, 『전략연구』 21권 62호, 한국전략문제연구소, 2014, 5~33쪽.

황재호·이창형, 「"2006년 중국 국방백서" 분석 및 평가」, 『주간국방논단』

1138호, 한국국방연구원, 2007.

황태성·이만석, 「중국 군사전략의 변화에 대한 분석」, 『한국군사학논집』 77
권 2호, 육군사관학교 화랑대연구소, 2021, 32~66쪽.

新華網, "習近平: 全面實施改革强軍戰略 堅定不移走中國特色强軍之路", https
://lrl.kr/yfIf (검색일: 2024.6.30).

中國國防報, ""五個更加注重": 軍隊建設發展的戰略指導", https://lrl.kr/lFha
(검색일: 2024.6.30).

中國政府網, "習近平: 富國和强軍相統一 巩固國防和强大軍隊", https://lrl.kr/
O2iF (검색일: 2024.6.30).

1995年 『中國的軍備控制與裁軍』白皮書, https://lrl.kr/O2ip (검색일: 2024.6.
30).

1998年 『中國的國防』 白皮書, https://lrl.kr/lFhc (검색일: 2024.6.30).

2000年 『中國的國防』 白皮書, https://lrl.kr/yfIj (검색일: 2024.6.30).

2002年 『中國的國防』 白皮書, https://lrl.kr/CrRm (검색일: 2024.6.30).

2004年 『中國的國防』 白皮書, https://lrl.kr/t3zu (검색일: 2024.6.30).

2006年 『中國的國防』 白皮書, https://lrl.kr/CrRx (검색일: 2024.6.30).

2008年 『中國的國防』 白皮書, https://lrl.kr/t3zs (검색일: 2024.6.30).

2010年 『中國的國防』 白皮書, https://lrl.kr/pRqp (검색일: 2024.6.30).

2013年 『中國武裝力量的多樣化運用』國防白皮書, https://lrl.kr/pRqn (검색
일: 2024.6.30).

2015年 『中國的軍事戰略』 白皮書, https://lrl.kr/yfIq (검색일: 2024.6.30).

2017年 『中國的亞太安全合作政策』白皮書, https://lrl.kr/t3zm (검색일: 2024.
6.30).

2019年 『新時代的中國國防』白皮書, https://lrl.kr/pRqj (검색일: 2024.6.30).

Fox News, "China military seeks to build trust with neighbors", https://lrl.kr/

pRqi (검색일: 2024.6.30).

Michael Kiselycznyk and Phillip C. Saunders, "Assessing Chinese Military Transparency", Institute for National Strategic Studies National Defense University, June 1, 2010, https://lrl.kr/lFhf (검색일: 2024.6.30).

시진핑 3기 시대,
양안관계의 쟁점과 한반도 미래전망

박상윤

1. 들어가며

중국의 봄은 양회와 함께 시작한다는 말이 있다. 2024년 3월, 시진핑 집권 3기 2년차의 시작과 중국의 봄을 알리는 양회가 시작되었다. 정기 국회격인 전국인민대표대회와 국정 자문기구인 중국인민정치협상회, 두 개의 회의를 아울러 이르는 양회는 중국의 연례 정치 행사로 5000여 명의 인민대표가 베이징에 모여 새로운 법과 경제정책 등을 만들고 결정한다. 전국인민대표대회(전인대)는 중국 헌법이 규정하는 국가 최고 권력기간으로 국가예산에 대한 심의와 비준, 국가주석 등 지도부를 선출 또는 파면 할 수 있는 입법권, 헌법을 개정할 수 있는 권한 등을 가지고 있다. 2018년 3월 국가주석직의 임기 제한을 폐지, 시진핑 주석을 시진핑 황제로, 3기를 넘어 4기로, 4기를 넘어 종신

집권도 할 수 있는 가능성의 물꼬를 트게 한 곳이 전인대인 것이다.

중국인민정치협상회의(정협)는 간접선거를 통해서 각 성과 자치구, 인민해방군 등에서 선출된 3000여 명의 대의원으로 구성되어 최고 정책 자문회의, 국정에 관한 토의, 제안, 비판의 역할을 한다. 전인대는 중국정부의 1년 시정방침을 천명하고 인민정치협상회의는 공산당의 자문기구인 것이다.

이번 양회에서는 법치와 취업, 농촌 진흥에 관하여 다뤄주길 바랬고 법치, 취업 분야에서 전반적인 국가 발전과 사회 안정성을 확보하기 위한 다양한 정책과 방안을 논의하였다. 법치 강화와 반부패 운동을 통해 사회 질서를 확립하고, 청년 취업과 중소기업 지원을 통해 경제 활력을 유지하며, 농촌 진흥을 통해 도시와 농촌 간의 균형 발전을 추구하려는 노력이 두드러졌다.

양안의 하이라이트였던 총리 기자 회견이 폐지되었고 앞으로의 계획도 없다고 밝혔다. 3연임을 계기로 모든 힘이 시진핑에게 집중되고 내부적 견제도 사라짐을 볼 수 있다. 양회에서 가장 주된 키워드는 대만문제와 경제문제였다.

신중국 시기를 크게 3시기로 나누고 그 시대를 관통하는 대표적 키워드가 있다면 마오쩌둥 시기의 혁명, 덩샤오핑 시기의 개혁개방과 시장, 그리고 시진핑 시기의 중국몽일 것이다. 그리고 시진핑이 강조한 중국몽의 완전한 완성체는 대만 통일일 것이다

대만을 통일하기 위해 시진핑 2기 전에는 '이상측정'이 주된 방법이었다면 이제는 때에 따라 무력도 사용하겠다는 것이다. 예전의 시진핑 주석은 평화적 대만통일을 수차례 강조했지만 평화적이라는 단어가 빠졌고 무력사용도 불사하겠다는 의지를 보였다.

양회기간 중 미국의 군함이 보란 듯이 대만해협을 지났고 대만은

야간 전투비행훈련, 초음속 미사일 대대를 배치하는 군사적 행동을 보였다. 왜 그러는 것일까?

2. 양안의 형성과 쟁점

양안이란 말은 불교에서 피안과 차안, "저쪽 언덕"과 "이쪽 언덕"이라는 말로 피안은 "저쪽 언덕", 고통과 번뇌로 가득 찬 현세에서 벗어나 깨달음에 도달한 상태, 즉 열반의 언덕을 뜻하고, 차안은 "이쪽 언덕", 생로병사로 대표되는, 번뇌와 고통의 현실 세계를 말한다. 이쪽과 저쪽 양쪽이 양안, 1972년 미 국무장관이던 헨리 키신져가 서로가 서로를 국가로 인정하지 않는 중국과 대만이 두 개의 주권 국가로 보일 수 있는 것을 피하기 위해 "대만해협 양쪽의 중국인"이란 표현을 쓰기 시작했고 시간이 지남에 따라 보편적으로 일컬어지는 용어로 변모한 사례이다. 양안삼지, 양안사지로 불리며 홍콩과 마카오를 포함시키기도 하지만 현시점은 주로 중국과 대만 두 국가의 관계를 지칭하며 양안관계의 잣대는 대만 해협의 안정으로 볼 수 있다.

1) 대만의 역사와 양안관계의 형성

양안관계 전 대만의 간략한 역사를 살펴보자면 주로 말레이—폴리네시아족에 속하는 대만의 원주민들이, 수천 년 전부터 대만섬에 거주해 왔다. 대만은 한나라(기원전 206년~기원후 220년) 시대부터 중국 대륙과 교류를 하였으나, 본격적인 한족의 이주는 17세기 명나라 말기부터 시작되었다.

대항해 시대 후 네덜란드와 스페인의 통치기가 이어지는데 1624년
에는 네덜란드의 동인도 회사가 대만 남부를 점령하고 식민지 삼아,
타이난 근처에 제일란디아 요새를 세우고 대만을 무역의 중심지로
삼았고 그 후에는 스페인이 1626년에 대만 북부에 진출하여 지룽을
점령했으나, 1642년에 네덜란드에 의해 축출되었다. 네덜란드와 스페
인은 서로 경쟁하며 대만을 발판 삼아 무역과 군사적 요충지로 만들
려 했고 이는 당시 동아시아의 정치적 역학에 큰 영향을 미치게 된다.

1661년 명나라의 장군 정성공이 청나라에 저항하기 위해 유민들을
데리고 대만에 진출, 네덜란드를 물리치고 섬을 점령했고 중국 대륙
의 문물을 전파, 1662년에 대만을 명나라의 마지막 근거지로 삼아
1683년까지 대만을 통치했고 대만은 반청 저항 운동의 중심지가 되었다.

1683년부터 1895년, 청나라가 212년 동안 대만을 정복하고 통치하
기 시작했는데 청은 효과적이고 안정적인 관리를 위해 여러 가지 군
사적, 정치적 조치를 취하였고 이 기간 동안 대만은 점차 중국 본토와
여러 방면에서 더욱 깊은 관계를 맺게 되었으며, 한족의 이주가 크게
증가하였고 이는 대만 원주민과의 갈등 심화로 이어지게 되었다.

청일전쟁(1894~1895) 후, 시모노세키 조약에 의해 대만은 일본에 할
양되었고 일본은 동아시아 정치 전략의 일환으로 대만을 식민지로
삼아 경제적, 군사적 요충지로의 개발, 인프라 개발과 산업화를 추진
했고 일본의 식민지 기간 동안(1895~1945) 대만은 현대화의 기틀을
마련하게 된다.

1945년 제2차 세계대전 종전 후 대만은 일본으로부터 반환되었으
나, 1949년 중국 대륙에서 공산당이 국공내전에서 승리하고 중화인민
공화국을 수립하자, 장제스가 이끄는 국민당 정부는 대만으로 피신하
여 중화민국 정부를 대만에 세우게 되고 이로 인해 양안관계가 형성

되게 되었다.

냉전시기 대만은 미국의 주요 동맹국 중 하나로, 중국 공산주의에 대항하는 위치에 있었고 미국은 대만에 대한 군사적, 경제적 지원을 제공하였고 1960년대 이후 대만은 급속한 경제 성장을 이루었다.

1970년대와 1980년대에는 대만에 있어 외교적 고립과 국가 내부적 변화의 시기로 1971년, 유엔은 중화민국(대만)을 대신하여 중화인민공화국(중국)을 유엔의 중국 대표로 인정하였고 이는 많은 국가들이 대만과 외교 관계를 단절하고 중국과 수교하게 만들었고 대만은 국제적으로 고립되게 된다.

1980년대에 들어서 대만은 내부적으로 민주화 운동을 겪으며 정치적 개혁을 추진하였고, 이는 국민당의 일당 독재 체제에서 다당제 민주주의 체제로의 전환이 이루어지게 하였다.

1980년대 후반부터 대만과 중국 간의 경제적 교류가 증가하기 시작, 대만 기업들은 중국에 투자하기 시작했고, 양안 간 무역도 활발해졌다. 1990년대 초반에는 양안 간의 공식적인 정치적 접촉이 시작되었는데 1992년, 양측은 홍콩에서 회담을 열어 '하나의 중국' 원칙을 인정하면서도 해석에 차이를 둔 92공식(九二共識)을 도출, 양안 간 관계 개선을 시도하였다.

2) 92공식

1987년 중국과 대만 간 인적 교류의 개방 후, 이를 시작으로 중국과 대만 간 경제, 사회, 문화적 교류도 지속적으로 협력, 발전되어 왔다. 대만은 무역이 주를 이루는 경제구조로서 경제 성장과 발전의 많은 부분을 중국에 의존하고 있다.

그러나 정치, 외교적으로는 중국의 '하나의 중국' 원칙에 반하는 독자적인 외교 공간을 확보하고 국제무대에서도 주권국가로서의 입지를 가지고자 했다. 이에 따라 양안관계는 대만의 대외관계에도 큰 영향을 주고 있고, 이로 인해 양안관계의 확고한 정립은 대만의 국내외 정책을 결정하는 데 있어 매우 중대한 사안으로 자리 잡았다. 중국에서 평화롭고 안정적인 양안관계의 성립과 유지를 위해 제시한 방안들 중 대표적으로 92공식(共識)과 일국양제가 있는데 현재까지 양안관계를 정립함에 있어 중추적 역할을 해 온 것이 '92공식'이다. 중국의 대만 통일정책과 대만의 독립 추구정책, 즉 탈(脫)중국 정책이 맞물리면서 발생하는 위험 요인과 관계 악화를 우려, 평화적이고 안정적인 양안 간의 관계를 위해 중국과 대만의 반관반민(半官半民) 성격의 기구가 만들어졌고 중국 측의 해협양안관계협회(해협회)와 대만 측의 해협교류기금회(해기회)가 그것이다. '92공식'은 두 기구가 만난 1992년 홍콩에서 개최된 회담에서 문서화된 조약이 아닌 구두로 '一中'(하나의 중국)에 비공식 논의 및 합의한 것을 말한다. 양안 모두 '하나의 중국'이라는 대원칙을 고수한다는 방침을 가지고 있었지만 '하나의 중국'이라는 문제에 대한 해석에는 중국과 대만 사이에는 명백한 인식의 차이가 존재했다. 즉 중국이 하나라는 것에는 동의하지만 '하나의 중국'이 정확히 무엇인지에 대한 합의는 이루어지지 않았다는 것이다.

중국은 하나의 중국이란 중화인민공화국이 중국의 유일한 합법적 정부임을 뜻한다고 하면서, "중국대륙과 대만은 하나의 중국에 속하고, 국가통일을 위해 함께 노력해야 한다"라고 주장하는 반면에 대만에서는 '92공식'이란 '一中各表(하나의 중국, 각자의 해석)'를 의미한다고 하면서 "一中의 中은 중화민국을 가리킨다"고 주장한다.

중국은 대만을 중국의 일부로 보고, 대만은 중국 대륙과 대만 모두를 중국의 일부로 보는 것이다. 중국은 '중국'이라는 국가안에 대만을 포함시키는 반면, 대만은 '중국'을 대만과 대륙을 포괄하는 상위 개념으로 인식한다. 즉 중국은 '중국'을 현재 존재하는 '국가'의 개념으로 인식하지만, 대만은 '중국'을 현재 대륙을 차지한 중국이 아닌 미래의 통합된 국가 혹은 문화적 의미의 중국으로 인식하고 있다.

92공식을 둘러싸고 중국대륙과 대만 사이에 이처럼 입장 차이가 나타나는 것은 1992년에 경제교류 활성화 등 양측의 필요에 따라 '하나의 중국'에 합의하여 양안관계의 안정을 도모했으나, 그 하나의 중국이 중화인민공화국인지 대만의 중화민국인지에 대해서는 명문화하지 않았기 때문이다.

결국 92공식은 '하나의 중국'은 인정하지만, '중국'이 무엇을 지칭하는지에 관한 합의가 없는 '컨센서스 없는 컨센서스'라 할 수 있다. 半민간 차원에서 이루어진 정치적 합의이지 법적 합의가 아니다. 따라서 '하나의 중국'이라는 원론적인 원칙과 함께 양안이 각자 방식대로 표현하는 것을 인정하는 '일중각표(一中各表)'의 내용도 담고 있다. 대만에서 92공식을 합의한 시기는 국민당 집권기로 당시에는 중화민국이란 표현이 보편적으로 사용된 시기였다. 따라서 대만에서 '일중각표'의 개념은 전혀 정치적으로 논란이 되지 않았다. 그러나 이후 양안관계가 하나의 중요한 정치적 쟁점으로 부각되면서 92공식은 정권 교체와 정세 변화에 따라 부정되어 왔다. 공식적인 합의가 아니라는 한계를 여실히 드러낸 것이다. 기본적으로 92공식에 대해 국민당은 동의하지만, 민진당은 동의하지 않는다. 92공식은 악화된 양안 간의 위기국면을 타개하는 아이디어로 만들어낸 말이다. '하나의 중국'과 같이 정치적으로 민감한 표현을 '92공식'이라는 모호한 말로 대체함으로써 일종의 타협지점을 만들어 보자는 것으로, 대체로 양안관계가 안정보다는 위기에 처했을 때 거론되었다.

3. 시진핑 시기 전후의 양안관계

1) 시진핑 시기 전의 양안관계

(1) 마오쩌둥 시기

마오쩌둥(毛澤東)이 이끌었던 중국은 1949년 중화인민공화국(중국)을 세우고, 공산주의를 바탕으로 신생 국가로서의 입지를 다짐과 동시에, 국공내전(國共內戰) 이후 대만으로 퇴각한 중화민국(대만)과의 관계를 설정하는 중요한 시기였다.

중국 국민당(國民黨, KMT)과 중국 공산당(中共, CCP) 간의 전쟁인 국공내전에서 양안관계의 기원을 찾을 수 있다. 중국 본토에서 벌어진 국공내전(1927~1949)은, 공산당의 승리로 끝났고 국민당은 대만으로 퇴각했다. 1949년 10월 1일, 마오쩌둥은 중화인민공화국을 수립했고, 이에 대해 장제스는 대만에 중화민국 정부를 세우면서, 서로는 서로를 인정하지 않았다. 이로써 양안관계는 두 개의 중국이라는 정치적 대립 구도를 보이기 시작했다.

이 시기 양안 간의 정치적 대립은 공산주의와 자본주의 체제 간의 이념 대립으로 대표 되었다. 마오쩌둥은 중국 대륙에서 공산주의 체제를 공고히 구축하며, 대만의 국민당 정부와의 통일을 도모했지만, 대만은 완강하게 거부하며 저항했다. 장제스는 대만에서 반공주의를 강화하며, 대만을 공산주의로부터 지키기 위한 방어적 조치를 취했고 이러한 체제 경쟁은 뜨거워지기 시작한 양안 간 긴장 상태를 더욱 가열시키는 주요 원인이 되었다.

마오쩌둥 시기, 중국은 대만을 국제 사회에서 고립시키기 위한 외교적 노력을 기울였다. 중국은 '하나의 중국' 원칙을 주장하며, 대만을 합법적인 중국 정부로 인정하는 국가들과의 외교 관계를 단절하겠다고 경고했다. 이에 많은 국가들이 중화인민공화국을 합법적인 중국 정부로 인정하며, 대만과의 외교 관계를 단절했다.

1971년 10월 25일 유엔총회 중국 대표권 표결 직후의 대만과 중국 대표단의 모습
*출처: 한국일보, 2024년 6월 15일자.

특히 1971년, 중국은 유엔에서 대만을 대체하여 유엔 안전보장이사회 상임이사국 지위를 획득했고 유엔 퇴출을 예견한 대만의 장제스는 적(중국)과 함께 설 수 없다며 자진 탈퇴를 선언, 중국(중화인민공화국-중국)의 정치력과 국제무대에서의 외교력이 증대하고 미국과의 핑퐁 외교로 관계 개선이 조금씩 이루어지자, 유엔 안전보장이사회 상임이사국상 중국 대표로서의 자격에 관해, 미국과 일본 등은 중국(중화민국-대만) 정부에게 중국으로서의 대표권과 안전보장이사회 상임이사국의 권력은 포기하되 대만만을 대표하는 '대만 공화국'이라는 지위의 일반 회원국으로서라도 유엔에 남기를 권유했으나, 중화민국(대만)정부는 이를 거부했고 이는 대만의 외교 역사상 최악의 실수로 남았고 국제적 고립을 심화시키는 도화선이 되었다.

대만은 고립에 대한 대응책으로 미국과의 관계 강화를 택했다. 장제스는 미국의 군사적 지원을 통해 대만의 안보를 확보하려 했으며,

대만과 단교 직후 미국은 1979년 4월 대만관계법을 통해 대만에 대한 방어 지원을 약속했다. 대만이 충분한 자위 능력을 유지할 수 있도록 하기 위해 필요한 만큼의 방위 물자와 서비스를 제공한다는 준군사동맹에 준하는 법으로 대만은 국제적 고립의 작은 완화는 이루었지만 이로 인해 중국은 미국과의 대립을 피할 수 없었으며, 이는 양안 간의 외교적 갈등 및 대립을 더욱 심화시켰다.

마오쩌둥 시기 양안 간의 경제적 교류 및 상호 의존성은 거의 존재하지 않았다. 중국은 자립적인 경제를 추구하며, 대만과의 경제 교류는 전면 중단했다. 중국은 대만을 경제적으로 고립시키기 위해 국제적 제재를 추진했으며, 대만은 이에 맞서 경제적 자립을 도모했다. 장제스 정부는 대만의 자립적 경제 발전을 위해 농업 개발추진과 산업화에 박차를 가하며, 경제적 성장을 이루는 데 성공했고 중국은 경제적 제재로 대만의 정치적 입장 변화를 도출시키려 했으나 성과가 미미했다. 이는 대만 내 반공정서와 독립의지를 더욱 강하게 만들었다. 경제적 분리는 양안 간의 통일 가능성을 더욱 희박하게 만들었다.

마오쩌둥이 주도한 문화혁명(1966~1976)은 중국 내에서의 이데올로기적 투쟁을 강화하며, 전통 문화와의 단절을 시도한 사건으로 대만과의 문화적 교류가 전면적으로 중단되는 결과를 초래했다. 문화적 대립과 분리는 중화문화(中華文化)를 둘러싼 경쟁적 해석으로도 나타났는데 대만에서는 전통 문화의 보존과 반공강화라는 문화 정책을 추진하였고 중국에서는 중화문화를 사회주의적 이념에 맞춰 재해석하여 대만과의 이데올로기적 대립을 심화시켰다. 이로 인해 양안 간의 문화적 단절과 문화적 정체성은 더욱 깊어지고 달라지게 되었다.

1954~1955년과 1958년 두 차례에 걸쳐 발생한 대만 해협 위기는 양안 간의 군사적 대립이 절정에 달한 사건이었다. 중국은 대만 해협

에서 대규모 군사 작전을 감행하며 대만을 압박하였고, 이에 대해 미국은 대만을 지원하기 위해 군사적 개입을 시사했다. 이러한 군사적 충돌은 양안 간의 긴장 상태를 더욱 악화시켰으며, 국제사회에서의 냉전 대립 구도를 강화하는 결과를 낳았다.

장제스 정부는 국내외적으로 반공 반혁명 운동을 추진, 공산주의자들에 대한 강력한 탄압을 실시하여 대만 내에서의 반공 정서 강화와, 정치적 불안정을 초래하기도 했다. 대만에서 발생한 '2·28 사건'과 같은 정치적 사건들은 대만 사회 내에서의 긴장 조성 및 동요뿐만이 아니라 대만 현대사의 가장 비극적인 대학살 사건으로 남아 있다.

정치적 대립과 이데올로기적 갈등이 계속되던 시기로 마오쩌둥은 대만을 중국의 일부로 보아 통일하고자 하는 목표가 있었고, 장제스 정부는 이를 강력히 거부, 날을 세우며 독립된 정치적, 경제적, 문화적 정체성을 유지하려 했다. 이로써 현재 양안관계의 형성이 시작되었다.

(2) 덩샤오핑 시기(1978~1989)

덩샤오핑(鄧小平)이 중국의 실질적인 지도자로 부상한 1978년부터 1989년까지의 시기는 중국의 경제 개혁과 개방 정책이 본격적으로 추진된 시기였다. 이러한 변혁의 시기 동안 덩샤오핑은 대만과의 관계에서도 새로운 접근법을 모색했다. 그의 '일국양제(一國兩制)' 정책 역시 대만을 중국으로 통일하기 위한 핵심 전략이었으나, 이 시기 대만의 지도자인 장징궈(蔣經國)와 리덩후이(李登輝)는 각기 다른 방식으로 중국의 제안에 대응하며 대만의 정치적 입지를 다졌다. 장제스의 아들인 장징궈는 1978년부터 1988년까지 대만의 총통을 역임하며, 대만 내에서 강력한 반공주의를 유지하면서도 대중국 정책에서 일정한 유연성을 보였다. 덩샤오핑은 '일국양제'라는 개념을 제안하며 대만과의 평화적 통일을 지향했으나, 장징궈는 이에 대해 신중한 거부적 입장을 고수했다.

장징궈는 쑨원이 발표한 초기 중화민국의 정치 강령인 삼민주의(민족주의, 민권주의, 민생주의)에 기초한 "하나의 중국" 원칙을 고수했고, 대만이 중국의 일부로서 통일될 가능성은 인정했으나, 중국공산당의 통치 아래에서의 통일은 아니라며 배제했다. 그는 무엇보다 대만의 독립성 유지와 안보가 중요하다 여겼고, 양안 간의 정치적 대립은 계속되었다. 덩샤오핑은 이러한 대립에도 불구하고 대만을 무력으로 압박하기보다는 경제적 교류를 통해 대만을 끌어들이려는 시도를 지속적으로 실행했다.

개혁 개방 정책은 중국 경제에 엄청난 변화와 발전을 가져왔으며, 이로 인해 대만과의 경제적 관계도 새로운 국면을 맞이하게 되었다. 장징궈 역시 대만의 경제 성장을 지속시키기 위해서는 대륙과의 경제적 교류가 필요하다 생각했고 이를 점진적으로 허용 하였다. 1980년대 중반부터 대만의 기업들은 중국 대륙에 대한 투자를 시작했으며, 이는 양안 간의 비공식적 경제 교류를 촉진하는데 매우 중요한 역할을 했다.

덩샤오핑은 이러한 경제 교류를 통해 대만의 정치적 입장에 영향을 미치려 했지만, 장징궈 정부는 경제 교류와 정치적 입장을 철저히 분리하려는 입장을 고수했다. 대만은 경제적으로는 이익을 얻으면서도 정치적으로는 중국과의 통합을 거부하는 전략을 취했다. 이로 인해 양안 간의 경제적 상호의존성은 확대 되었지만 정치적 관계의 개선으로까지는 연결되지 않았다.

1979년 미국이 대만과의 공식 외교 관계를 단절하고 중국과 수교하면서 대만은 국제적으로 고립되기 시작했다. 양안 관계는 군사적 긴장 속에서 정치적 균형을 유지하려는 시도로 이어졌다. 덩샤오핑은 군사적 압박 강화보다 경제적 유화 정책을 썼고, 장징궈는 대만의 군사력 강화와 미국과의 비공식적 군사 협력을 통해 중국의 무력 위협에 대비했다. 중국과의 직접적인 군사 충돌은 피하되, 대만의 독립성을 유지하기 위해 강력한 군사적 억제력을 유지했다.

1988년 장징궈가 사망 후, 리덩후이가 대만의 지도자로 부상했다. 리덩후이는 대만 내 민주화를 추진하며, 대만의 독립성을 강화하는 방향으로 정책을 전환했다. 리덩후이는 중국과의 관계에서 대만의 독립성을 강조하며, '대만인 정체성'을 강화하는 정책을 추진하며 덩샤오핑과의 관계에 새로운 긴장을 불러일으켰다.

덩샤오핑은 리덩후이의 정책 변화에 대해 강하게 반발하며, 대만에 대한 경제적, 외교적 압박을 강화하기 시작했다. 그러나 리덩후이는 대만의 정치적 독립을 강화하는 방향으로 나아갔으며, 이는 이후 양안관계의 중요한 전환점으로 작용했다.

(3) 장쩌민 시기

1989년부터 2002년까지의 시기는 중국이 경제적으로 급성장하며 국제사회에서의 영향력을 확대해 나가던 시기로 장쩌민(江澤民)이 중국 최고 지도자의 자리에 앉는다. 이 시기 동안 장쩌민은 '하나의 중국' 원칙을 고수하면서도 대만과의 평화적 통일을 추구하는 동시에, 대만 독립을 지향하는 세력에 대해서는 강경한 입장을 취했다. 반면, 대만에서는 리덩후이(李登輝)와 천수이볜(陳水扁)이 지도자로서 대만의 정체성과 독립성을 강화하려는 정책을 추진했다.

1992년, 양안 간에는 92공식(九二共識)이라는 합의가 홍콩에서 구두로 이루어졌다. 이 합의는 '하나의 중국' 원칙을 인정하지만 해석은 양측이 각자 다르게 할 수 있다는 모호한 합의로 양안 간 공감대 형성을 위한 것이었다. 리덩후이는 이 합의를 통해 양안 간의 공식적인 대화 채널을 유지하는 동시에 대만 내에서는 독립 성향을 강화하는 정책을 추진했고 장쩌민은 이러한 전략적 모호성에 대해 경계를 늦추지 않았으며, 대만의 독립 움직임에 대해 군사적 압박도 가했다.

1995년, 리덩후이가 미국 방문시 코넬대학에서 한 연설은 양안관계에 큰 파장을 일으켰다. 리덩후이는 이 연설에서 대만과 중국을 "국제적으로 동등한 합법적인 두 체제가 공존하는 상태"로 규정, 사실상 대만을 독립된 하나의 국가로 인정하는 발언을 했다. 이에 대해 장쩌민은 강력히 반발하며, 장쩌민 '8개항(江八點, 장파디엔)'을 발표하여 대만 문제를 해결하는 과정에서 무력 사용도 배제하지 않겠다고 선언했다. 이로 인해 1995~1996년 대만 해협 위기가 발생했으며, 중국은 대만 해협에서 대규모 군사 훈련을 실시하며 대만에 대한 압박을 강화했다.

2000년, 대만의 총통 선거에서 민진당의 천수이볜이 당선되면서 양안관계는 새로운 국면을 맞이하게 된다. 천수이볜은 하나의 중국 원칙을 부정하며 대만 독립을 공개적으로 지지하는 정치인으로, 그의 집권으로 중국과 갈등의 골은 더욱 깊어져 갔다.

천수이볜은 대만의 정체성 강화와, 국제 사회에서 독립 국가로 인정받기 위한 외교적 노력을 기울였다. 이는 중국의 강력한 반발을 불러왔으며, 장쩌민은 천수이볜의 정책에 대해 강경하고 엄중한 대응을 시사했고 대만 해협에서의 군사 훈련과 미사일 시험 발사 등, 대만에 대한 압박을 극대화하였으나 대만의 독립성향을 완전히 억제하는 데에는 이르지 못했다.

(4) 후진타오 시기

후진타오(胡錦濤)는 2002년부터 2012년까지 중국의 국가주석으로 재임하면서 중국의 정치적, 경제적 발전을 이끌었다. 후진타오는 '평화적 발전(和平發展)'을 강조하면서 양안관계를 안정적으로 관리하려 했으며, 이는 대만의 지도자들과의 상호작용 속에서 다양한 방식으로 구현되었다. 특히 2005년도에 제정된 「반분열국가법(反分裂國家法)」은 대만이 독립을 선언하거나 중국과의 통일을 거부할 경우, 무력을 사용할 수 있음을 명문화한 법으로 대만 내 독립 성향을 억제하기 위한 중국의 강경한 의지를 반영한 것이다. 반분열국가법은 중국이 대만 문제를 해결하는 데 있어 무력 사용을 배제하지 않는다는 것을 국제사회에 천명한 것으로, 양안관계의 불안정성을 심화시켰다.

2008년, 국민당의 마잉주(馬英九)가 대만 총통으로 당선되면서 양안관계는 새로운 국면을 맞이했다. 마잉주는 '하나의 중국' 원칙을 인정하며 중국과의 관계를 개선하는 데 중점을 두었고, 후진타오는 이러한 태도를 매우 긍정적으로 평가하며 양안 간의 정치적 대화를 촉진했다. 후진타오는 정치적 문제보다는 경제적 협력에 초점을 맞추어 양안 간의 평화적 발전을 도모했고 그 결과, 2010년 경제협력기본협정(ECFA)이 체결되었다. 이 협정은 양안 간의 경제적 장벽을 낮추고, 무역 및 투자를 촉진하기 위한 다양한 조치를 포함하고 있었다. ECFA 는 양안관계에서 중요한 경제적 진전으로 평가받았으며, 양안 간의 경제적 상호의존성을 강화하는 데 큰 역할을 했다.

다양한 정책 역시 추진되었는데 항공편 증설과 관광 교류 확대,

그리고 투자 협력 증진 등이 이루어졌으며, 이를 통해 양안 간의 경제적 유대가 강화되었다.

중국은 대만과의 문화적 유대를 강화하기 위해 다양한 교류 프로그램을 추진했으며, 특히 전통 문화와 중화문화를 통해 양안 간의 공통된 정체성을 강조하며 이는 양안 간의 이해를 증진시키고, 문화적 유대를 강화하는 데 긍정적인 역할을 했다.

그러나 이러한 문화적 교류는 대만 내에서 정체성 갈등을 야기하기도 했다. 대만에서는 중국의 문화적 통합 시도에 대해 저항하는 움직임이 나타났으며, 대만의 독자적인 정체성을 강조하는 문화적, 교육적 활동이 강화되었다. 이는 다시 양안 간의 문화적 갈등을 심화시키는 결과를 초래했다.

2) 시진핑 시기의 양안관계

(1) 시진핑 1기

2012년 중국공산당 제18차 전국인민대표대회를 통해 시진핑이 중국의 새로운 지도자로 등극했다. 대만과 교류가 비교적 활발한 동남부 지역에서 공직생활을 지낸 시진핑은 대만에 대한 이해도가 높은 지도자로 알려져 있다. 푸젠성에서 약 17년간 공직생활을 했고, 저장성과 상하이에서도 근무하였다. 직후 중국 최고 지도자의 반열에 올랐는데 22년간 대만해협과 가까운 지역에서 공직에 있었던 그의 경력은 대만 문제와 관련하여 중요한 의미를 지닌다. 이 지역은 지리적으로 대만과 인접해 개혁개방 이후 대만과 밀접한 정치, 사회, 경제적 관계를 점차적으로 발전시켜 온 곳이다. 시진핑은 주석이 되기 이전부터 대만 문제에 많은 관심을 보여 왔다.

2007년 공산당 제17차 전국대표대회 이후 후계자로 지목된 시진핑은 양안관계에 보다 적극적으로 개입하기 시작했고 2007년 12월과 2009년 1월 두 차례에 걸친 카터 전 미 대통령과의 만남에서 양안관계에 대해 "대만 문제는 중국의 영토와 주권의 완성과 관련된 중대한 문제"임을 강조하고, "대만해협의 평화와 안정을 위해 대만의 독립 행보에 대해서 미국이 협조해 줄 것"이라는 소신과 의견을 밝혔다.

2012년 11월 15일 제18차 전국대표대회에서 시진핑은 7인으로 구성된 정치국 상무위원이 되었으며, 이어 중앙위원회 총서기와 중앙군사위원회 주석직까지 승계하였다. 시진핑은 이와 동시에 중앙국가안전위원회 주석, 중앙심화개혁 영도소조 조장 그리고 중앙재경영도소조 조장 등 주요 요직을 독점하였고, 2016년 4월에는 신설된 중앙군사위 연합지휘중심의 총지휘권도 갖게 되었다. 전임 지도자들과 달리 실질적인 권한을 한 번에 가지게 된 시진핑은 강력한 1인 지배 체제를 갖추어 나갔다.

시진핑의 첫 번째 임기이자, 마잉주가 대만의 지도자로 재임한 기간(2008~2016)의 양안관계는 초기에 상대적으로 안정적인 양상을 보였다. 양안은 2015년 9월, 싱가포르에서 역사적인 정상회담인 '시마회(習馬會)'가 개최되었고 이 회담은 1949년 이후 처음으로 이루어진 양안 정상 간의 공식 회담으로, 양측의 관계 개선 의지와 발전을 상징했다. 시진핑과 마잉주는 '하나의 중국' 원칙과 '현상유지'에 동의하면서 양안관계의 평화적 발전을 추구했다.

시진핑은 대만통이었으며 유연했고 실용적이며 개방적이었다. 그런 그는 집권 초기에도 대만에 관한 입장에 변화는 없었다.

2016년 대만 총통선거의 여론조사에서 유력 당선자로 보이던 민진당의 차이잉원 후보는 미국 방문중 연설에서 양안의 현상유지와 미국과의 신뢰에 기반한 파트너 관계를 다짐했다. 특히 양안관계는 초당적인 차원에서 이뤄질 것이며 과거 양안의 역사를 소중히 여기어 지속적이고 안정된 평화적 양안관계를 추진하겠다고 약속했지만 당선 후의 총통으로서의 차이잉원은 달랐다. 시진핑은 당선자에게 '92공식' 즉 '하나의 중국'을 지킬 것을 요구했고 차이잉원은 거부, 독립된 대만을 꿈꾸기 시작했다. 이는 시진핑의 대대만 인식을 공세적이고 강경하게 만드는 계기가 되며 중국의 전방위 압박이 시작된다.

1995년 리덩후이 총통이 미국을 방문한 이후 군사적 위협을 재개하였는데 이런 중국의 군사적 위협과 같은 강경한 태도가 대만 내 탈중국화를 부추기고 민진당의 지지율 상승에 영향을 미친다고 판단하여 2004년 이후 군사행동은 중단되었었다. 마잉주 시기의 양안관계는 안정적이고 평화로웠으며 친중국적이었다.

중국의 경제력과 군사력은 점점 커졌고 대만에 대한 미국의 영향력은 점점 작아지던 시기였다. 이 시기 중국은 국제사회에서 영향력이 급속도로 커졌지만 미국 주도의 국제 질서에서 직접적 대결은 피하고자 하는 우호적 자세를 취했고 미국도 대만에 대해서 전략적 모호성을 고수하는 입장이었다.

예의 주시하던 중국은 미 대선 직전 대만해협에 전투기를 띄워 미국과 대만을 자극했고, 대선에서 승리한 공화당의 트럼프는 제일 먼저 차이잉원에게 전화를 걸어 중국을 자극했다. 1979년 대만과 단교 이후 최초의 두 정상간 직접 통화였다. 이전에는 미국의 모든 정부가 중국의 눈치를 보며 대만 지원에 한 걸음 물러서 있었다면 트럼프는 대만에 파격적인 대우를 하였고 이에 중국은 2016년부터 보란 듯 수차례의 군사훈련을 실시했고, 대만도 미사일 발사 훈련 및 오바마 정부시기 중국의 눈치를 보느라 하지 못했던 전투기, 미사일, 어뢰 등의 무기 구입을 추진하며 미국과 대만은 급속도로 가까워졌고 대만과 중국은 급속도로 멀어졌다.

(2) 시진핑 2기

2017년 10월 18일에는 공산당 제19차 전국대표대회가 개최되었고 시진핑 집권 2기가 시작되었다. 제19차 전국대표대회에서는 '시진핑 사상'이라고도 불렸던 '시진핑 신시기 중국 특색의 사회주의 사상'을 중국의 새로운 통치 사상으로 공산당의 강령에 포함시켰다

시진핑 신시기를 맞아 대내외의 정책뿐 아니라 대대만 정책을 새롭게 설계하고 추진하기 시작했다.

2017년 이후 중국이 대대만문제의 최종적 해결을 강조하고 공세적으로 바꾸기 시작한 이유는 중국은 19차 전국대표대회 보고서를 통해 2020년까지 '전면적 소강사회'에 진입하고, 2035년까지 사회주의 현대화를 기본적으로 완성하는 기반 위에서, 2050년까지 '사회주의 현대화 강국'을 실현함으로써 중화민족의 위대한 부흥을 이룩한다는 3단계 국가발전전략 목표를 제시했고 건국 100주년이 되는 시점인 2050년까지 사회주의 현대화 강국 건설을 향해, 외교적으로는 일대일로 구상을 당 규약과 정부공작보고에 삽입하여 핵심 대외전략 방침으로 추진할 것임을 천명하는 한편, 신형 국제관계와 인류운명공동체 구축 구상을 제시하여 중국이 주도하는 국제질서를 만들려는 의지를 공표했다. 또한 대만문제의 해결 없이는 19차 전국대표대회 이후 제시한 국가정책 목표를 실현하는 것이 불가능하다는 판단 아래, 중국은 '시진핑 신시대'에 맞는 통일 실현을 촉진하는 방향으로 대만정책

에 변화를 도모하고 있고 그 최종목표는 '중국몽(中國夢)'의 실현이라는 시진핑의 국가전략 목표에 기인하고 있다.

시진핑 집권 2기에 들어 양안관계는 매우 악화되었다. 차이잉원은 대만의 주권과 민주주의를 강조하며 중국과의 대화를 거부했고 시진핑은 '대만동포에게 고하는 글' 40주년 기념회에서 무력사용을 배제하지 않겠다는 입장을 밝히면서 양안 간의 정치적 대화는 완전히 끊어졌고 갈등은 더욱 깊어졌다.

중국은 대만에 대한 경제적 압박을 강화했다. 무역과 투자를 제한하는 한편, 중국 본토와의 경제적 연계를 통하여 통일 압력을 가중시켰다. 차이잉원 정부는 이에 대응하여 대만이 중국과의 경제적 의존에서 벗어나 보다 독립적이고 다각화된 경제 및 외교 전략을 추구하기 위한 '신남향정책'을 더욱 강화하여, 대만의 경제적 자립 및 다각화, 외교적 입지 강화 및 다변화 등을 도모하는 정책을 추진했다. 이러한 경제적 긴장은 양안 간의 경제적 상호의존성을 약화시키고, 대만 내 반중 정서를 더욱 확산시키는 결과를 낳았다.

시진핑 2기는 양안 간의 군사적 갈등 역시 최고조에 달한다. 중국의 군사훈련은 대만해협 및 주변 해협에서 해상 및 공중을 드나들며 빈번하게 이루어졌고 대만은 미국과의 군사협력을 강화하고 자체 군비 및 군사력 증강에 심혈을 기울였다.

외교관계에서도 중국의 압박은 거셌다. 대만과 수교를 맺고 있는 국가들을 압박하여 대만을 국제적으로 고립시키고 중국과의 외교관계 수립을 촉구했다.

중국은 공통된 역사와 문화를 통해 양안 간의 유대를 강조하며 문화적 통합시도를 했고 차이잉원 정부는 대만의 독자적인 정체성을 강조하는 교육과 문화정책을 펴며 중국의 통합시도에 저항했다.

2019년 홍콩에서 발생한 대규모 시위는 양안관계에 큰 영향을 미쳤다. 홍콩 시위는 중국의 일국양제 모델이 대만 국민들에게 우리도 홍콩처럼 될 수 있다라는 불안감과 회의감을 증폭시켰으며, 중국과의 통일에 대한 불신 역시 더욱 커졌다. 이러한 분위기를 타고 홍콩 사태를 대만의 민주주의와 독립성을 지키기 위한 최후의 보루로 활용, 대만 내에서 강력한 지지를 받은 차이잉원은 2020년 대만 총통 선거에서 재선에 성공하게 된다. 2021년 3월 조사에서 대만인의 약 75%가 '하나의 중국'에 반대한다는 결과가 나왔고, 시진핑 주석은 같은 해 6월, "대만이 독립을 꿈꾸는 것을 분쇄하겠다"라고 했고, 같은 달 중국의 국방부 대변인은 "대만의 독립은 전쟁을 의미한다"고 했다.

2022년 8월, 미국 하원의장 낸시 펠로시가 논란 속에서 대만을 방문한 사건은 양안관계에 큰 파장을 일으켰다. 25년 만에 대만을 방문하는 미 최고위급 인사로 그녀는 1991년 중국을 방문, 민주화를 지지했던 반중국 인사이다. 중국은 이번 방문을 대만 독립을 지지하는 중대

[그래픽] 미국 펠로시 하원의장 아시아 순방 일정

*출처: 연합뉴스, 2022년 8월 1일자.

한 도발로 간주, 대만 주변 해역에서 대규모 군사 훈련을 실시하며 강력히 반발했고 양안관계의 긴장은 극대화되었고 시진핑 정부는 이후 대만에 대한 군사적, 경제적, 외교적 압박을 한층 강화하게 되었다. 이에 대해 바이든 행정부는 대만문제에 관해서는 어떠한 입장도 취하지 않는 '하나의 중국' 정책에는 변화가 없을 것이라며 펠로시의 방문에 관해 축소했고 미국의 양안정책은 전략적 모호성을 취했다.

양안 위험지수를 시뮬레이션하여 도표로 나타낸 결과를 보면 장제스시기 최고로 올랐다가 장징궈, 리덩후이 시기 안정기로 내려갔다가 적대기를 거치고 관계 개선기를 거쳤지만 차이잉원 시기처럼 최고조로 위험지수가 오른 시기는 없었다.

*출처: 한국경제, 2024년 5월 11일자.

(3) 시진핑 3기

2022년 10월 시진핑의 3기 집권이 시작되고 변함없는 양안의 입장에 관계는 지속적으로 악화되어 무력충돌의 위기 직전까지 도달하기도 하였다. 2024년 5월20일 민진당의 라이칭더가 대만의 새 총통에 취임했다. 독립성향을 가진 라이칭더는 차이잉원보다 더 강경파 정치인으로 알려져 있다. 그는 취임사에서 직접적으로 '대만독립'이라는 단어는 거론하지 않았지만 '부비부항(不卑不亢)'이란 단어를 강조하며 "비굴하지도 거만하지도 않겠다. 양안의 미래는 세계의 미래와 대만의 민주주의 진보를 책임지는 결정적인 역할을 할 것이다"라고 말하며 중국과의 관계는 '현상유지'를 할 것이며 중국이 정치적으로나 군사적으로 대만을 위협하는 것을 중지해달라고 요청했다.

중국은 거센 반발을 하며 국영방송에서 분리주의의 오류를 조장하는 고집스런 대만지도자라 비판하고 외교부 대변인은 "전후 국제질서에 도전하는 터무니없는 위험한 행동"이라며 경고, "어떤 이유에서든 대만독립을 추구하는 것은 반드시 실패할 것"이라고 했다.

또한 시진핑 집권기의 중국은 강력한 경제력을 바탕으로 국제사회에서 미국과 경쟁하는 G2로 성장하였다. 따라서 시진핑은 대만에 대한 이해도나 힘의 관계에 있어서 양안 문제에서 유리한 위치를 점하고 있다고 할 수 있다.

그러나 지난 시진핑 집권기 중국은 대만에 대해 충분히 압박을 가할 수 있는 군사력과 경제력 등의 조건을 갖추고 있었다. 그리고 시진핑은 대만에 대해서 잘 알고 잘 이해하는 대만통이었다. 그러나 시진핑 집권기의 여러 정책 중 양안정책은 전임 지도자들의 정책과 별 차이가 없었다. 오히려 후진타오 시기의 양안정책과 비교해 볼 때 효과가 떨어진다고도 보인다. 양안 간 교역을 통해 대만에 경제적 혜택을 제공함에도 불구하고 독립을 주장하는 민진당이 집권에 성공하였으며, 대만 내 반중 정서는 더욱 심화되었고, 대만인이라는 정체성 고민도 더욱 증가하였다. 이러한 정책 실패의 원인을 지난 지도자와의 비차별성 혹은 미국의 개입이나 대만의 독립 지향적인 정권의 등장 등으로 본다.

중국의 대만정책은 '일국양제'와 '평화통일'로 축약되지만, 민주화된 대만에서는 집권 정당의 중국에 대한 입장과 견해 차이에 따라 통일과 독립에 대한 기본 정책이 변화해 왔다. 따라서 양안관계는 대만의 국내 정치가 어떻게 변하느냐에 따라 중국의 차별적인 대응이라는 상호작용에 의해서 변화해 오고 있고 앞으로도 그럴 것이다.

4. 미국 중국 대만의 삼각관계와 한반도 미래 전망

1) 동아시아에서의 패권

중국은 국제사회에서 영향력이 급속도로 커졌지만 미국 주도의 국제질서에서 직접적 대결은 피하고자 했다. 그리고 대만에 대해서도 전략적 모호성을 고수하는 입장이었다.

규범적 하나의 중국과 현실적 두 개의 중국 사이에 존재하는 대만 문제와 양안관계는 중국의 단순한 내정이 아니며 이러한 이중적 성격은 주로 미국 요인과 깊은 관련성을 보인다. 중국의 강대국화에도 불구하고 양안관계에 대한 미국의 영향력은 여전히 절대적이다. 특히 미국 오바마 정부의 '강한 미국'과 '아시아 복귀'(pivot to Asia) 정책은 미국의 대 중국정책과 대만정책은 영향을 받을 수밖에 없으며 이는 곧 양안관계와 직결된다.

대만 중국의 관계를 넘어 미국의 서태평양전략과 중국의 도련전략이 긴밀히 연관되어 있다. 미국은 반접근지역거부 전략으로 중국의 해양진출, 즉 서태평양으로 나오지 못하게 막으려는 미국과 진출하려는 중국의 충돌이 대만해협이나 남중국해에서 문제와 갈등의 불씨가 되는 것이다.

양안에서 미국과 중국의 핵심갈등은 하나의 중국원칙을 지키겠다는 미국이 약속을 지키지 않고 대만을 지원하는 것이다. 미국과 중국 간 연합성명을 위배하는 미국의 행위를 중국은 맹렬히 비난한다.

그러나 미국은 중화인민공화국이 중국 유일의 합법정부임을 인정한다는 대중외교의 대전제 원칙으로 '하나의 중국' 정책은 인정하지만, 미국은 미국의 '하나의 중국'정책을 가지고 있다. 즉

중국의 제1도련과 제2도련

*출처: 중앙일보, 2024년 2월 11일자.

중화인민공화국을 중국 유일의 합법정부로 인정하지만 중국과 대만의 대립 상황 속에서 두 국가 중 한 국가가 일방적으로 양안의 상황을 바꾸려는 것을 반대하는 것이 미국의 '하나의 중국' 정책으로, 중국도 인정하지만 대만도 인정한다는 것이 미국의 입장이고, 중국은 '하나의 중국' 원칙에는 대만이 중국의 영토의 일부이기 때문에 대만을 분리하여 따로 지원하는 것은 원칙에 위배 된다고 맞선다. 이 입장 차이가 양안관계에서 해결되지 않는 미국과 중국 갈등의 최대 쟁점이다.

미국은 동아시아 태평양의 전략 요충지인 대만을 지키려하고 중국은 대만을 복속하여 해양으로 나가고자 한다. 세계 최강대국 미국과 도전자 중국의 패권전쟁은 예고된 것과 다름없었다. 미중 전략경쟁이라는 화약고에 불을 붙이는 대만은 동아시아뿐 아니라 국제 정치의 핵으로 부상하고 있다.

2) 신형대국론

미국과 중국이 각축하는 4곳의 화약고, 남중국해, 대만, 센카쿠 열도, 한반도를 직선으로 연결하면 중국은 해양으로 뻗어 나가려 하고 미국은 나오지 못하게 봉쇄하려는 형상을 보인다.

중국이 미국과 각축이라는 단어를 감히 사용하지 못 할 시기에는 위 아시아 지역들이 큰 잡음이 없었지만 덩치가 커질 대로 커진 현시점의 중국에게는 위 4곳의 지점은 반듯이 해결해야 할 지정학적 요충지가 되었고 4군데의 요충지 중 가장 위험한 화약고로 지목되는 곳이 대만해협이다.

시진핑은 갓 취임한 2013년 6월 미국에서 재선에 성공한 오바마와 만나 장시간의 회담을 했고 미국을 놀라게 할 만한 발언을 한다. '신형대국관계'를 인정하지 않으면 전쟁도 불사하겠다는 발언을 '투키디데스의 함정'이란 표현에 빗대어 말한 것이다. 투키디데스의 함정은 떠오르는 신흥강국이었던 아테네와 전통의 강국이었던 스파르타 사이의 펠로폰네소스 전쟁, 즉 신흥세력이 지배 세력을 위협 할 때 전쟁은 날 수 밖에 없다는 힘의 변화에 의한 전쟁 가능성을 시사했고, 2013년에 이어 2014년, 2015년에도 계속 '신흥대국관계'를 연달아 발언했다. 사실 미국은 시진핑 시기 전까지 대만을 옹호했지만, 실리적으로는 중국과 더 가까웠다. 하지만 대만의 독립 발언과 같은 강경한 표현에는 오히려 현상유지를 원하는 '전략적 모호성' 원칙을 펼쳐왔고 중국이 개도 될 수 있다는 환상 역시 가지며 'G2'라는 용어로 중국을 추켜세우기도 했었다.

오바마 행정부는 전 행정부인 부시행정부에 비해 훨씬 친중외교를 했었고 후진타오 주석 시기에도 친중외교를 펼쳤었다. 중국의 신형대국론의 골자는 중국이 미국의 자리를 위협하진 않겠으니 미국도 중국의 핵심이익은 건드리지 말라는 내용으로 중국이 미국과 겨룰 상대가 되었다는 뜻을 내포한다. 이 발언으로 미국의 환상을 송두리째 박살냈고 "태평양은 중국과 미국이 나눠 써도 될 만큼 넓다"며 중국의 강경해진 해양전략을 드러냈다.

시진핑의 강경한 '신형대국론'은 '중국의 위대한 부흥'으로 연결되며 중국 내 민족주의에 불을 붙였고, 미국은 본격적으로 대만을 중국 견제용 카드로 보는 시각을 가진다. 이때부터 미국과 중국의 패권전쟁의 본격적인 서막이 오르게 된다.

3) 대만해협의 법적 지위

앞서 양안관계의 잣대가 되는 것이 대만해협의 안정이라고 했다. 그러나 최근 미·중 갈등의 새로운 요인으로 대만해협의 법적 지위 문제가 대두되고 있다. '대만해협은 국제수역이 아니다'라는 주장을 중국이 미국에 계속해서 강조하고 있다는 보도를 미국이 하면서 문제가 수면 위로 떠오른 것이다.

대만해협의 국제수역 문제는 최근 몇 년간 미국과 중국 간의 갈등을 심화시키는 주요 요인 중 하나로 부각 되었는데 대만해협은 중국 본토와 대만 사이의 좁은 바다로, 길이 370Km, 폭은 남쪽이 410Km, 북쪽이 200Km다. 양안 간 가장 좁은 폭은 130Km에 불과하지만 국제적으로나 지정학적으로 매우 중요한 해상 통로이다. 이 지역에서의 주권과 해상 통제에 대한 서로 다른 견해가 미중 간의 긴장과 갈등을 불러 일으키고 있는 것이다.

중국은 대만을 자국의 영토로 간주하고 있고, 대만해협을 "내해(수)와 영해, 접속수역, 배타적 경제수역(EEZ)에 해당한다"며 중국은 대만해협에서 "주권과 주권권리, 관할권을 향유한다"고 주장한다. 그리고 "국제해양법엔 원래 '국제수역'이란 말이 없다" 따라서 중국은 대만해협을 통과하는 외국 군함의 항해에 대해 민감한 반응을 하며, 이를 자국의 주권 침해로 간주한다. 특히, 중국은 대만해협을 통과하는 미국 해군 함정의 활동을 도발로 보고 강력히 반발해 왔다.

반면, 미국은 대만해협을 국제수역으로 간주하고 있으며, 항행의 자유를 주장한다. 미국 해군은 대만해협을 정기적으로 통과하며 이 지역에서의 항행의 자유를 강조하고, 국제법에 따른 자유로운 항해를 주장한다. 이러한 미국의 행동은 대만에 대한 지지와 함께 중국의 해상 영향력 확대를 견제하기 위한 전략의 일환인 것이다.

미국과 중국 간의 대만해협 관련 갈등은 단순히 해상 통행의 문제가 아니라, 더 큰 지정학적 맥락에서 볼 수 있다. 미국은 인도-태평양 지역에서의 영향력을 유지하고, 중국의 확장을 견제하기 위해 대만해협을 중요한 전략적 지점으로 보고 있는 반면, 중국은 대만 문제를 핵심적인 국가 주권 문제로 여기며, 외부 개입을 용납하지 않으려 한다.

따라서 대만해협에서의 미중 갈등은 앞으로도 양국 간의 외교적, 군사적 긴장 요소로 작용할 것이며 대만을 둘러싼 양국의 전략적 이해관계와 국제사회의 대응에 따라 크게 변동할 가능성이 높다.

중국이 국제수역이라는 단어에 민감하게 반응하는 것은 양안문제에 대해 다른 세력의 개입을 저지하겠다는 굳은 의지가 담겨 있는 것이다. 중국의 주장대로 국제수역이 아니게 된다면 군사, 수출, 수입, 물류, 원유 등의 이유로 많은 국가들이 중국의 눈치를 보지 않을 수 없는 운명이 될 것이다.

시진핑 2기부터, 대만해협에는 중국과 미국의 군함과 전투기들이 빈번히 드나들며 기싸움을 벌이고 있고, 2027년 중국 인민해방군 창군 100주년을 맞아 중국의 강력한 위용을 과시하기 위해 무력도발을 할 것이라고 미국의 인도태평양 사령관은 발언했다. 2021년 3월, 미상원 군사위원회 청문회에서 중국이 국제질서에서 미국을 넘어 주도적 역할을 하려하는 야심을 가속화하고 있고 그 핵심 목표로 대만을 겨냥하고 있고 2027년 안에 그 목표는 명확해 질 것이라는 보고를 하기도 했다.

4) 한국과의 관계

미국과 중국, 그리고 대만의 불편한 삼각관계가 한국에 어떤 영향을 미치는가 하는 고민은 깊이 생각하지 않아도 자명하다. 지구촌이란 단어가 흔히 쓰이듯 멀리 우크라이나에서 벌어지는 전쟁에도 영향을 받게 되는데 지척의 대만에서 벌어지는 일들은 한국에 지대한 영향을 미칠 것이다. 삼면이 해양으로 둘러싸인 우리나라는 반도다. 즉 한국으로 들어오고 나가는 물류, 수입과 수출, 원유, 모든 것들이 거의 대부분 바다를 통해서 나가고 들어온다는 이야기가 된다. 특히 중동에서 동남아시아를 거쳐서 오는 해로, 대만과 한국을 지나는 해로는 엄청난 물동량을 보이고 한국 전체 물동량의 3분의 1 이상이 중국과 대만 사이인 대만해협을 지나서 한국으로 오고 중동에서 들어오는 석유와 LNG 등 우리나라가 쓰고 있는 원유의 60% 이상이, 역시 이곳을 지나야 한국으로 온다. 그런데 양안 간 불협화음이 나거나 미국과 중국이 힘겨루기를 한다면 당장 운송이 불가하여 입는 피해가 하루에만 약 4,500억의 손실을 입고 한 달이면 13조의 경제 손실이 일어난다는 단순 계산이 나온다.

상술하였듯이 양안과 동아시아에서 미중 간 쟁점의 핵심중 하나는 미국의 서태평양 전략과 중국의 도련선 전략이 대치하는 것이다. 도련선 전략은 1980년대 중국이 해양진출을 목표로 2025년까지 동중국해와 남중국해를 포함하는 태평양 서쪽 지역의 주요 섬들을 연결하는 가상의 선을 말하는데 중국 해군이 미국과 같은 외부 세력의 접근을 통제하거나 차단하기 위해 설정한 선이다. 제1도련선이 오키나와, 대만, 필리핀, 보르네오섬의 북쪽을 연결하는 선이라면 제2도련선은 동쪽으로 더욱 확장된 선으로 중국이 장기적으로 꿈꾸는 해상전략이다. 제2도련선 안에는 괌과 사이판도 위치한다.

여기까지 중국이 진출했다는 것은 대만이 중국에게 복속되었다는 것이고 중국은 미국을 제2도련선 밖으로 몰아내겠다는 의도가 된다. 앞서 말한 태평양은 미국과 중국이 나눠 쓰기에 충분하다는 시진핑의 뜻과 일맥상통 하는 것으로도 풀이된다. 미국은 이것을 막기 위해 필리핀기지에서 대만해협으로 '자유의 항행'을 하는 것이다.

중국의 입장에서 해양의 진출과 대만통일은 필연적이다. 지리적으로 미국과 동맹국들에게 한쪽이 막혀 있기 때문에 반드시 해양으로 나가는 한가운데 위치한 대만을 복속 시켜야 하는 것이다.

한국은 해상교통로와 공역의 마비, 글로벌 공급망의 혼란, 수출입의 지연으로 인한 경제적 손실, 주식 시장의 급락이나 환율 변동성 초래, 원자재 가격 급등으로 인한 에너지와 원재료 수입 비용의 상승 등 많은 문제점이 야기되고, 미국과 중국, 양국 모두의 눈치를 볼 수밖에 없는 한국은 군사적 동맹국인 미국과 경제적으로 의존하고 있는 중국 사이에서 줄타기를 해야 하는 상황이 초래될 것이다.

양안 간 무력충돌 시 미국의 개입은 자명하고 미국은 근처에 있는 해외 주둔 군대를 동원하여 활용, 재배치 할 가능성이 높다. 가까운 주일미군과 주한미군으로 대만을 지원할 것이다. 뿐만 아니라 양안의 충돌은 북한에게도 영향을 미칠 수 있다.

한국은 한반도 분단이라는 특수한 상황에서 주한미군의 철수로 힘의 공백이 생기게 되면 이는 북한의 그릇된 판단을 불러올 수도 있게 된다. 북한은 중국의 주요 동맹국이며, 중국이 충돌에 휘말리게 되면 북한의 군사적 행동을 강화하거나 한반도에서의 긴장을 고조시키는 등 예기치 않은 도발을 일으킬 수 있다.

5. 나가는 글

양안의 갈등은 '92공식'의 수용문제에서 기인한다. 중국은 '92공식' 수용 불가의 태도를 보이는 대만이 양안 모두의 정치적 기초를 파괴했다고 여긴다. 이로 인해 양안관계 전담 기구인 해기회와 해협회는 수년간 구체적 접촉조차 없는 상태로 양안의 교류는 모든 부분에서 급격히 감소, 악화되고 있다. 중국의 대대만 공세는 양안의 접촉을 넘어, 국방과 외교 등의 부분에서도 전방위적으로 나타나고 있고, 지속적인 군사 위협과 외교적 압박으로 국제사회에서 대만의 입지는

매우 좁아졌다

시진핑 집권 이후 중국의 대대만 정책이 매우 강경해지는 추세이다. 지도자 1인으로 권력이 집중되는 권위주의적 정치체제를 감안할 때, 중국의 대만정책 변화는 곧 조국통일의 대업을 성공함으로써 3연임의 정당성을 확보하고 전 지도자들의 염원이자 진정한 지도자로서의 '사명'을 완수하고자 하는 시진핑의 중국몽은 코로나 사태와 경제위기, 대규모 시위 속에서도 굳건했다.

그리고 3연임을 계기로 황제와 맞먹는 힘과 지위를 부여받았으며 힘과 지위에 대한 마지막 내부적 견제 및 안전장치가 해제되면서, 대만 문제에 있어 높은 수준의 갈등을 증가시킬 수도 있게 되었다.

중국이 통일과업을 위해 무력사용도 불사하겠다지만 무력을 사용하는 순간 어떤 결과가 벌어질 건지에 대한 대만 침공의 위험성을 중국도 잘 알고 있다. 미국 역시 대만이 침공을 받으면 군사개입을 하겠다고 하지만 그 정도까지 중국을 자극하지 않는다. 실제 바이든도 중국과 신냉전으로 분위기를 가져갈 생각이 없고 미국 측은 중국과 평화롭게 공존을 도모하며, 대만의 독립도 지지하지 않는다고 밝혔다.

대만은 미국 뒤에서 미국의 힘으로 이득을 볼 수 있는 것들에 대한 한계점을 시험 할 것이다. 미중 갈등을 이용하는 차이잉원은 대만의 독립문제를 국제적 이슈로 키우는데 성공했고 미중갈등에서 반사이익을 얻기도 한다. 동아시아에서 이런 긴장감은 오랜 기간 지속될 가능성이 높다.

미국에서의 반중감정은 매우 높아 중국에 부정적 시각을 가진 미국인의 비율이 80%에 육박했고 이는 미국 내 정당들에게 강력한 중국정책이 도움이 된다는 인식을 주고 있어 미국 내 정권이 교체가 되더라도 미국의 중국 때리기는 계속될 것이다.

양안문제는 중국과 대만 만의 문제도 중국과 미국만의 문제도 아닌 복잡한 체스판과 같다. 나아가 동아시아, 더 나아가 전 세계를 흔드는 위기로 이어질 수 있기에 국제사회의 주시와 관심, 완충시키려는 노력이 절실하다.

그렇다면 '우리는 어떤 선택을 할 것인가?'라는 고민을 하지 않을 수 없다.

군사와 안보의 미국이냐 경제의 중국이냐를 놓고 어느 한 쪽으로의 이른 선택은 바람직하지 않다고 보인다.

미국과 동맹이나 파트너, 동반자 관계를 맺고 있는 국가가 60개국, 중국과 경제적 관계, 즉 중국이 무역 대상국 1위인 국가가 110개국 이상이다. 그런데 이 국가들이 완전 분리가 되어 있는 것이 아니라 교집합적 형태를 띠고 있고 미중 갈등 시 중립적 태도를 유지한다.

양안관계의 향방은 동아시아 지역의 안보와 경제적 안정을 좌우하는 요소로, 한반도의 미래에도 중대한 영향을 미칠 수밖에 없다. 중국과 대만 간의 긴장이 고조될수록 한반도는 그 여파를 직접적으로 느낄 수 있는 지정학적 위치에 있으며, 한국은 이러한 상황에 대해 신중하고도 전략적인 접근이 필요하다. 양안관계의 불확실한 상황에서 한국은 안보와 경제, 외교 등 모든 분야에서 균형 잡힌 전략을 유지해야 한다. 국제사회와의 협력을 강화하며, 지역 내 평화와 안정을 위한 적극적인 외교적 역할을 수행하는 것이 한국의 나아갈 방향이다. 이를 통해 한국은 양안관계의 변화 속에서 국가 이익을 보호하고, 한반도의 평화와 번영을 지속적으로 추구할 수 있을 것이다.

참　고　문　헌

그레이엄 엘리슨, 정혜윤 옮김, 『예정된 전쟁』, 세종서적, 2018.

노엄 촘스키, 「비자이 프라샤드안젤라 데이비스 서문」, 유강은 옮김, 『물러나
　　다』, 시대의 창, 2023.

러쉬 도시, 『롱게임 미국을 대체하려는 중국의 대전략』, 생각의 힘, 2022.

뤼슈렌, 부자오치 옮김, 『대만은 왜 중국에 맞서는가』, 미디어 워치, 2021.

리처드 맥그레그, 송예슬 옮김, 『미국, 새로운 동아시아 질서를 꿈꾸는가』,
　　메디치, 2019.

문정인, 『중국의 내일을 묻다』, 삼성경제연구소, 2010.

박광득, 「시진핑(習近平)체제 등장 후 양안관계의 현황과 전망」, 『한국동북
　　아논총』 제69호, 2013, 67~86쪽.

신상진, 「대만문제와 북핵문제를 둘러싼 중·미관계: 동북아 안보위기의 협
　　력적 관리」, 『국가전략』 제13권 3호, 2007년 가을.

신상진, 「중국의 대 대만정책과 대만 정권교체 이후 양안관계 전망」, 『중소연
　　구』 제40권 1호, 2016.5.

이성현, 『미중전쟁의 승자, 누가 세계를 지배할 것인가?』, 책들의 정원, 2019.

예쯔청, 『중국의 세계전략』, 21세기북스, 2005.

조영남, 『후진타오 시대의 중국정치』, 나남, 2007.

최윤식, 『앞으로 5년 미중전쟁 시나리오』, 지식 노마드, 2018.

피터 자이한, 홍지수·정훈 옮김, 『21세기 미국의 패권과 지정학』, 김앤김북
　　스, 2018.

홍호평, 『제국의 충돌』, 글항아리, 2022.

헨리 키신져, 『헨리 키신져의 외교』, 김앤김북스, 2023.

대만 총통, 2.28사건 '진상 규명·책임 철저 추궁' 표명...70주년 추도식서, https://lrl.kr/dCpM8 (검색일: 2024.01.16).

'단교 32년' 대만, G2경쟁 속 韓에 공세적 손짓… 균형외교 시험대 [심층기획], https://lrl.kr/cWskn (검색일: 2024.01.30).

리덩후이 9월 방미…美―中 갈등 예고, https://lrl.kr/Uzzf (검색일: 2024.01.04).

친미냐 친중이냐...타이완 '총통 선거' 예의주시, https://lrl.kr/bAxcj (검색일: 2024.01.07).

反분열국가법 회오리 양안 긴장, https://lrl.kr/eim2s (검색일: 2024.01.07).

마잉주 대만총통 당선]8년 경제실정 심판…16.9%P차 승리, https://lrl.kr/UzLv (검색일: 2024.01.09).

2012 연합뉴스 10대 국제뉴스, https://lrl.kr/UzOg (검색일: 2024.01.13).

트럼프, 대만 차이잉원 총통과 통화...단교 37년 만에 처음, https://lrl.kr/gkfuc (검색일: 2024.01.15).

정찰기에 갇힌 대만해협…드러나는 중국 군사력 확장의 '표식' [화양연화], https://lrl.kr/bAxk9 (검색일: 2024.04.09).

대만 새 총통에…"고집스럽다" "위험" "실패" 험한 말 쏟는 중국, https://lrl.kr/UzWp (검색일: 2024.05.24).

[열린세상] 대만해협의 국제법적 지위, https://lrl.kr/cWsjG (검색일: 2024.01.23).

대만 "中 포위훈련, 제1도련선 서쪽 통제권 목표로 삼아", https://lrl.kr/UzW1 (검색일: 2024.05.29).

대외경제 정책 연구원, https://www.kiep.go.kr

외교부, https://www.mofa.go.kr

한국국방연구원, https://www.kida.re.kr

CNN, https://edition.cnn.com

South China Morning Post, https://www.scmp.com

The New York Times, https://www.nytimes.com

중국 부동산산업 시장

: 거품과 침체의 공존

박미정

1. 들어가며

1978년 개혁개방과 함께 46년, 중국은 놀라운 성장을 이루어왔다. 1990년대를 거쳐 2000년대까지 연평균 8%대의 GDP 성장률을 기록하였다. 1992년 덩샤오핑의 남순강화(南巡講話)[1]는 중국 경제성장을 견인한 원동력이 되었다. 중국은 '세계의 공장'에서 '세계의 시장'이 되었으며 세계는 중국의 성장에 주목하였다. 부동산 시장의 변화도 이러한 흐름과 함께 한다. 중국의 부동산은 1949년 중화인민공화국

---

1) 덩샤오핑(鄧小平)이 1992년 우한(武漢), 선전(深圳), 주하이(珠海), 상하이(上海) 등을 시찰하고 발표한 담화다. 덩샤오핑은 1991년 구(舊)소련과 동구권 붕괴로 개혁개방 정책에 차질이 생기자, 1989년 톈안먼 사태 이후 목소리가 커진 보수세력을 견제하고 반대세력에 의해 주춤해졌던 경제 활성화를 다시 추진하고자 1992년 1월 당시 중국 남부를 시찰하면서 개혁·개방을 가속화해야 한다고 역설하였다.

설립 이후부터 개혁개방 이전까지 사회주의 계획경제 체제 아래에서 국가에 의해 소유되고 독점 관리되었으므로 시장 자체가 존재할 수 없었다. 시장 개방 이후 중국 정부는 국가 독점 토지제도의 비효율성과 외국인 투자에 따른 토지 사용권 문제를 해결하기 위하여 부분적으로 부동산 시장화를 추진하였다. 중국 부동산 시장의 괄목할 만한 변화는 1998년 주택실물분배제도(住房實物分配制度)를 전면 폐지하고 주택상품화를 허용한 것이라 할 수 있다. 이 시기를 기점으로 국가에 의해 무상 또는 저가로 분배되던 주택이 소비시장으로 나오면서 자산을 증식하는 투자나 투기의 대상이 되었다. 다만 토지 소유권은 지금도 여전히 국가에 귀속되며 토지와 주택의 사용 권한만 기업이나 개인에게 주어진다. 모든 거주민은 부동산을 상품화하여 거래할 수 있도록 허용된 제도가 현재까지 유지되고 있다고 볼 수 있다.

2008년 이후 글로벌 경기 침체가 장기화되면서 중국도 예외 없이 타격을 받았다. 5%대 경제성장률이 지속되며 중속성장시대(中速成長時代)에 접어들었고 현재까지 이러한 추이가 이어지고 있다. 일부 학자들은 중국의 경제성장률 하락, 부동산 버블 붕괴의 위험성, 그림자 금융에 따른 리스크 증대, 지방정부의 심각한 재정적자 등을 지적하며 중국 경제의 경착륙 가능성을 경고하였다. 부동산 시장에도 적신호가 켜졌다. 가파르게 성장하며 경제성장의 한 축을 담당했던 부동산 시장이 서서히 침체 국면으로 접어들며 중국 경제의 새로운 리스크로 부상하게 되었다.

중국 경제 발전은 부동산 산업의 발전과 밀접한 연관이 있다. 부동산 산업은 가치 사슬(value chain)이 길고 영역이 광범위하여 건설, 건축자재, 야금, 화학, 가전, 장식 등 다양한 재료 생산 부문의 발전을 이끌어 왔다. 이러한 다방면의 산업 분야에서 파생된 부가가치는 GDP의 중요한 부분을 차지하며 정부 재정 수입에도 큰 비중을 담당하고 있다. 특히 부동산 산업은 사회적 고용 창출 효과를 낳을 수 있으므로 내수 경제 활성화에 대단히 중요한 역할을 한다. 국민소득이 증가하면서 보다 나은 삶의 질을 추구하려는 욕망은 열악했던 주거 환경의 개선으로 이어졌다.

본격적인 도시화가 시작된 1990년대 이후로 농촌 인구가 도시로 유입되면서 중국의 도시화율이 급격히 상승하였다. 베이징이나 상하이, 톈진 등 대도시를 중심으로 도시 교통 인프라가 빠르게 확충되었고 주택가격도 수요 공급의 원칙에 따라 차등하게 형성되었다. 각 지방 정부는 국내 자금뿐 아니라 외국인 투자 유치를 위해 앞다퉈 부동산 개발에 나섰다. 이후로 부동산 금융 자산이 빠르게 유입되기 시작하였다. 자금 유동성 확대, 위안화 가치 상승과 맞물려 핫머니가 유입되면서 부동산 가격도 빠르게 상승세를 탔다.

중국의 최근 주택시장은 종전의 투기용에서 주거용으로 서서히 변화하는 것이 뚜렷한 추세로 나타난다. 중국 부동산의 급락은 경제의 붕괴를 가져올 가능성이 대단히 크다. 중국 당국은 주의 깊게 시장을 관찰하며 정책적 수단을 동원하고 있다. 중앙과 지방정부는 만일 부동산 시장에 거품이 붕괴되고 급락할 경우에 인하 가격 폭을 정하는 강력한 '하방경직성(下方硬直性)'을 제시할 것으로 보여 당분간 급락세는 크게 우려하지 않아도 된다는 입장을 내놓았다. 중국 부동산 시장의 변동 추이는 경제 사회적 상황 요인들에 따른 것이기도 하지만 대체로 정부의 정책 방향에 더 큰 영향을 받는다. 중국 부동산 시장을 이해하려면 부동산 제도의 변화 과정과 정부 정책 배경에 대한 이해가 선행되어야 하는 이유가 여기에 있다. 지금부터 정부의 강력한 리더십을 바탕으로 현재까지 성장해 온 부동산 시장의 주요 정책과 제도에 대해 이해하고 중국 부동산 시장 경제의 현황에 대해 살펴보기로 한다.

2. 중국 부동산 시장의 형성과 발전

1) 초기 부동산 시장의 형성

개혁개방 이전 계획경제 체제 하에 중국 부동산은 모든 소유권은 국가에 속해 있었다. 거주 주택은 원칙적으로 국가가 국민에게 일괄 분배하는 형태였으며 주택 개발이나 투자 등에 관한 모든 행위는 국가의 관리 계획에 의해 이루어졌다. 기본적으로 토지와 주택은 무상분배, 저임대료 정책을 원칙으로 규정해 부동산이 거래되는 시장 자체가 존재할 수 없었다. 국가에 의해 주택이 건설되고 국가와 직장단위(單位)가 주택을 분배하는 일종의 복지 개념인 실물복리분배제도(實物福利分配制度)를 취했다. 실물복리분배제도란 개인이 자신이 속한 조직에서 자동적으로 배분받는 국가의 복지제도를 의미한다. 이러한 체제 하에서는 거래랄 것도 없이 부동산 시장 자체가 존재하지 않았다. 이러한 정부 배급 형태의 부동산 체제는 비효율성이 점차 드러나며 문제가 발생하기 시작하였다. 정부에 의해 방만하게 개발 관리되면서 암시장에서 비밀리에 토지사용권이 거래되고 국유자산이 유실되는 경우가 많았다. 당시 이미 사회적 불평등과 빈부격차 문제가 등장했고 정부 고위 관료들의 부정부패가 만연한 분위기였다. 중국 정부도 이러한 심각성을 인지하기 시작하였다.

이러한 제도에 변화를 가져온 계기가 바로 1978년 개혁개방 정책이다. 개혁개방 정책을 실시하면서 외국인과 외국기업에 대한 토지 사용권을 어떻게 해결하느냐의 문제와 국가가 관리하면서 발생한 토지 이용의 비효율성과 도시 주민들의 주택에 대한 통제된 수요를 어떻게 해결하느냐에 대한 문제에 직면하게 된다. 당시 중국 정부는 국가가 기존 소유·관리해 온 부동산에 대해 토지소유권은 국가에 귀속되면서 토지와 주택의 사용권을 상품화하여 시장에서 거래되는 방법으로 전환하게 되었다. 이러한 제도 변화에 따라 중국 부동산 시장이 형성되기 시작하였다.

주택 제도의 큰 변화는 주택소유권이 국가나 기업에서 개인에게 이양된 것과 개인의 주택 구매를 위한 정부 보조금 정책이 실시된 것이라 할 수 있다. 정부의 보조금 정책은 1985년 전국 160여 개 주요 도시에서 실시되었다. 국가와 기업, 소비자가 분담한다는 '삼삼제(三三製)' 판매 원칙을 세워 시행하였다. '삼삼제' 판매원칙이란 신규주택에 대하여 주택건설 비용을 정부와 기업, 개인이 각각 3분의 1씩 부담하는 하나의 재원조달 방식을 뜻한다. 당시 근로자의 임금이 매우 낮았고 금융대출과 같은 대책이 완비되지 못했으므로 주택을 구입할 수 있는 근로자가 많지 않았다. 그래서 이 방식은 그다지 실효를 거두지는 못하였다.

1984년 이후 중국의 도시주택상품화는 더욱 가속화되었다. 은행의 부동산 금융이 규범화되었고 그 규모도 확대되었다. 개인은 투자자로서 직접적으로 부동산 개발과 시장 경영활동에 참여할 수 있게 되었다. 부동산 시장에 수요가 형성되면서 소비자의 주택에 대한 기대 수준도 점차 상향화되었다. 다양한 부동산 전문기업이 설립되고 부동산 중개 기구가 결성되었다. 이러한 흐름은 주택상품화를 더욱 촉진시켰다. 1987년 선전(深圳)에서 중국 최초의 도시토지사용권 유상양도

(有償讓渡)가 시행되었다. 이후로 토지사용권시장을 공개적이고 합법적인 시장으로 육성하기 위한 노력이 본격화되었다. 개인이나 기업을 대상으로 판매하는 '토지사용권 판매'제도는 상하이, 텐진(天津), 광저우(廣州) 등 거의 20개에 가까운 도시에서 시행되면서 국유토지사용권의 양도 행위가 활발히 이루어졌다. 1988년 중국 국무원은 전국 도시에 대해 개별적인 주택 개혁을 실시하는 방안을 공포하였다. 이 법안은 주택 수급 불균형 문제를 해결하기 위한 목적으로 마련된 것인데 토지사용권을 양도할 수 있도록 하는 것이 주된 취지이다. 토지사용제도의 상품적 속성을 인정하는 의미를 담고 있다. 이러한 토지제도의 개혁은 기존의 계획경제체제 위에 자본주의적 요소를 가미한 중국식 사회주의 경제체제로의 전환을 의미하는 것이다. 그야말로 중국경제에 혁명적 변화가 일어난 것이라 평가할 수 있다.

2) 시장 성장기(1990~2003)

1990년대에 들어서면서 중국 부동산 시장에서 주택 사용권 사유화의 시행과 함께 본격적으로 사유화 바람이 불기 시작했다. 시장 환경은 아직 제도나 규범이 완비되지 않은 실정이었지만 많은 부동산개발기업이 설립되었고 부동산 시장 규모가 점차 확대되었다. 1992년 국무원에서 부동산 산업 발전 문제에 관한 통지(關於發展房地產業若干問題的通知)를 발표하여 중국 부동산 시장의 기틀을 만들었다. 중국 정부는 토지 사용 제도 개혁 및 성진 주택 제도 개혁을 강화하고 외국 자본을 부동산 투자로 연계하며 부동산 시장 체계를 구축해나갔다. 토지 개발과 양도 규모가 급격히 확대되면서 당시 전국적으로 부동산 시장의 과열 현상이 나타나기도 했다. 1992년 말 전국의 부동산 개발 회사는

12,000여 개에 달했으며 광둥(廣東), 하이난(海南), 상하이 등의 지역에 집중된 부동산 개발 회사가 전국의 44%를 차지했다. 부동산 개발 투자가 급속히 증가하였고 부동산 가격이 대폭 인상되었다. 1992년 분양주택의 평균 판매 가격은 1,050위안/m²으로 전년에 비해 30.93% 증가했으며, 주택 매출 및 토지 양도 규모도 대폭 증가했다.

당시 하이난을 비롯한 일부 지역은 부동산 가격이 급격히 인상되는 과열 현상이 나타났다. 부동산 개발 투자의 과열은 강재, 시멘트, 목재 등 건축 재료의 수급 균형 갈등을 격화시켰을 뿐만 아니라 기타 가격의 폭등을 초래하였다. 이러한 부동산 시장의 과열 현상은 국민 경제의 균형적 발전을 저해하는 요인으로 작용하였다. 1993년 중국 정부는 경제공작회의를 개최해 부동산을 포함한 경제 전반에 대한 거시적 조정을 채택하였다. 부동산 투기가 의심되는 개인이나 사업체에 대출 감소, 금지를 명령하며 각종 부동산 개발 기구에 대한 전면 검사를 시행하였다. 부동산 부가가치세 및 관련 세금 정책을 제정하고 '국유토지사용권 유상사용 수입 징수관리 임시시행에 관한 조치(關於國有土地使用權有償使用收入徵收管理的暫行辦法)'를 발표하여 과열된 주택 토지 시장 열기를 조정하였다. 이러한 조치로 전국 부동산 개발의 증가 속도가 확실히 둔화되었다. 해남, 북해 등의 과열 지역에서는 부동산 거품이 가라앉으면서 경제 불황이 나타났다.

1990년대 중반 이후부터 정부 주도로 긴축 기조의 재정과 통화 정책이 지속적으로 시행되었다. 1997년 동아시아에 금융위기가 불어닥치며 중국 부동산 시장도 불경기에 접어들었다. 1990년대 초만 해도 중국 금융시스템의 국제화 수준이 낮고 위안화는 아직 기축통화가 아니었다. 미국 달러에 대한 위안화의 명목 환율에도 큰 영향을 받지 않았다. 그러나 동아시아 국가들의 통화 가치 하락은 중국 상품의 가격이 상대적으로 상승하는 셈이 되어 수출에 타격을 입었다. 이로 인해 수출 감소, 외자 유입 둔화, 디플레이션 등 불리한 상황에 직면하게 되었다. 경기 불황에 따른 영향으로 전국 부동산 투자와 주택 건설 투자도 점차 하락세를 보이기 시작하였다. 1994년에 중국 정부는 '성진 주택 제도 개혁의 심화에 관한 결정(關於深化城鎮住房制度改革的決定)'을 발표하면서 도시지역 주택 제도 개혁부터 추진하였다. 주택 상품화 및 건설 과정에서 저소득층과 고소득층 가정을 분류하여 경제형 주택 공급 체계를 새롭게 구축하였다.

1990년대 후반 이후 중국 정부에 의해 대대적인 부동산 부양정책이 추진됨에 따라 부동산 시장에 활기가 띠기 시작했다. 1995년 발표한 '국가안거공정실시의견(實施國家安居工程的意見)'에는 주택 경기 부양을 위한 시장 활성화 정책이 포함되어 있다. 세금을 감면하고 대출 제도를 정비하여 시중에 통화를 풀면서 시장 활성화를 촉진하였다. 외국인 투자유치를 위해 세금 부담을 줄이고 은행의 대출 한도를 높였다. 부동산 투자가 차츰 성행하면서 부동산 가격은 상승세를 이어갔다. 1999년 정부 주도로 시중 은행에서 개인의 신용대출을 적극 권장하기 시작했다. 이를 통해 장기 신용대출로 주택을 구매하는 붐이 일면서 주택 시장이라는 새로운 개념이 등장하였다. 연안 지역의 대도시에서 출발하여 중국 내륙 전반으로 주택 건설과 매매가 다시 성행하기 시작했다. 이러한 추세는 부동산 시장의 과잉공급과 거품 수요의 증가로 이어지면서 다소 불안정한 시장이 조성되는 계기가 되었다.

1998년 초부터 중국 정부는 전국적으로 실물주택 분배제도를 철폐하였다. 이와 함께 주택분배제도 개혁이 실시됨에 따라 주택시장체제, 주택공급체제, 주택금융체제 등 새로운 주택정책체제가 수립되었다. 개인을 주체로 한 주택 매매가 빠르게 늘어나 개인의 주택 구매

대출이 증가하였고 부동산 금융도 경쟁에 돌입했다. 중국 인민은행은 2003년 '부동산 신용대출 업무관리의 진일보 강화를 위한 통지'를 발표하면서 부동산 금융의 문제와 모순을 해결하려 하였다. 주요 내용은 거시금융통제정책에 대한 것으로 구조적인 측면에서 부동산 시장 개선을 위한 정책목표, 개발업자에 대한 대출, 토지저축대출, 건설기업유동자금대출, 개인주택대출에 대한 새로운 규정을 담고 있다.

2000년대 들어 부동산개발회사 대출 조건을 완화하고 개인에 대한 주택담보대출 최초 납입금 조정, 보장성 주택 건설 확대 등을 통해 부동산 시장 활성화를 유도하였다. 주택 가격이 급상승하거나 시장 과열화의 조짐이 나타날 때에는 지급준비율, 대출금리 조정, 부동산 재산세, 주택구매제한령 실시 등을 실시해 투기를 억제하고 부동산 시장 안정화를 유도하였다. 21세기 들어 지역 간, 도농 간 빈부격차가 계속 심화되는 가운데 부동산 시장의 과열은 조화로운 사회 건설을 목표로 했던 중국 정부에게 사회 안정을 저해하는 요인이 되었다. 새로운 저성장 시대로 지칭되는 뉴노멀 시대에 접어들어 시진핑 정부 초기에 경제 구조 조정을 선언하였다. 부동산 시장에 존재하는 거품 경제를 중앙정부가 직접 관리하기 시작하였다. 대규모 부동산 투자 확대를 통한 경기 부양책을 되도록 지양하고 주택구매제한령 실시 지역을 확대하고 부동산재산세에 대한 입법을 추진하며 시장 과열을 저지해나갔다.

국무원 상무회의에서 부동산 전문 연구 회의를 개최하고 토지정책 '부동산 시장의 지속적, 건전한 발전촉진을 위한 통지'를 발표했다. 통지에 담긴 주요 내용은 지역별 부동산개발용지에 관한 공급제도를 마련할 것과 부동산개발용지는 토지이용종합계획과 연도 계획에 부합하도록 규정하는 것이다. 2004년에 중국 주택제도 개혁과정 중 대

도시를 중심으로 급등하는 주택가격 안정을 위한 정책들을 내놓기 시작했다. 부동산투기억제 및 주택가격 안정을 위한 투기억제정책과 서민주택공급확대를 위한 '3가지 중지(中止) 조치'2)를 발표했다. 이러한 조치들이 시행되면서 시장의 과잉 공급과 수요 증가가 확산되고 부동산 시장에 비정상적인 거래 가격이 형성되기 시작하였다.

3) 시장 통제기(2004~2007)

2003년 이후 부동산 개발 투자는 빠르게 증가했으나 가격이 급등하고 지역 간 주택 공급의 불균형이 심화되자 부동산 시장을 둘러싼 사회적 갈등이 대두되었다. 중국 정부는 부동산 시장의 비효율성을 해결하기 위해 거시 조정 단계에 들어갔다. 2003년 하반기부터 토지와 신용 대출을 엄격히 규제하고 과열된 부동산 투자를 억제하는 조치를 시행하였다. 2005년 공급과 수요를 조정하고 주택 가격을 안정화시키고자 하였다. 2005년 6월 '주택가격안정에 관한 통지(關於切實穩定住房價格的通知)'가 발표되면서 양도세가 부과되기 시작했다. 이 정책은 부동산 투자규제 조치 중 가장 강력한 규제로 시장에 영향을 미쳤다. 당시 내용을 살펴보면 120m² 이하의 서민주택을 구입한 사람이 2년 내 주택을 매각할 경우 종전에 부과하지 않던 양도세를 납부해야 하고 고급주택의 경우 거주 2년이 넘어도 양도 차익에 대한 양도세를 부과한다. 부동산거래 실명제도가 도입돼 주택 소유권 신청인이 예약 구매단계의 명의와 일치하지 않는 경우 등록 수속을 할 수 없게 하였

---

2) ① 6개월간 농경지 전환에 대한 심의를 중지한다. ② 현의 시 승격 등과 같은 수정 업무를 중지한다. ③ 농경지 보호지역 조정 관련 업무를 중지한다.

다. 토지는 구입한 뒤 2년 이상 미개발 시 개발허가가 취소되며, 해당 토지를 무상 회수한다고 발표하여 가격상승을 예상한 사재기 관행을 근절시켰다.

2007년 하반기부터 거시 조정의 중심이 도시 저가 임대 주택의 건설, 경제형 주택 제도의 개선 등 서민주택 안정 정책으로 선회했으며 급등한 부동산 가격을 억제해나가는 정책을 시행하였다.

4) 시장 과열기(2008~2012)

2008년 베이징 올림픽을 치르면서 중국 부동산 개발업체 토지 구매가 처음으로 대폭 증가했으며, 토지가격 역시 빠르게 상승하였다. 상승비율이 5년간 급상승하였다. 그래서 2007년 중앙정부는 각종 부동산 정책을 실시하였다. 2007년 년간 중국 인민은행은 5차례 금리를 인상했으며, 지급준비율도 9차례에 걸쳐 인상되었다. 또한 두 번째 주택 구입자의 대출을 억제함으로써 부동산 과열로 인한 과도한 투기 억제를 방지하였다. 이는 2003년 이후 중국정부가 실시한 부동산 조정정책 이래로 가장 강도 높은 대출 억제정책이라 할 수 있겠다. 새정책 실시 이후 1선 도시 부동산 주택시장 가격이 분명한 하락세를 보였다. 중국 부동산 시장이 오랜 기간 침체기를 겪으면서 수익이 줄어 유지비조차 감당하기 힘든 일이 발생하였다. 이는 중국 부동산 시장의 현 주소를 여실히 보여준 사건이라고 할 수 있다. 중국 부동산 경기침체의 여파로 대체투자처를 희망하던 중국 내 투자 자금들이 달러대비 원(元)화 가치가 상승으로 인해 자금의 여유가 생긴 상황에서 미국부동산이 서브프라임 모기지 사태로 인한 경기침체로 헐값 매물이 속출하자 미국에 부동산을 구입하자는 바이 아메리카붐이 일어났다.

2007년은 당시 용광로 같던 증권시장에 거래세를 도입하겠다고 발표하자 증시에서 부동산 시장으로 자금이 이동하면서 반짝 반응을 가져온 반면 2009년은 GDP 유지를 위해 2008년 하반기에 실시한 부동산 부양책이 이듬해 봄에 결실을 맺었다. 하반기 들어 가격이 심리적인 고점을 넘어가자 실 매수자는 줄어들고 호가만 있는 시장으로 전락해 버렸다.

2009년 3월부터 집값이 호황기 때와 같이는 오르지 않았으나 거래가 늘어나면서 시세보다 저렴하게 나온 매도물량이 소진되기 시작하였다. 2009년 5월 부동산 전시회가 터닝 포인트가 되었다. 상하이 부동산 전시회가 오랜 만에 폭발적인 반응을 이끌어냈다. 2007년 부동산 가격이 반짝 급등한 이후 2009년 다시 한 번 엄청난 매매가 폭등하는 것을 경험했다.

5) 시장 통제·조정기(2013~현재)

2000년대 초반 중국은 급속한 도시화를 경험했다. 도시로 이주해 오는 수백만 명의 사람들은 주거 공간 절실히 필요했다. 이러한 수요에 부응하기 위해 정부는 개발자들에게 부동산 시장에 투자하도록 장려했고, 은행은 주택 구매자들에게 막대한 대출을 제공했다. 이러한 조치는 부동산 가격의 급격한 상승을 불러일으켰다. 2000년부터 2010년 사이에 베이징과 상하이와 같은 대도시의 주택 가격은 연간 10~20%씩 상승했다. 이러한 상승은 부동산 투기를 부추겼고, 대중들에겐 부를 축적할 기회로 여겨졌다. 2010년대 중반, 중국 부동산 시장은 상승률과 거래율에서 이전과 비교해 거의 정점에 도달했다. 중하위 도시 주민의 주택난이 심화되고 지방 중소도시의 과잉 개발로 인해 폐해가 속출했다. 주택 가격은 연일 최고치를 갱신했고 부동산 거품의 우려가 제기되었다. 정부는 투기 과열된 시장을 진정시키려고 개인소득세를 상향 조정하고 주택구매제한령 등 강력한 시장 통제 정책을 실시하였다. 보장성 주택 공급 확대를 통해 도시 주민 주택난 해결을 모색하였고 과열된 시장을 억제하기 위한 조치를 취하기 시작했지만 별다른 효과를 보지 못했다.

2020년대 들어서 중국 부동산 시장은 대표 부동산기업인 헝다그룹(恒大集團)의 파산까지 가세하면서 역대 최장기로 위축된 침체기를 맞았다. 2020년 기준으로 중국의 건설사 중 자산규모 1위, 2021년 기준으로 포춘의 글로벌 500대 기업 리스트 중 122위를 기록한 헝다그룹이 그동안 문어발식으로 사업을 확장하다가 2020년 8월 중국 정부의

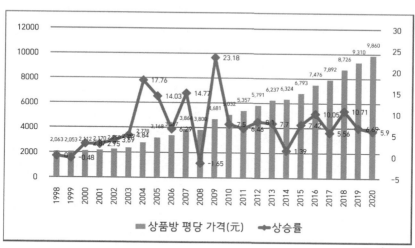

(단위: m², 元, %)

중국 상품방* 평당 판매가격 추이

*중국의 주택은 크게 상품방(商品房)으로 불리는 일반분양 주택과 저가형 주택으로 불리는 보장성 주택(保障性住房)으로 나눈다. 상품방은 시장경제 논리에 의해 가격이 결정되는 일반분양 주택을 말한다. 보장성 주택은 저가 임대 주택인 염조방(廉租房), 국민주택 개념의 소형주택인 경제적용방(經濟適用房), 가격·면적의 제한형 주택인 양한방(兩限房) 등으로 나눈다.

강력한 부동산 개발업체 대출 규제로 자금난에 빠져 파산 위기에 처하게 된다. 2021년 9월 헝다그룹의 부채 리스크가 부채 추산 규모 360조 원에 달할 정도로 드러나면서 파산 위기에 몰렸다. 결국 2021년 12월 6일 이후 홍콩 항셍지수에서 퇴출되면서 디폴트(채무불이행) 수순을 밟았다. 헝다그룹이 이 지경에 이른 데는 차입경영 및 문어발식 확장이 근본적인 원인으로 꼽히지만, 직접적으로는 2020년부터 시작된 중국 정부의 부동산기업에 대한 대출 규제가 결정타였다. 2023년 7월에는 중국 최대의 민간 부동산 개발업체인 비구이위안(碧桂園, 컨트리가든)이 임박한 채무를 상환하지 못하는 사태가 발생하면서 디폴트 우려가 증대되었다. 부동산 개발업체 완다그룹(萬達集團)도 2023년 7월 만기도래 달러채(4억 달러) 중 절반의 상환이 어렵다고 채권단에 통보하였다.

시진핑 정부는 2020년부터 '공동부유론'을 내걸고 코로나 팬데믹 기간에 집값을 올리는 부동산기업의 행태를 규제하기 시작했다. 당시 내건 구호가 '집은 주거의 대상이지 투기의 대상이 아니다'였다. 중국도 한국과 마찬가지로 2010년대 후반부터 학군이 좋은 곳을 중심으로 집값이 폭등하면서 중산층의 불만이 누적되었다. 시진핑 정부는 2020년 집값 폭등을 막기 위해 부동산 개발업체들의 행태를 규제하기 시작했다. 이른바 '삼도홍선(三道紅線)'이라고 불리는 3가지의 경고 기준을 정했다. 삼도홍선은 첫째, 선수금을 제외한 부채비율이 70% 이상인 기업, 둘째, 순 부채 비율이 100% 이상인 기업, 셋째, 단기부채가 자본금을 초과하는 기업은 대출을 규제한다는 경고 조치이다.[3] 일각

---

3) 3개의 기준점을 넘으면 추가 대출이 제한되는 규제로 2020년 당시 중국 전체 부동산 업체 중 94%가 규제를 충족하지 못했다. 업체 대부분의 평균 부채비율은 400%대로 특히 문제가 되었던 헝다그룹은 부채비율이 500%에 이르러 파산 위기에 몰렸다.

에서는 중국 시장이 민스키 모멘텀[4]에 직면할 것이라며 부동산발 경제 위기 우려가 고조되고 있다.

중국의 주택가격과 거래량 증가율은 각각 21개월, 25개월 연속 마이너스를 기록했는데 과거 유럽 재정위기 때의 일시적 침체와는 대조를 보인다. 주택가격은 2023년 6월 -0.44%에서 8월 -0.5%로 하락이 심화되었고 거래량도 20%대의 감소를 나타냈다. 이에 따라 전반적인 시장 상황을 나타내는 부동산경기지수는 2023년 7월 역대 최저치(93.8%)를 기록했다. 도시 규모별로는 3선 도시 가격 하락폭(-7.6%)이 1선, 2선 도시(1선 -0.5%, 2선 -5.0%)를 크게 웃도는 등 가격 불균등도 심화되었다.

장기간 부동산 침체가 이어지자 중국 정부는 2023년 초부터 대도시를 중심으로 계약금 비중 하향 등 수요 촉진 조치를 발표하였다. 정부의 시장 활성화 조치 등으로 현재는 다소 안정되는 분위기를 보이지만 수급 불안, 중장기적 투자심리 위축 등 구조적 문제가 근본적으로 해소되지 않으면 뚜렷한 회복세로 전환되기는 어려울 것이라는 전망이 우세하다. 중국 정부는 2023년 초부터 장쑤성 등 대도시를 중심으로 주택 수요 확대 등 산발적 부양을 지속해 왔다. 하지만 주로 예산이 들지 않는 계약금 비중 및 대출한도의 소폭 조정 등 금융 측면 지원에 초점을 두면서 구매나 판매 규제 등은 미미한 수준으로 완화하여 실질적 효과는 기대하기 어렵다.

중국 정부는 미중 금리 차 확대에 따른 위안화 가치 절하 압력 부작

---

4) 미국 경제학자 하이먼 민스키(Hyman Minsky)가 주장. 누적된 부채가 임계점을 지나면서 자산가치 붕괴와 경제위기를 일으키는 순간을 일컬음. 과도한 부채 확대에 기대 금융시장의 호황이 이어지다가 호황이 끝나면 은행에 빚을 낸 채무자들의 부채 상환능력이 나빠지고 결국 채무자는 건전한 자산까지 팔아서 빚을 갚으면서 금융시스템이 붕괴되고 금융위기까지 초래한다는 이론.

용에도 불구하고 부동산 부양을 위해 2023년 8월 우대금리를 추가 인하하면서 2022년 말부터 시행한 부동산기업 지원 및 부동산 대출 상환 조정 등 16가지 부양 조치를 2024년 말까지 연장했다. 특히 7월 정치국 회의에서 주택은 투기목적이 아니라는 문구를 7년 만에 삭제 하면서 수요 촉진을 통한 부동산 경기 부양 의지를 시사했다. 하지만 주택공실 급증 등으로 공급과잉 현상으로 추가 가격 하락에 대한 불 안감이 팽배하다. 수요 역시 인구 고령화 등으로 연간 3%씩 줄어들며 시장의 활성화를 제약하는 구조적 요인으로 작용하고 있다. 중국 주 요 도시의 소득대비 주택가격비율(PIR, price to income ratio)은 지난 수년 간 전 세계 최상위를 유지하여 최근의 가격 하락에도 불구하고 거품 붕괴 경계감이 상당한 편이다. 전 세계 PIR 상위 10대 도시 중 상하이 1위, 선전 3위, 쑤저우 6위 등 중국 5개 도시가 포함되어 있다.

3. 중국 부동산 산업 정책(1990~2020)

중국 부동산 시장은 개혁 개방 이후 1995년까지 시범 개발 시기와 2002년까지의 시장 성장기를 거쳐 발전해 왔다. 정부는 2002년까지 부동산 시장에 대해 끊임없이 개발 투자해 왔다. 그 결과 부동산 가격 은 폭등했고 금융상품과 결합하게 되면서 그 성장 속도는 더욱 빨라 졌다. 이에 대해 중국 중앙정부는 부동산 시장 과열을 억제하기 위해 여러 정책을 내놓으면서 부동산 시장의 규범화 및 투명성 제고 방안 을 내 놓기 시작했다. 따라서 2003년부터 부동산 시장은 새로운 단계 에 진입하였다. 이러한 과정에서 전체적인 시장균형을 고려한 중앙정 부와 부동산 시장을 통해 막대한 이익을 벌어들이고 있는 지방정부

사이의 갈등이 끊이지 않고 있다.

중앙정부는 경제발전에 우선 순위를 두고 전체적인 시장 균형을 추구한다. 지방정부는 분권화가 확대되면서 지역의 경제발전을 위해 종종 중앙정부와 이해가 상반되는 조치들을 취하였다. 중앙과 지방의 상호의존 관계는 정책 결정 과정에서 매우 중요한 부분이며 각 주체들의 기대와 선호가 서로 다를 때 복잡한 갈등의 원인을 제공하기도 한다.

1) 1990~2003년 부동산 정책

1990년대 들어서면서 중앙정부는 부동산 시장에 대한 규제를 확대해나갈 것을 공포하였다. 1993년 제정된 '도시부동산관리법'에 따르면 부동산의 집중화, 규범화, 집단화, 상품화가 필수적으로 요구되었다. 규모가 열세한 기업은 시장에서 도태되기 시작했다. 전국인대상무위원회(全國人大常務委員會)가 '중국인민공화국 도시부동산관리법'을 제정하면서 부동산 관련 법안이 마련되고 기본적인 부동산 법률 체계가 형성되었다. 동시에 주택기금(住房公積金)제도가 추진되면서 주택개혁의 속도도 매우 빠르게 진행되었다. 1991년 상반기에 주택제도 개혁의 큰 방향을 확정하는 '주택제도 개혁 심화에 관한 결정'을 발표하였다. 부동산개발기업의 과도한 팽창으로 일부 지역에 심각한 부동산 투기와 가격 거품 현상이 야기됨에 따라 중국 정부는 부동산 개발에 투자된 자금을 대량 회수하였다. 정부의 부동산 투기 규정 강화로 부동산의 법제화·제도화 중요한 전환점이 되었다.

정부는 부동산 투기 방지를 위하여 토지 사용권에 대한 매각을 감축하고, 신규 부동산에 대한 투자를 규제하였다. 그리고 상업은행은 부동산대출 규제를 통하여 자금의 부동산 유입을 차단하고, 1994년 6월, 중국 국무원은 거시조절정책을 발표하여 은행의 긴축재정과 금융질서 정돈을 실행하였고, 부동산개발에 투자된 대량의 자금을 회수하였다. 또한 행정과 사법부문에서 위법행위를 대대적으로 단속, 처벌하여 과열열기를 진정시켰다. 그 결과 부동산 산업이 새로운 질서를 찾게 되었고 규범화된 발전궤도에 진입하였다.

1994년 「도시부동산관리법」을 실시하였다. 「도시부동산관리법」은 「토지관리법」 이후 부동산 시장에서 두 번째로 중요한 법률이 되었다. 같은 해 7월 국무원이 '도시주택제도 개혁에 관한 결정'을 발표하고 실시하면서 중국의 부동산 시장은 한층 성숙한 단계로 진입하게 되었다. 그러나 1997년 말 동아시아의 외환위기로 인한 부동산 시장의 급격한 위축으로 금융 불안 등의 위기의식이 고조되면서 부동산 개발 기업들은 신규개발보다는 기존 미분양 주택, 상가의 분양 해소 등에 역점을 두는 실정이었다.

2) 2003~2008년 부동산 정책

중국 부동산 시장은 2004년을 기점으로 큰 변화가 나타났다. 과거의 가격 상승은 비교적 안정적이었으나 2004년 이후 부동산 가격이 빠른 속도로 상승하기 시작했다. 2003년 8월 국무원은 부동산 시장의 안정적인 발전을 위해 '부동산 시장의 지속적인 촉진과 건강한 발전에 관한 통지(國務院關於促進房地産市場持續健康發展的通知)'를 발표하여 부동산 과열 억제 정책을 실시하였다. 토지정책으로 토지 공급을 억제하고 공급 시스템을 개선하며 관리 감독을 강화하는 것을 주요 내용으로 하였다. 금융정책으로는 부동산 대출 규제, 대출 자금 관리 강화 및 금리 지급준비율 인상을 실시하였다. 행정 조치도 동시에 내려졌는데 주택 수급 불균형 등 구조적 문제를 해결하고 거시적 조정을 목표로 하는 방안들을 실시하였다. 구체적으로 각 지역별 부동산 개발용지 공급 제도를 마련하였고 이 제도는 토지 이용 종합 규획에 부합하도록 규정했다.

2004년 국토부에서는 '경영성 토지 사용권 입찰, 경매, 개업, 양도에 대한 사법 감찰업무와 관련한 통지(關於繼續開殿5營性土地使用權招標拍賣挂牌出讓情況執法監察工作的通知)'를 발표하였다. 앞으로 국유지를 공개적이고 투명한 방법으로 양도하는 내용을 규범화하였다. 이전의 방식은 대부분 암암리에 조작되어 지방정부나 개별 관원 사이에서 불법으로 거래되는 경우가 많았다. 정부와 밀접한 관계가 있는 개발상만이 토지를 획득할 수 있었고 이 과정에서 개발상은 막대한 이윤을 챙길 수 있었다. 하지만 중앙의 강화된 감찰에도 불구하고 지방정부의 담합을 통한 입찰은 여전히 존재하였고 불법 거래가 근절되지 않았다. 대부분의 지방정부는 거래 시 유찰되더라도 가격을 내리지 않았다. 이로 인해 전국 각지의 지가가 치솟아 전체 주택가격의 상승을 초래하였다. 결과적으로 2004년의 정부 정책은 부동산 가격의 상승으로 이어졌고 오히려 전체 지방정부에 더 많은 세수를 거두게 하는 결과를 낳았다.

요약하면 2004년의 부동산 규범화(招拍挂) 정책은 중앙정부의 의도와 달리 기존의 부동산 문제를 더욱 심화시켰다고 할 수 있다. 2004년 부동산 전체의 투자 증가율은 29.6%에 달했다. 중앙정부가 지방에 대해 시행한 정책은 목표를 달성하지 못했을 뿐만 아니라 오히려 문제를 더욱 악화시키는 역효과를 낳았다. 정책 실시 이전에 비해 부동산 가격이 폭등했던 상하이 정부는 중앙정부로부터 질책을 받는 상황에까지 이르렀다. 2004년 지방정부에 대한 중앙정부의 정책이 실패하면서 중앙은 2005년 3월에 더욱 강화된 정책을 발표하게 되었다. 2005년 중앙정부는 '주택가격 안정화를 위한 통지(國務院辦公廳關於切實穩定住房價格的通知)'(약칭 國八條)를 발표하였다. 부동산 가격 안정을 위한 정부책임제의 실시와 부동산공급구조 개선책 등이 주요하게 포함되었다. 연이어 2005년 5월 건설부 등 7개 정부 기관 공동 명의로 '부동산 가격 안정을 위한 6개 거시조정 조치'를 발표하였다. 주요 내용은 성(省)급 지방정부가 해당 지역의 부동산 가격의 안정적 성장에 대해 모든 책임을 지는 것이다. 이 조치는 부동산 가격 상승을 억제하고 정치적 규제도 강화하였다.

2006~2008년 시기엔 부동산 가격의 연평균 성장률이 10%에 달했다. 이 기간에 국무원에서 약 10개의 주요 부동산 정책을 발표하였다. 2006년을 기점으로 부동산 가격이 다시 상승하자 중국 정부는 이를 진정시키기 위한 다양한 투기 억제 정책을 연이어 발표했다. 이에 따라 주택가격 상승이 진정국면에 접어들었으나 2008년 미국발 금융위기의 여파로 중국 경기가 급속히 냉각되면서 기존 정책에 변화가 생기게 되었다. 2006년 5월 국무원은 불합리한 공급구조 개선 및 무분별한 개발방지를 위해 '공급구조 조정을 통한 부동산 가격 안정책'(약칭 國六條)을 발표하였다. 이 조치를 계기로 그동안 부정부패에 연루된 관리들에 대한 처벌이 이루어졌다. 베이징, 텐진, 상하이, 푸젠 지역 등에서 부동산 위법에 연루된 관리들은 모두 관직에서 퇴출되었고 지방정부는 상대적으로 중앙의 정책에 대해 적극적으로 반응하기 시작했다.

이 정책 외에도 토지출양금수지관리법(土地出讓金收支管理辦法)과 삼한제(三限制)를 실시하였다. 이로 인해 전체 주택에서 70%의 비중을 차지하는 대형건물에 대한 제재가 가해졌고 지방정부의 수익은 큰 타격을 입어 중앙정부에 대한 불만이 커졌다. 연이어 중앙정부에서는 '주택공급구조의 안정적 가격조정에 관한 의견(關於調整住房供應結構穩定住房價格的意見)'을 발표하였다. 주요 내용은 부동산 시장 진입 요건을 강화하여 외국인의 부동산 매입을 고강도로 규제하겠다는 것으로 부동산 공급 구조를 조정하고 부동산 시장의 안정을 되찾는 것을 목표로 하였다.

2006년 9월 국무원은 지방정부의 무분별한 개발정책과 경기 과열 억제를 목적으로 공업용지 최저가격제 및 토지개발 총량제의 도입을 주요 내용으로 하는 정책을 발표하였다. 토지용도 및 등급에 따른 공업용지의 최저 공급가격을 설정하고 기준보다 낮게 양도할 경우에는 불법 양도로 간주하였다. 또한 각 성(省) 정부의 토지 개발 승인신청은 건(件)별 신청이 아닌 연간 토지개발 계획을 일괄 제출하여 신청토록 하였다. 이러한 정책들은 중앙정부가 부동산 개발을 억제하는 조치들로 이에 대해 각 지방정부는 현실적인 수요에 부합하지 않을 뿐만 아니라 비효율적 정책이라는 비판을 제기하였다. 이러한 정책을 피하기 위해 지방정부와 개발기업들은 불법으로 담합하는 등 비합법적 수단을 동원하였다. 결국 중앙정부의 정책은 관리들의 부정부패를 조장하는 상황을 만들었고 정책적 규제는 유명무실해졌다.

대표적인 사례로 논란이 된 바 있는 소산권주택(小産權住宅)이 있다. 소산권주택은 국가가 발행하는 합법적인 주택소유권이 아닌 지방 농촌집체조직과 개발상이 집체소유의 토지에 건축한 상품주택이다. 소산권주택은 정부의 공식허가를 받지 않는 불법주택이지만 지방 노동자나 농민들은 싼 값에 집을 살 수 있는 한편 지방 관리와 개발상은 그 권리를 보장해 주는 대신 주택 판매를 통해 이득을 취할 수 있도록 규정해 서로 윈-윈(win-win)할 수 있는 관계가 형성된다. 하지만 소산권주택은 국가의 보호를 받지 못하기 때문에 주택의 품질과 주택소유자의 권리 보호 측면에서 많은 문제가 발생하였다. 소산권주택은 중앙정부의 규제에도 지속적으로 증가하였는데 이는 중앙정부의 지방정부에 대한 통제 실효(失效)를 보여주는 사례라고 할 수 있다.

중국의 개혁 개방 정책은 동부 연안 지방의 대도시 거주민들에게 많은 혜택을 주었으나 소득의 불균형과 지역 발전의 불균형으로 인해 수혜를 받지 못하는 저소득층은 부동산을 소유하지 못하는 현상이 점점 심각해졌다. 중국 정부는 이러한 문제를 해결하기 위해 2007년 8월 '저소득층 가정의 주택 구입 곤란 해결에 관한 약간의 의견(關於解決城市低收入家庭住房困難的若干意見)'을 발표하여 저소득층이 주택을 소유할 수 있는 주택보장제도를 강화하였다. 그 외에 「임대주택 보장법」, 「경제실용주택관리법」이 등장하면서 초보적 단계이지만 저소득 계층을 위한 임대주택의 범위가 점차 확대되었다. 2008년 유럽발 글로벌 금융위기로 인해 중국 부동산 시장에도 여파가 미치며 침체를 겪게 되었다. 중국 대부분의 부동산 개발 프로젝트는 은행 대출로 이루어졌기 때문에 재정 상 큰 위협이 되었다. 주택가격은 7개월 동안 10~50%까지 하락하였고 광저우, 항저우(杭州), 상하이 등 지방 정부의 토지 수익이 전년 대비 절반가량이 줄어들었다. 정부는 경기침체를 극복하기 위해 부동산에 관한 세금을 감면하고, 부동산 개발기업이 시장의 수요에 부응할 수 있게 적극적으로 지원하였다. 2008년 11월, '노동 집약 용지의 촉진에 관한 통지(國務院關於促進節約集約用地的通知)', '부동산 시장의 건전한 발전에 대한 의견(國務院辦公廳關於促進房地產市場健康發展的若干意見)'을 발표하여 8개 대도시에 부동산거래세를 감축하고 주택 구입자에게 보조금을 지급하는 등 부동산 부양책을 실시하였다.

이 시기 부동산 정책의 특징은 2003년 전까지의 부양정책과 달리 시장에 대한 정부의 통제가 크게 강화되었음을 확인할 수 있다. 중국 정부는 부동산 수입의 일부를 공공 임대주택 등 공익사업 분야에 투입하기 시작하면서 비중을 점차 확대해 갔다. 또한 지방정부의 자율 재량성이 축소되었다. 「토지출양금수지관리법(土地出讓金收支管理辦法)」을 실시한 이후 지방정부는 공공임대주택의 건설과 사회보장시설의 공공건축에 더욱 많은 비중을 두어야 했기 때문에 상대적으로 외부 투자유치의 비중을 줄일 수밖에 없었다. 또한 새로 제정된 「토지출양금수지관리법」은 토지출양금 항목 전체를 예산에 편입하여, 국유토지수익기금(國有土地收益基金)이라는 항목을 만들어, 토지출양금의 수입과 지출을 더욱 투명화하였다.

중앙정부는 기업의 투자 활동을 억제하고 지방정부에 대해서는 부동산 재정 개혁을 추진하였다. 부동산 시장의 건전성 확보를 위해 지방정부를 투자형 정부가 아닌 행정 서비스형 정부로 과감하게 업무 개편하였다. 분세제 개혁으로 세수의 구분이 명확해지면서 지방정부의 세원에 포함되었던 부동산 관련 세수는 지방정부에 불법 세수의 여지를 남겨 심각한 사회문제를 일으켰다. 시민들의 반발과 정부에 대한 불신이 커지자 중앙정부는 지방에 대한 통제를 강화하고 수직적 관리시스템을 실시하여 지방정부를 거치지 않고 직접적인 통제에 나섰다. 새로운 부동산 법제 질서가 형성되면서 지방정부의 부동산에 대한 권력 행사를 감소시키는 효과가 나타났다. 2006년부터 이루어진 중앙의 인사 통제 강화와 직접적인 통제로 인해 지방정부는 이익 추구적 지위에서 부동산 시장의 중재자로 역할이 변화하였다.

3) 2009~2013년 부동산 정책

2008년 미국발 금융위기를 타개하고자 중국 정부는 부동산 시장에 적극적으로 개입해 관리해나갔다. 각종 완화정책이 시행되고 시중 자금이 부동산 시장에 집중되면서 시장이 급격히 요동치기 시작했다. 부동산 거품으로 인한 인플레이션 우려가 대두되면서 중국 정부는 2009년부터 주택가격이 과열된 지역을 집중 규제하면서 상품방(商品房) 공급량을 늘리기로 했다.

2010년에도 유사한 정책들이 발표되었다. '부동산 시장의 안정적이고 건강한 발전에 관한 통지(國務院辦公廳關於促進房地産市場平穩麵發展的通知)', '지방의 부분적 부동산 가격상승 억제에 관한 통지(國務院關於堅決遏制部分城市房價過快上漲的通知)'는 공공임대주택을 확대 시행하는 지역과 가격 상승이 큰 지역에 대해 강력한 제재를 실시하도록 하였다. 정책이 실시되면서 각 지역의 구체적인 실정에 맞게 적절한 대책을 세우게 하는 동시에 부동산 관련 부문과 정보를 교류하고 통계 제도를 정비하는 것이 가능해졌다. 전반적으로 정부의 적극적인 지원 정책으로 부동산 시장수요의 증가에 따른 공급량 확보가 가능해지면서 빠르게 부동산 시장이 발전할 수 있었다. 도시 주민의 주거 환경이 개선되어 갔고 지방정부에 경제적 기반을 제공해 사회 전반에 긍정적인 효과를 가져왔다. 일부 도시의 주택가격 상승을 억제하고 부동산 시장의 관리를 강화해 나갔다. 이때 처음으로 주택구매와 관련된 소비행위에 직접적인 관여를 시작했다.

2011년에는 중국 중앙은행이 주택구매 자본금을 상향 조정하는 등 상업은행에 제공하던 자금을 세 차례나 긴축 조정했다. 이와 함께 2011년 1월 26일에는 기존의 '국8조'를 개정한 '신국8조(新國八條)'를 발표해 '1가구 1주택' 정책을 강화하는 한편 2주택자들에게는 주택구매 시 선지급 비율은 60% 이하, 대출 금리는 기준금리의 1.1배 이하로 하는 등 주택 대출에 제한을 가하는 부동산 투기 억제 정책을 시행했다. 이 같은 일련의 정책으로 중국의 부동산 열기는 억제되기 시작했다.

4) 2014~2020년 부동산 정책

이 시기에는 부동산 시장을 억제하던 정책이 다소 완화되었다. 지역별 상황을 고려해 현지에 맞는 건설관리 방안이 마련되었다. 2014년 중국 국무원은 지속적인 주택 보급사업을 전개하는 한편 전국을 획일적으로 관리하던 방식을 변경해 각 성과 직할시 별로 차별화된 정책을 시행하도록 했다. 또한 2010년 초반부터 급증하기 시작한 주택 공실률을 줄이고 시민들의 소비 지출을 늘리도록 독려했다. 이러한 정책이 전개되면서 2015년 이후로 3~4선 도시의 주택 공실률이 다소 감소하긴 했지만, 판매가격은 상승하는 현상이 나타났다. 따라서 2017년에는 다양한 정책이 제시되었는데 주택구매

자들의 구매 수량과 대출 금액을 제한하거나 부동산 개발업체의 판매량을 제한하는 방안이 포함되었다. 2018년에는 구매자들의 비탄력적 수요를 독려하는 한편 투기를 줄이는 방안을 제시하였다. 하지만 2017년까지는 주택가격이 최고점에 다다랐기 때문에 주택구매 관련 소비성 지출은 70%에 이르게 되었다. 2019년 7월 정부는 '부동산 기업의 외채발행 신청 등록과 관련된 통지 사항(關於對房地產企業發行外債申請備案登記有關要求的通知)'을 발표해 부동산 기업이 외채를 발행할 때의 정보공시와 자금의 용도를 요구해 외채 발행에 따르는 리스크에 대비하도록 했다. 2020년 8월에는 '주택도시농촌건설부(住房城鄉建設

部'와 인민은행이 함께 좌담회를 열어 12개 부동산 기업의 부채조달에 관한 규모를 제한하는 이른바 '삼도홍선(三道紅線)'이라는 신규 규정을 제정했다. 삼도홍선은 시진핑 정부가 2020년 집값 폭등을 막기위해 부동산 개발업체들의 행태 규제를 골자로 한 3개의 경고를 이르는 용어이다. 선수금을 제외한 부채비율이 70% 이상인 기업, 순 부채비율이 100% 이상인 기업, 단기부채가 자본금을 초과 하는 기업을 대상으로 대출을 엄격히 규제했다. 정부는 시장화와 규칙화, 투명성 있는 융자규칙을 강조해 부동산 시장이 지속적이면서도 건전한 발전을 하도록 유도했다. 정책이 시행된 이후 중국의 부동산 개발업체중 지급 불이행을 선언한 회사채는 140건이 넘었고 신규 대출이 어려워 부동산 경기가 하락하기 시작했다. 중앙정부는 부동산 시장에 대한 조정정책을 강화해 주택시장의 건전성을 확보하겠다는 의도였으나 지방정부의 입장에서는 토지사용료에 따른 재정수익이 대폭 감소하는 문제가 나타나기 시작했다.

5) 정치 경제학적 관점으로 본 중국 부동산산업 시장 정책

과거 계획 경제 하에서는 상품으로서의 부동산은 존재하지 않았고 개혁·개방 이후 본격적으로 발전하기 시작하였다. 계획 경제 시기에는 정부에 권한이 집중되었으나 개혁·개방 이후 부동산 시장을 둘러싼 이해 관계자는 정부, 은행, 부동산 개발업체 그리고 소비자로 확대되면서 다양해졌다. 모두 각자의 이익을 추구하는 이해 관계가 맞물려 시장 관리는 이전에 비해 복잡해졌다. 사회주의 시장경제 수요에 부합하기 위해 부동산 경제의 각 영역에서의 시장화 개혁이 더욱 가속화되었다. 토지사용제도 개혁, 주택 제도 개혁, 부동산 투자 및 유통

체제 개혁, 부동산금융체제 개혁, 부동산산업 관리체제 개혁 등 부동산 산업과 관련된 전 방면에서 새로운 체계가 만들어졌다. 이러한 개혁을 통해 사회주의 시장과 시장경제의 경제 운용 방식에 부합하기 위해 부동산 시장경제는 계속해서 시장체계를 수정해 나갔다. 따라서 중국 부동산 시장은 사회주의시장과 시장경제체제의 접점에 있으며 중국의 특수성을 잘 반영한 영역이라고 할 수 있다.

1978년 이후 실시했던 지방분권화는 지방의 재량권 확대를 가져왔고 지방정부는 종종 세금감면 혜택을 누리기 위해 수익비용을 조작하는 등의 방법을 이용하여 세금납부를 회피하고자 하였다. 재정부의 한 보고에 따르면 1989년 한해에 전국적인 세무조사를 실시한 결과 950억 위안(한화 약 16조 2천억 원)의 벌금을 징수했다고 한다. 이에 따라 정부의 세입 비중이 감소하면서 지출비용은 계속해서 증가하였는데 중앙정부는 통제력을 강화하기 위해 여러 가지 조치를 취하기 시작했다. 대표적인 것이 1994년에 실시한 분세제(分稅制) 개혁이다.

분세제 개혁 이후 중앙정부의 세입 비중은 50% 전후가 되었고 중앙정부에서는 세금 항목을 새로 구성하였다. 주목할 점은 토지를 비롯한 부동산 세수에 해당하는 세금 항목 모두 지방정부에 편입되었다는 것이다. 분세제는 단순히 중앙과 지방정부의 세금 수익 변화를 의미하지 않는다. 과거 중앙과 지방정부가 공동으로 했던 부동산 관련 수익이 1994년 분세제 개혁 실시를 기준으로 지방정부 수입으로 전환된 것이다. 분세제를 통해 중앙과 지방정부의 모든 세금 항목이 이전보다 명확하게 구분되었고 모든 기업은 동일한 세액을 납부하게 되었다. 이러한 조치는 지방정부와 기업의 불법 거래 및 결탁을 집중적으로 단속하기 위한 중앙정부의 의도에서 나온 것이다. 결국 분세제의 개혁은 비록 부동산 부문의 세수를 지방정부에 양보했지만 이를 계기로 중앙의 핵심 권력 토대인 재정 능력을 확보하고 중앙의 통제력 강화를 보여주는 역할을 하였다고 할 수 있다.

분세제 개혁으로 부동산 세수가 모두 지방세로 편입되면서 부동산 수익으로 인한 재원이 지방정부 세원으로 충원되었다. 중앙정부는 토지소유권자로서 부동산 시장 전체의 수익 균형을 유지해야 하는 역할을 담당하였다. 이러한 역할상의 차이로 인해 중앙과 지방 양자 간의 갈등이 불가피한 면이 존재하게 되었다. 이러한 제도적 배경 하에서 부동산 시장의 이해 관계자들은 각자 역할을 담당하였다. 정부는 토지 공급자이며, 부동산 개발 프로젝트, 개발 기업의 이익에 가장 중요한 영향을 미치는 행위자이다. 이러한 막강한 국가의 권한으로 부동산 산업이 성장해 왔으며, 현재 국가에 상당한 수익을 가져다주는 주요 사업으로 자리매김하였다. 21세기 들어 부동산 개발이 활기를 띠기 시작하면서 대도시의 경우 부동산 수입이 전체 재정 수입의 40% 이상을 차지하며 국내 경제 성장에 영향을 미쳤다. 그동안 발전이 더뎠던 지방 경제는 부동산 개발 산업의 성장으로 톡톡한 혜택을 보았다. 토지임대차수익과 세금은 모두 지방정부에 의해 관리되어 왔다. 따라서 지방정부는 부동산 산업 개발을 전력을 다해 적극적으로 추진해 왔다. 이로 인해 부실 공사나 난 개발 등 문제가 발생하기도 하였다.

부동산 시장에 관여하는 이해관계자가 다양해지면서 등장한 것이 정부와 소비자 간의 매개 역할을 하는 부동산개발 기업이다. 이들은 국민소득의 증가와 부동산 산업의 성장에 힘입어 부동산 시장의 주요 이해관계자 중 적잖은 수익을 얻어 왔다. 2006년 중국통계연구원에서 중국 100대 부동산기업이 이미 국내 시장의 50%를 점유하고 있다고 밝힌 바가 있다. 부동산 시장에는 여러 이해관계자가 존재하지만, 그

가운데 핵심적인 역할은 정부가 담당하고 있다. 2000년대 초반부터 부동산 시장의 팽창을 억제하기 위해 중앙정부에서 지속적으로 압력을 가하고 있음에도 시장 과열이 쉽게 억제되지 않았다. 이러한 문제의 중심에는 바로 지방정부가 있다. 중국 부동산 시장이 지방정부의 영향을 크게 받게 되는 데는 몇 가지 이유가 있다. 먼저 지방정부는 토지소유권에 대해 독점권 행사가 가능하다. 또한 부동산 및 토지에 관련된 세수는 지방정부의 가장 중요한 세입원이므로 관리나 감독보다 개발에 중점을 둔 행정에 치중된 경향이 있다. 지방정부는 공적자금 조정을 통해 주거기준을 완화하는 등 부동산 소비를 조절하는 방법으로 영향을 미친다. 부동산과 관련된 세금이 모두 지방세로 편입된 후 지방정부는 부동산을 통해 더 많은 이익을 획득할 수 있는 명분을 가지게 되었다.

지방정부에서 거둬들이는 세금 항목은 부동산세, 도시토지사용세, 토지부가가치세, 농지점유세, 계약세가 있다. 부동산세와 계약세는 주택과 주택 이전 시에 부과되는 세금이며 도시토지사용세와 토지부가가치세, 농지 점유세는 토지 사용과 이전 시에 부과되는 세금 항목이다. 지방정부는 산업용지 및 산업용지와 주거용지의 사용 목적에 따라 세금 정책을 달리 책정하여 산업용지를 목적으로 하는 개발상에게 더 많은 혜택을 주어 투자 유치에 전력을 다했다. 기업 및 주거용 부동산에서도 마찬가지이다. 지방정부는 독점권을 이용해 싼값에 토지사용권을 제공하고 많은 증치세(增値稅)를 거둬들일 수 있었다. 부동산 시장은 이러한 재정구조를 취하고 있어 지방정부에 가장 강력한 수입원 역할을 하고 있다.

중앙정부가 지방정부에 대한 압력을 행사하는 요인은 크게 두 가지로 정리할 수 있다. 하나는 중앙의 지방에 대한 성과 감찰이고, 다른 하나는 중앙정부의 부동산 시장 거시조절 정책이다. 중앙정부는 지방의 성과에 대해 GDP, 재정과 취업 증가율 등의 지표를 통해 평가한다. 이러한 지표들은 모두 부동산의 발전과 큰 연관성을 지니고 있기 때문에 지방정부는 부동산 산업에 큰 관심을 둘 수밖에 없다. 2004년부터 2008년까지 중앙정부는 여러 차례 부동산 가격의 급등을 억제하는 조치들을 내놓았으나 지방정부는 여전히 부동산 산업의 투자를 확대하였다.

중앙정부는 정책 수립 시에 부동산 문제와 전체 시장의 균형 성장까지 고려해야 하는 입장에 있다. 또한 중앙정부는 국민에게 안락한 생활 공간을 제공해야 할 책임이 있는데, 부동산 시장이 아무리 빠르게 성장한다고 해도 사회적 불평등을 낳고 조화를 해친다면 결국 국가 전체의 조화를 해치고 국가 정당성 위기를 초래할 것이다. 따라서 전체적인 부의 분배를 조율하고 조화를 이루게 하는 역할을 하고 있는 것이 중앙정부이다. 반면 지방정부는 중앙정부로부터 개별성을 확보하고 공공의 이익보다 개별 이익을 더욱 중요시한다. 이와 같은 재정구조를 통해 지방정부의 역할은 과거 개혁 개방 이후 분세제를 거치고 현재에 이르기까지 점점 커져 왔다. 특히 분세제의 개혁으로 세금 수입의 가장 큰 부분을 차지하는 부동산 관련 세입이 모두 지방정부에 편입되면서 지방정부는 재원확보를 위해 부동산수입의 극대화에 전력을 다해 왔다. 따라서 지방정부는 더 이상 중앙정부의 대리인이 아닌 독립적 경영자로 변화하면서 지역의 경제 발전에서 주도적 역할을 하였다. 그러나 지방정부의 무분별한 투자유치와 기업과의 담합 등 많은 사회적 갈등을 야기하고 있어 행정적 성격을 지녀야 하는 본연의 역할을 상실해 가고 있다는 지적을 받기도 한다. 한편 일부 학자들은 중앙정부가 부동산 산업과 시장에 대한 간섭이 지나치다고 지적해 현재 부동산 시장에서 발생한 문제는 모두 정부의 지나친 간섭에 기인한 것이라는 주장도 있다.

지방정부의 이익 추구 행태에는 재정적 문제뿐만 아니라 금융위기, 투자과열, 농민들의 권리 침해 그리고 행정상의 부패문제가 잠재하고 있다. 이러한 문제는 중국 사회 안정에도 상당한 위협이 되고 있다. 지방정부의 무분별한 부동산 투자로 인해 정부에서는 막대한 재정 수익을 거둬들였다. 그러나 투자한 만큼 앞으로의 유지 관리 비용 등이 확보되어야 하며, 이에 대한 책임도 요구된다. 또한 현재의 무분별한 투자는 다음 정부 임기의 재정에 큰 위험 요인으로 작용할 수 있다. 이러한 위험 부담으로 인한 결과는 고스란히 중국 일반 서민들의 몫이 될 것이다.

부동산 재정문제는 금융 및 주택 대출의 증가를 가져오고 부동산 거품을 형성해 심각한 경기 침체를 초래할 수 있다. 2005년 말 중국 개인의 소비 중 부동산 주택금융대출이 차지하는 비중이 90%로 나타났다. 특히 정부 주도의 도시 기초건설과 같은 대형프로젝트는 은행의 핵심 대출 유치 대상이었다. 중국 동부지역의 기초건설 투자금중 60~70%가 토지사용권 담보 대출이었다. 이러한 금융 대출 행태는 정부의 거대한 부동산 재정 수입을 확보하는데 기여했으나 앞으로 부동산 경기 침체가 발생한다면 부실 위험이 커져 국가 경제도 상당한 타격을 받을 수 있다.

현재 중국의 부동산 시장은 침체기로 평가받는다. 부동산 시장 침체가 촉발한 중국 지방정부의 재정난이 갈수록 심각해지고 있다. 부동산 개발은 그 자체로도 중국 경제 성장을 이끌어온 데다 지방정부 재정을 매개로 또 다른 성장 동력인 인프라 투자까지 지원해 왔다. 금융업까지 밀접하게 얽혀 있다는 점에서 부동산 위기는 중국 경제의 최대 난제로 지목되고 있다. 지난 2023년 중국 언론 매체에서 구이저우(貴州)성 지방정부의 재정난을 보도한 사건이 발생했다. 구이저우성 산하 발전연구센터는 지난 2023년 4월 주요 도시의 부채 특별조사 결과를 홈페이지에 공개했다. 구이저우성 스스로 부채를 해결할 수 없으며 중앙정부의 실질적 지원이 필요하다는 내용이었다. 논란이 커지자 발전연구센터는 하루 만에 글을 삭제했다.

구이저우성의 지난해 1인당 국내총생산은 2만 164위안(약 370만원)으로 중국 31개 성·시 중 28위에 속한다. 빈곤 지역으로 재정에서 부동산이 차지하는 비중이 상당히 크다. 구이저우성의 2022년 말 기준 부채(1조 2470억 위안)는 전체 재정 수입액의 의 4배(3192억 위안)이다. 문제는 구이저우성이 부채를 줄일 가능성이 매우 작다는 점이다. 재정 수입의 60% 이상을 차지하는 토지사용권 수입이 부동산 시장 침체 탓에 감소세로 돌아섰기 때문이다. 공산국가인 중국은 현재 지방정부가 관내 토지 소유권을 보유하며 경매 등을 통해 70년 연한의 토지사용권을 매각한다. 구이저우성의 2022년 토지사용권 매각 수입은 1950억 위안으로 전년 대비 3.3% 감소했다. 코로나19 시국에도 늘어나던 토지사용권 수입이 줄어든 것이다. 그런데도 토지사용권 매각액이 구이저우성 재정 수입에서 차지하는 비중은 2021년 59%에서 2022년 61%로 오히려 늘어났다. 중국의 '제로 코로나' 방역으로 경기가 침체하면서 세수가 13%나 줄었기 때문이다.

토지사용권 매각액이 감소한 지방정부는 구이저우만이 아니다. 중국 31개 성·시 가운데 상하이, 하이난(海南)성, 네이멍구(內蒙古)자치구를 제외한 28곳의 토지사용권 수입이 2022년에 감소한 것으로 나타났다. 톈진과 지린(吉林)성, 칭하이(靑海)성은 감소율이 60%를 넘었다. 2022년 중국 전체 토지사용권 수입이 전년보다 23.3% 줄어들었다.

부동산 개발업체가 토지사용권을 구매해 대규모 아파트 단지를 짓는 게 중국 부동산 산업의 전형적인 업무 방식이다. 건축, 철강, 전자, 금융 등 연관 산업에 미치는 영향까지 더하면 부동산 개발이 중국 GDP에서 차지하는 비중은 25%에 육박하게 된다.

지방정부는 토지사용권 수입으로 인프라 사업을 벌여 지역경제 성장을 유도해 왔다. 부동산이 무너진다는 건 부동산·인프라·수출의 3대 축 가운데 두 개가 흔들린다는 의미를 가진다. 지방정부는 산하 은행을 압박해 부동산업체에 저리 대출해주도록 유도하기도 한다. 부동산업체가 토지사용권을 많이 사야 정부 수입이 늘어나기 때문이다. 결과적으로 부동산 침체가 금융업 위기로 이어질 수밖에 없는 구조를 고착화한 것이다. 중국 은행의 자산에서 부동산 관련 채무 비중은 25%에 달한다.

중국 공산당과 정부는 과도한 집값 상승이 빈부격차를 확대하고 출생률까지 떨어뜨린다고 보고 지난해 하반기부터 강력한 규제에 나섰다. 과도한 부동산 의존도를 낮추고, 시중 자금이 첨단 산업으로 유치되도록 한다는 목적도 있었다. 부채 비율 등을 기준으로 신규 대출을 제한하자 앞서 언급했던 헝다그룹처럼 빚에 의존해 사업을 확장해 온 부동산업체들이 줄줄이 채무불이행에 빠졌다. 자금력이 바닥난 업체들이 공사를 제때 마치지 못하고 인도 시기를 넘기자 주택 구매자들은 주택담보대출 상환 거부 운동을 벌였다. 이러한 상황은 주택 구매 심리를 더 얼어붙게 했고 신규 주택 판매가 점차 감소하는 결과로 이어졌다.

학계에선 중앙정부가 지방정부 재정 위기 해결에 나서야 한다는 의견이 나왔다. 리다오쿠이(李稻葵) 칭화(清華)대학 중국 경제사상 실천 연구소 소장은 중앙정부가 지방정부 부채를 상당 부분 인수하고 앞으로 지방정부의 채권 발행 절차를 강화해야 한다는 의견을 제안했다. 21세기 들어 경기 침체를 겪으며 중국은 부동산 대신 민간 소비를 경제성장의 동력으로 제시하고 있다. 송웨이 미국 프린스턴대 경제학 교수는 이에 대해 내수시장이 커지려면 소비자가 지속적·안정적으로 경제를 이끌 수 있어야 하는데 이런 패턴은 국가가 경제를 주도하는 중국과 맞지 않을 수 있다고 지적했다. 중국 정부는 여전히 지방정부 부채가 통제 가능한 수준이라고 주장하고 있다. 관영 통신사인 신화통신은 재정부 관계자의 전언을 인용해 중국의 재정 상태는 전반적으로 건전하고 안정적이며 위험에 대응할 충분한 능력이 있다고 보도했다.

4. 시진핑 3기 부동산 시장 동향 및 정책

2020년대 이후로 중국 정부는 부동산 산업 발전을 위한 정책을 꾸준히 제시해 왔다. 2022년 11월 중국 증권감독관리위원회는 부동산 기업의 자금 조달을 위한 조치들을 발표하였다. 해당 조치들은 부동산 관련 업체의 인수합병 및 구조조정 허용과 부동산기업의 해외증시 상장 정책 조정, 부동산 투자 신탁 활성화, 부동산 사모펀드 투자 시범 사업 전개 등 항목을 포함하고 있다. 특히 상장 부동산업체의 융자를 통한 자금조달은 약 12년 만에 재개된 것으로 파격적인 조치 중 하나이다. 이에 따라 부동산 기업에 대한 대출이 강화되고 채권 및 주식 발행과 같은 지원책을 발표하였다. 이러한 정책은 부동산 기업의 채무 절감 및 자금 조달에 유리하게 작용할 것으로 예상되었으나 코로나19의 영향으로 인한 부동산 수요가 감소되면서 경기를 부양하는 효과를 보지 못하였다.

최근 중국은 2024년 7월 베이징에서 제20기 중앙위원회 '제3차 전체회의(3중전회)'를 열고 시진핑 집권 3기의 경제 청사진을 제시하였다. 역대 3중전회에서 개혁·개방 실시, 한자녀 정책 완화 등 굵직한 조치들이 발표됐던 만큼 많은 관심이 쏠렸다. 중국 정부 당국은 부동산 시장 부실, 내수 부진 등에 시달리는 침체된 경제를 살리기 위한 정책들을 내놓았다. 2023년 소수의 국유기업만이 실제 금융완화 조치의 혜택을 받은 것으로 추산되는데 13개 국유기업이 전체 자금조달의 66%를 차지하며 혜택을 받았고 민간기업은 34%를 차지하는 데 그쳤다.

중국 공산당 기관지 인민일보는 2019년 "중국은 더 이상 부동산 투기에 의지해 경기를 부양하지 않겠다."라는 기사 제목으로 당국의 부동산 정책 방향을 게재한 적이 있다. 최근 미중 무역전쟁으로 경기 하방 압력이 고조된 상황에서도 지도부가 돈을 풀어 부동산 경기를 살리는 '과거 방식'을 답습하지 않을 것이란 속내를 내비친 것이다. 그만큼 중국 부동산 시장 거품이 위험 수위에 달했다는 걸 보여준다.

2008년 세계 금융위기 이후 경기침체를 막기 위해 중국 정부가 지나치게 완화적인 통화정책을 펴오면서 부동산 시장엔 거품이 잔뜩 끼었다. 중국 지도부는 부동산 거품을 그림자은행, 지방정부 부채와 함께 중국 경제를 위협하는 세 마리 '회색코뿔소'로 간주하고 있다. 회색코뿔소는 충분히 예상할 수 있지만 간과하기 쉬운 위험을 뜻한다. 발생 확률은 극히 낮지만 일단 발생하면 큰 충격을 주는 '블랙스완'과 비교되는 경제용어이다. 중국 경제주간 역시 중국 부동산산업 시장에 존재하는 거품과 침체로 인해 잠재적 리스크가 계속 쌓이고 있는 상황을 "회색코뿔소가 오고 있다"고 묘사했다.

실제로 수년간 불패 신화를 이어왔던 중국 부동산 시장에 과거 일본의 부동산 거품 현상과 유사한 징후들이 나타나고 있다는 경고음이

흘러나온다. 28일 홍콩 사우스차이나모닝포스트(SCMP)에 따르면 요시노 나오유키 아시아개발은행연구소(ADBI) 소장은 중국 부동산 시장 거품 붕괴에 따른 충격을 우려했다. 중국 금융권이 거품 경제 시기의 일본보다 부동산 부문에 더 많은 대출을 했다는 점도 언급했다. 실제로 현재 중국의 국내총생산(GDP) 대비 주택대출 비율은 당시 일본의 세 배 이상에 달한다고 지적했다.

중국 부동산 시장 거품 붕괴 경고음은 중국 지도부의 입을 통해서도 나온다. 왕자오싱(王兆星) 은행보험감독관리위원회 부주석은 부동산은 리스크 예방의 중점 영역이라며 부동산 부채를 예의주시하고 있음을 강조했다.

중국 부동산 부문 부채 리스크가 얼마나 큰 지는 우선 그 막대한 부채 규모에서 엿볼 수 있다. 중국 인민은행이 년 초 발표한 보고서에 따르면 지난해 말 기준 은행권의 부동산 관련 대출잔액만 38조 7000억 위안(약 6645조원)으로, 전년 대비 20% 증가했다. 지난 한 해에만 6조 5000억 위안 증가했는데, 이는 같은 기간 전체 대출 증가분의 40%를 차지한 것이다. 현재 중국 전체 은행권 대출에서 부동산 대출이 차지하는 비중은 30%가 넘는다.

부동산을 짓는 데는 원래 방대한 자금이 요구된다. 중국 국가통계국에 따르면 2016~2018년 중국 전국 부동산기업들이 개발에 투입한 자금은 14조 4000억 위안, 15조 6000억 위안, 16조 6000억 위안으로 매년 증가세를 이어갔다. 그만큼 부동산 개발기업들의 자금 수요가 높다는 의미이다. 부동산 개발 자금은 대부분 은행 대출로 충당된다. 은행 대출로도 부족한 기업들은 채권 발행으로 자금을 조달하기도 한다. 중국 시장조사업체 윈드사 통계에 따르면 2020년 중국 부동산 기업이 발행한 채권은 모두 190건이다. 총 발행액은 2435억 위안으로 전년 대비 177% 늘었다. 부동산기업들이 부동산 등의 자산을 담보로 발행한 자산유동화증권(ABS)도 모두 265건, 총 2802억 위안어치에 달했다. 액수로 따지면 전년 대비 74.4% 늘어난 것이다. 주택저당증권(MBS)·상업용 부동산저당증권(CMBS)·부동산투자신탁(REITs, 리츠) 같은 부동산 금융상품을 통해서도 자금을 조달했다.

문제는 이 모든 게 언젠가는 갚아야 할 빚이라는 것이다. 게다가 빚이 줄어들기는커녕 점점 불어나고 있다. 중국 경제주간 통계에 따르면 상하이·선전 증시에 상장된 부동산기업 135곳의 자산 대비 부채율은 2015년 76.22%에서 2020년 79.81%로 매년 증가세를 이어갔다. 중국 지도부가 금융 리스크를 예방하기 위해 2020년 '부채와의 전쟁'을 벌이며 부채 축소에 나섰지만 정작 부동산 업계 부채는 좀처럼 줄지 않고 있다. 결국 헝다그룹과 같은 기업 파산 사태가 발생하게 된 배경도 이러한 기업 경영 패턴에 기인한 것이다.

현재 부동산 기업들의 부채 상환에도 빨간불이 켜졌다. 만기일이 올해와 내년 집중적으로 몰려 있기 때문이다. 하지만 최근 부채 비율을 줄여나가야 하는 기조 속에 자금을 조달하는 게 예전처럼 쉽지 않은 만큼 제때 돈을 갚지 못한 부동산기업들의 채무불이행이 계속 줄을 잇고 있다.

헝다그룹 사태가 발생하기 몇 해 전부터 부동산 기업의 채무불이행으로 인한 이상 징후가 나타나기 시작했다. 2018년부터 중국 부동산 업계 상위 100대 기업 중 하나인 인이(銀億)그룹이 자금난으로 인해 채권 3억 위안어치가 디폴트에 빠졌다. 같은 해 중홍(中弘)그룹도 114억 6400만 위안어치 채권 원리금을 상환하지 못했다고 공시했다. 중홍그룹은 디폴트, 적자, 사업 중단 리스크 등의 이유로 주가가 단돈 1위안(약 170원)에도 미치지 못하게 되었고 결국 중국 증시에서 사상 최초로 퇴출을 당한 부동산기업으로 전락했다.

가계 주택 대출이 눈덩이처럼 불어난 것도 문제이다. 너도 나도 빚을 내서 내 집 장만에 나서는 분위기는 한국과 흡사 유사하다. 부동산 시장 거품이 붕괴될 경우 부실 대출로 이어져 국민 경제를 위험에 빠트릴 수 있다. 인민은행 통계에 따르면 2008년까지만 해도 3조 위안에 불과했던 가계 주택대출액은 2020년 25억 8000만 위안까지 늘어난 상태다. 시중 은행들은 부실대출 증가와 마진 하락으로 어려움을 겪고 있다. 2024년 3월 중국교통은행은 개발업체에 빌려준 돈의 부동산 부실 대출 비율이 1년 전 2.8%에서 지난해 말 5% 급증했다고 밝혔다. 중국공상은행은 주택담보대출 부실 비율이 9.6% 증가했다고 밝혔고, 중국농업은행은 4.7% 증가했다고 발표했다.

국제통화기금(IMF)은 한 국가의 가계부문 채무 비중이 국내총생산(GDP)의 10% 이하이면 가계 채무는 경제성장에 도움이 된다고 보지만 30% 이상이면 경제 성장에 영향을 미칠 수 있으며, 65%가 넘으면 금융시장 불안을 초래할 수 있다고 경고한다. 2018년 중국의 GDP 대비 가계대출 비율은 53.19%에 달하고 있다. 이 중 대부분은 주택 대출이다.

최근엔 중국 정부가 은행권의 중소기업 대출을 적극 장려하는 걸 악용하는 투자자도 생겨났다. 다른 대출보다 상대적으로 저리인 중소기업 전용대출로 받은 자금을 부동산에 투자하는 것이다. 실제로 올해 3월 중국 가계 부분 신규 단기대출만 4294억 위안으로 사상 최고치를 기록했는데, 이 중 대부분이 주택 대출로 흘러들어갔을 것이란 관측이 나온다. 은행권 대출 이외 다른 '보이지 않는' 통로로 얼마나 많은 자금이 부동산 시장에 흘러들어갔는지는 확실한 통계가 잡히지 않는 상황이다. 다만 중국 정부는 부동산 금융 리스크가 아직까지 통제가능한 수준이라는 입장을 내비치고 있다. 인민은행 부은행장 판궁성(潘功勝)은 중국 전체 은행권 부실대출 비율은 1.85%로, 구체적으로 중국 은행권 부동산대출 부실율은 1% 미만, 가계 주택대출 부실율은 0.3%에 불과하다며 충분히 통제가능하다고 강조한 바 있다.

2023년 하반기 침체된 부동산 시장 수요를 촉진하기 위한 정책이 본격적으로 시행되기 시작하였다. 중앙정부는 대출 규제 완화, 임대주택 활성화 등 수요 진작 정책을 발표하였다. 코로나19 정책 완화 이후에도 민간 소비가 활성화되지 않자 주요 원인으로 지목된 부동산

2023년 중앙정부 주요 부동산 정책

일시	정책 주체	주요 내용
2023. 7.	주택건설부	• 「도시 개발 업무 추진에 관한통지(關於扎實有序推進城市更新工作的通知)」를 발표 • 도시개발을 위한 자금 출처를 다양화하고, 중앙재정의 지원을 확대 • 금융기관들의 리스크관리 하에 합리적인 수준의 대출서비스 실시
2023. 7.	인민은행	상업은행과 부동산 개발업체 간의 계약을 통해서 합리적인 금융서비스 환경을 조성할 것을 지시
2023. 7.	중앙정치국회의	부동산 정책을 개선하여 부도심 개발, 공공인프라 확충을 적극 지원
2023. 8.	주택건설부	과거 부동산 이력과 무관하게 생애 첫 주택자로 간주하는 정책(認房不認貸) 실시
2023. 8.	주택건설부	보장성 주택(임대주택)에 대한 계획을 구체적으로 세울 것을 지시

2023년 지방정부 주요 부동산 정책

일시	정책 주체	주요 내용
2023. 8.	저장성 자싱시(嘉興市)	모든 부동산 구매 제한 해제
2023. 8.	광동성 광저우시, 선전시	구매 이력 상관없이 첫 주택 구매자로 인정(認房不認貸)하는 정책 실시
2023. 9.	베이징시, 상하이시	애플의 200여 개 협력업체
2023. 9.	톈진시	비도심지역 6개구의 부동산 구매 제한 해제

경기침체 국면을 타개하기 위한 것으로 해석된다. 또한 지역별 부동산 정책 격차를 줄이고 구매 부담의 상한선을 제시하기 위해 전국적으로 첫 구매자와 두 번째 구매자의 개인주택의 초기 납입금 비율을 각각 20%, 30%로 제한하는 정책을 발표하였다. 부동산 대출 규제 완화, 임대주택 공급 등 개인주택 수요를 진작하는 정책들이 집중적으로 발표되었다. 이러한 정책들을 통해 경기 활성화와 민간 소비 진작을 기대할 수 있다.

1선 도시를 중심으로 과거 대출 이력에 관계없이 본인이나 가족 명의의 주택이 없으면 생애 첫 주택자로 간주하는 정책(認房不認貸)을 통해 주택담보대출 규제가 완화되었다. 2016년 이후 부동산 과열을 방지하는 규제 중 하나로 주택구매 이력이 있는 경우에 주택담보대출 등에서 더 높은 비용을 지불하는 정책이 시행되어 왔다. 2023년 8월, 1선 도시인 광저우와 선전(深川)을 시작으로 주요 도시에서 기존 주택의 매매 후 재구매 시에도 생애 첫 주택 구입으로 간주하여 주택담보대출에서 우대받을 수 있는 정책을 시행하며 규제를 완화하기 시작하였다. 해당 정책은 청두, 시안, 창사 등2선 도시로까지 확산되고 있으며 실질적인 부동산 수요 증가로 이어질지 주목받고 있다. 이번 조치는 수요 우대 정책이라기보다는 규제 완화의 성격이 강하지만, 주택 구매비용을 낮춰서 수요 촉진의 효과가 있을 것으로 예상된다. 하지만 이번 조치의 주요 대상이 될 작은 주택을 팔고 큰 주택을 구매할 수요자의 경우, 최근 침체된 부동산 시장 상황에서 현 보유주택을 매각하기 쉽지 않다는 점에서 실질적인 수요 증가 효과가 크지 않을 것이라는 견해도 존재한다.

중국 정부가 각종 부양책을 시행하고 있으나 부동산 시장의 봄은 아직 멀었다는 의견이 우세하다. 정부는 2024년 노동절 연휴 전후로 부동산 부양책을 본격 시행한다고 발표했다. 청두(成都), 베이징(北京), 난징(南京), 톈진, 선전(深圳), 칭다오(靑島) 등 여러 지역에서 부동산 부양책을 발표하며 시장 회복에 시동을 걸었다. 청두는 시내 주택 거래에 대해서는 구입 자격을 검토하지 않고 주택 선택 관련 공공 추첨제를 시행하지 않겠다며 7년 반 만에 면적 144m² 이하의 주택에 대한 구매 제한정책을 전면 철폐하였다. 베이징은 오환(五環) 순환도로 외부 지역의 주택 구매규제를 풀어 기존 구매량에서 1채 늘림으로써 13년 만에 처음으로 부동산 규제를 완화하였다. 난징에서는 주택 구입 보조금 제공, 중고 주택 소유를 신축 주택 소유로의 전환 장려, 주택 구매 시 호적등록 규제 간소화 등의 부양책을 공표하였고 칭다오에서는 부동산 거래 촉진 정책 8가지가 발효되었다.

중즈연구원(中指研究院)에 따르면 2024년 노동절 연휴 기간 중국 주요 22개 도시의 일일 신규 주택 매매면적은 2019년 노동절 연휴 기간 매매면적의 70% 수준까지 회복한 것으로 나타났다. 중국의 신규 주택 시장 경기 하방 압력은 여전히 존재하나 중앙·지방정부의 부양책에 힘입어 앞으로 경기가 소폭 개선될 것이라는 전망을 내놓고 있다. 한편 2024년 글로벌 신용평가사 스탠더드앤드푸어스(S&P)는 보고서를 통해 중국 부동산 시장은 여전히 바닥이라고 발표했다. S&P는 부동산 판매가격 하락세와 수요 부진이 지속되는 상황에서 중국 부동산 개발업체들이 자본 시장에서 외면 받고 있다고 분석하였다. 또한 매출이 급감한 중국 부동산 개발업체들은 비핵심자산 매각이나 주주로부터의 자금조달 등으로 자금을 확보할 만한 방안을 모색해야 하며 현금흐름이 마이너스로 전환된 일부 업체들은 부채를 상환할 각종 해결책을 고민해야 할 것이라고 전망하고 있다.

2024년 4월 30일 개최된 중국공산당 중앙정치국회의에서는 지역별 정책에 따라 지방정부와 금융기관, 부동산개발업체 모두가 주택 구입자의 합법적인 권익을 보장하기 위해 주택 인도 업무를 철저히 해야 할 것을 강조하며 책임 소재에 대해 언급하였다. 부동산 재고를 해소하고 주택 신규 증가분을 최적화하기 위한 정책을 강구할 것을 강조하는 등 구매 활성화에 초점을 둔 정책 방향을 지속하고 있다.

일부 전문가들은 중앙정치국 회의에서 '부동산 재고 해소'가 언급된 것은 2016년 이후 처음이라며 이는 최근의 중국 부동산 시장 상황이 생각보다 심각할 수 있음을 방증하는 것이라고 분석하고 있다. 그들은 10년 전에도 중국 부동산 시장이 침체되었는데, 당시에는 판자촌(棚户) 개혁을 독려한 뒤 철거민에게 보상금을 지급해 신규주택을 구매하는 방식으로 부동산 재고를 어느 정도 성공적으로 해소시켰으나, 중국의 도시화율이 65%를 넘은 지금은 상술한 방식으로 부동산 공급과잉 부담을 완화하기는 쉽지 않을 것으로 판단하고 있다. 아울러 중국 부동산 시장은 '물량 증가의 시대'에서 '재고 해소의 시대'로 접어들었다며 부동산 수요 위축이라는 장기적인 추세 속에서 중국 정부는 먼저 부동산 재고 해소를 한 뒤 중국 경제의 부동산 산업에 대한 과도한 의존도를 줄여나갈 필요가 있다고 지적하였다.

중국 신화통신의 보도에 따르면 2024년 현재 중국의 약 50개 도시가 부동산 버전 '이구환신(以舊換新, 신제품 구매 시 보조금 지원)'을 추진하고 있는 것으로 나타났다. 선전(深川)에서는 도시 개발 프로젝트를 진행하는 부동산 개발업체 및 중개업체를 지원하는 정책을 발표했으며 우한(武漢)에서는 새로운 부동산 이구환신 거래 방식을 시행하고 부가가치세의 1%를 보조금으로 제공할 예정이다. 상하이에서도 2024년 노동절 연휴 기간 전후로 상품방(商品住房, 매매 가능한 모든 주택)을 대상으로 한 거래가 시작된 것으로 알려지고 있다.

중국의 부동산 이구환신이 이뤄지는 방식은 세 가지로 나눌 수 있다. 첫째, 부동산 개발업체 및 중개업체가 일정 기간 내에 중고 주택 매각을 완료하면 절차에 따라 신축 주택을 구입하고 매각이 이뤄지지 않으면 신축 주택 계약금을 전액 환불하는 방식이다. 둘째, 부동산 개발업체나 지방 국유기업이 중고주택을 매입한 뒤 지정된 신축 주택 구입에 분양대금을 사용하는 방식이다. 셋째, 기존 자가주택을 판매하고 신축 상품방을 구매하는 개인에게 특정 유형의 보조금이나 세제 우대 혜택을 제공하는 방식이 있다. 다만 보조금 정책의 경우 신뢰성에 대한 의문이 제기되기도 하는데 산둥성(山東省) 쯔보(淄博), 허난성(河南省) 상츄(商丘), 쓰촨성(四川省) 등지의 일부 주민들은 주택 구매 후 1년이 지나도록 약속한 보조금을 받지 못한 것으로 알려졌다. 일각에서는 부동산 재고를 해소하는 과정에서 지방정부의 부채 문제 악화 가능성을 최소화하려면 중앙의 자금투입이 필수적이란 주장도 하고 있다. 궁극적으로 중앙정부가 더 이상 수요 촉진에 매몰되지 않고 수요와 공급을 모두 조절할 수 있는 정책을 시행해야 부작용을 차츰 줄일 수 있을 것이다.

5. 나오며

지금까지 중국 부동산 시장의 시기별 형성 과정과 시장 현황, 시장 경기에 따른 중앙정부와 지방정부의 정책, 미래 부동산 시장의 변동 추세 등에 대해 알아보았다. 중국 부동산 시장은 개혁개방 이후 정부 주도 하에 점진적 개혁이 이루어지고 대도시를 중심으로 점차 부동산 시장의 개방화와 시장화가 확대되면서 많은 변화를 겪었다. 이전 계획경제 체제에서는 경험해보지 못했던 부동산 가격 급등과 시장의 경쟁 과열을 겪었다. 중국 정부는 다양한 정책수단을 활용하며 이러한 변화에 대처하여 왔다. 부동산 시장 상황에 따라 시장 활성화 정책, 공급확대정책, 시장안정 및 투기 억제정책 등 시장 정책을 세우고 금융정책, 토지공급정책, 조세정책 등 강력한 행정조치를 통해 시장에 개입하였다.

2003~2023년간 연평균 부동산 투자증가율은 19.9%, 상업용 부동산의 연평균 매매 증가율은 10.8%, 상업용 부동산 거래액 증가율은 연평균 20.3% 수준에 이른다. 이러한 증가 속도는 선진국들이 지난 100년간에 걸쳐 경험한 부동산 산업의 발전 속도를 단 20년 만에 달성한 것에 해당된다. 조정 국면이 뒤따르는 것은 당연하다 할 수 있으며 현재 해당 시기에 접어든 것이라 평가할 수 있다.

중국 부동산 산업은 '高레버리지, 高회전율, 高부채' 등 높은 리스크를 안고 성장해 왔다. 기존 중국 경제성장 방식이 인프라 및 부동산 투자에 지나치게 의존하여 단기 성과에 그치게 된 원인이 여기에 있다. 이로 인해 지속 가능한 발전 방식으로 전환해 안정적 성장을 구축해야 한다는 국정 방향이 자리잡기는 했다. 하지만 중국의 일부 부동산전문가들은 시장에 여전히 양적 성장을 위한 발전 여지는 충분하다는 의견을 내놓고 있다. 2023년 말 기준 1인당 GDP가 13,000달러를 돌파하였지만, 도시화율은 65.2%, 호적인구는 47.7%에 불과해 개발 가능성이 아직 충분히 남아 있다는 것이다. 질적 개선을 위해 도시 재개발, 노후 주거시설 개선, 임대주택 활성화, 공공인프라 건설 등 삶의 질을 높이는 주거환경 개선에 초점을 맞춘 부동산 재개발산업 성장 모델도 요구되는 시점에 도달했다고 보고 있다. 따라서 임대주택 보급, 부도심지 개발 등 서민 계층의 주거환경 개선은 중국 부동산 산업발전 단계로 봤을 때 시기적으로 부합되는 정책이라 할 수 있다.

다른 일각에서는 수요 및 공급 측면에서의 리스크를 모두 잘 관리해야 부동산 문제가 경제 전반으로 확산되는 것을 막을 수 있다는 의견을 내놓았다. 부동산 부채 문제가 시스템적 리스크의 도화선이 될 가능성을 간과해서는 안 된다는 것이다. 현재 중국의 금융시장은 미국이나 유럽 등 세계시장과 분리되어 내수시장의 안정이 요구되는 상황에 처해 있다. 주목할 점은 부동산 개발업체들의 과도한 부채로 인해 향후 금융위기로까지 확산될 위험이 존재한다는 것이다. 대체적으로 부동산 기업의 부채는 채권 시장에 미치는 파급효과가 8배에 달한다고 보고 있다. 중국을 포함한 세계 시장 경제에 적잖은 타격을 입힐 가능성이 크다. 따라서 부동산업체가 자사의 재무 상황에 맞는 대출을 받도록 중국 정부 부처에서 엄격한 관리 감독을 실시해야 하며 지방정부의 재정 건전성을 관리하여 부동산 부채가 국가나 지역 전반의 재정위기로 이어지지 않도록 유념해야함을 강조하고 있다.

한편 적극적인 부동산 개발 정책을 펼쳐야 한다는 주장도 있다. 베이징대학 국가발전연구원 야오양(姚洋) 원장은 민간 소비 활성화를 위해서라도 부동산 수요 진작을 해야 한다고 주장하였다. 최근 민간 소비 침체는 부동산 하락추세에 기인하며 부동산경기가 경제 활성화에 미치는 영향이 크다고 역설하였다. 부동산업체의 디폴트 위기도 부동산 경기 침체와 연관이 있으며 이로 인해 부채 문제가 더욱 심화될 것으로 내다 봤다. 따라서 3대 레드라인, 모든 부동산 구매 제한 철폐 등 공급과 수요 측면 모두에서 규제를 완화해야 한다고 주장하고 있다. 부동산업체의 자금조달 규제를 일부 완화(공급 측면)하고, 부동산 구매 관련 비용을 낮춰서(수요 측면) 부동산 시장 활성화를 적극적으로 추진한다는 것이다.

최근 중국은 부동산 수요와 공급 측면에서 모두 시장 우호적인 정책을 발표하였다. 부동산 규제를 완화하는 조치가 실시되면 시장에 다시 활력이 생길 것으로 예상되긴 하지만 현재 상황을 고려할 때 기대 효과는 지켜봐야 할 것이다. 중국 역시 청년층의 취업난, 혼인율과 출산율 하락 등과 같은 성장통이 새로운 사회문제로 불거졌다. 이러한 현상은 주택 수요를 감소시키는 잠재적 요인으로 정부 정책의 효과가 기대에 미치지 못할 수 있는 중요한 변수에 해당된다. 반면 장기적으로는 임대주택과 공공인프라에 대한 지원이 늘어나면서 서민층 주거환경이 다소 개선될 여지는 있다.

주요 기관들은 부동산 시장 부진을 근거로 2023년 전망치를 하향 조정하는 가운데 중장기적으로 매년 성장률이 약 0.4%p씩 둔화되면서 2027년 3% 중후반 내외를 기록할 것으로 내다보았다. 그렇다고 중국 경제가 단기간 내에 위기를 겪을 가능성은 크지 않을 것이다. 하지만 중국 GDP 중 부동산 관련 업종의 비중이 약 25%에 달하여 부동산 시장 부진이 투자, 소비 등에 전방위적 악영향을 미칠 가능성이 있다. 실제 2023년 부동산발 경기 하방 압력, 민간부문 위축, 정책 추진력 약화 등으로 장단기 성장률이 기대에 못 미쳐 성장률이 예상치보다 1%p 가량 하회한 것으로 나타났다. 중국 내 투자를 견인해 왔던 인프라 투자 증가율이 2020년대 이후 연속 둔화세를 보이는 것 역시 부동산 투자를 동반 위축시킬 가능성이 높다. IMF도 최근 중국 경기 침체에 관해 향후 2년 내로 글로벌 경기 침체와 중국 국내 사회 불만 폭발 등으로 인해 부동산 침체 피해를 크게 겪을 것으로 분석한 바 있다.

기업규제 및 코로나 봉쇄 등 국가통제 강화에 따른 부작용으로 부동산 시장 위축도 가세하면서 중국 경제의 반등을 크게 제약할 여지가 있다. 특히 민간기업의 경제 심리가 과거 위기보다 더 크게 위축된 측면이 있다. 이로 인해 정부 주도 투자의 낙수 효과가 제한되면서 성장동력이 떨어질 수 있다. 가계의 경제 심리도 급격히 위축되면서 대출보다 예금이 더 빠르게 증가하는 현상이 재현되고 있다. 또한 경제성장과 부동산 시장 개혁이라는 상반된 목표로 인해 딜레마에 직면하면서 필수 개혁이 지연될 수 있다는 우려도 있다. 중국은 주요 선진국과 달리 상속세와 증여세가 없고 보유세 역시 충칭 등 소수 지역에 1%가량 시범 부과하는 데 그쳐 부익부-빈익빈 현상이 심화되어 왔다.

향후 중국 정부가 주택 수요 충족과 부동산 시장 안정화라는 정책 목표를 어떻게 조화시켜나갈지는 경제파트너인 우리에게도 중요한 관심사라 할 수 있다. 수교 이래로 양국 간 왕래가 시작되면서 지금은 전방위적 영역에서 메이드 인 차이나 없이 살아가긴 어려운 세상이 되었다. 중국 경제에 주목하는 이유도 여기에 있다. 중국 부동산 시장 산업이 중국 경제에 미치는 영향을 감안할 때 시장의 변화 흐름과 정부 정책에 대해 분석적 태도로 접근해 이해할 필요가 있다. 또한 지구촌 시대를 살아가면서 먼 나라든 이웃 나라든 우리와 잦은 왕래를 하며 직간접적으로 영향력을 행사할 수 있는 대상국에 대해 일반적인 이해 수준의 부동산 지식을 공유하고자 하는 것도 흥미롭고 의미 있는 탐구일 것이다. 향후에도 중국 부동산 가격 변동 요인이나 정부정책 효과, 중국 시장에 대한 외국인 투자 추이 등을 관심 있게 지켜보면서 시장 변화에 따른 적절한 대응 연구들이 지속적으로 이어지길 기대한다.

한국은 중국과 수요나 투자, 외환 등 다양한 경로로 연결되어 있다. 예기치 못한 중국 경제의 정책 및 환경 변화에 민감하게 반응할 수 있음에 따라 중국 경제 성장 둔화 등 중국발 불안을 완화하는 안전망

구축이 요구된다. 중국 경제 및 정책 변화에 따른 리스크를 최소화하기 위해 부품 및 광물 조달 교류 상대를 다원화하고 공급망 안정성 강화 시스템을 구축할 필요가 있다.

참　고　문　헌

강승훈 외, 「중국 지방정부의 부동산개발 행위 분석」, 『한중사회과학연구』 9(2), 2011.

김기봉·이치훈, 「피크차이나론의 배경 및 시사점」, 국제금융센터, 2023.

김동현, 「중국의 초근 부동산 정책 동향 및 향후 전망」, 『KIEP 북경사무소 브리핑』 Vol. 25 No. 8, KIEP, 2023.

김수한, 「중국 도시 토지제도 개혁과 지방정부 행위분석: 토지시용권 양도시 장을 중심으로」, 『한중사회과학연구』 6(2), 2008, 31~53쪽.

김옥 외, 「중국 부동산 정책에 관한 정치경제학적 분석: 중앙과 지방의 권력 관계를 중심으로」, 『東西硏究』 25권 2호, 2013.

김윤태, 「중국의 사영기업주 계층의 정치적 역할 연구」, 『중국학연구』 26, 2003.

서창배, 「버블과 침체가 상존하는 중국 부동산 시장: 가격하락원인과 중국경 제 위기 가능성을 중심으로」, 『INChinaBrief』 Vol. 412, 인천연구원, 2022.

신동주, 「중국의 부동산 경기순환 추정」, 『KIEP 북경사무소』, KIEP, 2023.

신호윤, 「중국의 부동산 시장 정책과 시사점」, 『동북아경제이슈』, 산은경제 연구소, 2017.

이기현, 「중국 개혁기 토지수입 분배 갈등과 중앙－지방 관계의 동학」, 『국제 지역연구』 13(2), 2009.

이일영, 「중국도시의 부동산 시장제도 형성과 시장구조」, 『동향과 전망』 69, 2006.

이찬우, 「중국 부동산 시장의 형성과 부동산 정책의 전개」, 『KAPA FOCUS

1』, 2015.

이종화,「중국의 중앙−성급정부간 관계 변화에 관한 교환 네트워크 분석」,
『국제정치논총』 46(1), 2006.

이치훈·김기봉·백진규,「중국 부동산 시장 및 거시경제 향방」, 국제금융센
터, 2023.

이치훈,「중국의 부동사 위기와 경기침체」,『INChinaBrief』 Vol. 425, 인천연
구원, 2022.

유다형,「중국 부동산 구매자수요와 특징」,『INChinaBrief』 Vol. 359, 인천연
구원, 2023.

劉英麗,「GDP誘惑失地農民」,『新聞周刊』 2003年 48期, 2003.

潘家華·李景國,「2011房地産藍皮書」, 北京: 社會科學文献出版社, 2011.

汝信·陆學·李培林,「中國社會形式分析與豫測」, 北京: 社會科學文献出版社,
2007.

「國務院關於實行分稅制財政管理體制的決定」, 國發(1993) 85號,『中華財稅網』,
1993.

「上海倒塌樓房公司多名股東與政府人員同名新聞晨報」,『東方網』, 2009.
https://lrl.kr/gUbP

「天津市原檢察長李寶金承認受賄和挪用公款指控」,『新華網』, 2007.
https://lrl.kr/gUbO

「周正毅一審被判處有期徒刑16年」,『上海證券報』, 2007.
https://lrl.kr/gUbN

「90/70政策或該适時解禁」,『鳳凰網』.
https://lrl.kr/xGL

陳婧, "樓市再吹響去庫存"號角, 聯合早報, 2024.
https://lrl.kr/gUbL

中指雲, 五一新房交易量仍在低位, 假期后市場有望迎來改善, 2024.

https://lrl.kr/pitO

經濟網, "五一"大促催化 一線樓市"厚稷薄發", 2024.

https://lrl.kr/k6kK

中央通訊社, 標普: 中國房地產市場仍在探底, 2024.

https://lrl.kr/KhcU

中國新聞網, 中國超50城推住房"以舊換新"傳遞何種信號?, 2024.

https://lrl.kr/tuCK

金華市國土資源局.

http://www.jhdlr.gov.cn/

시진핑 시기의
문화산업과 디지털 융합에 대한 전망

이강인

1. 들어가며

한국은 문화콘텐츠와 관련된 산업을 '문화산업' 혹은 '콘텐츠산업'으로 부른다. 「문화산업기본법」과 「콘텐츠산업진흥법」에 근거해 각각 탄생한 용어들이다. 그리고 잘 이해되지 않지만, 법률상으로는 문화콘텐츠는 문화상품의 하위 개념이다. 중국은 문화산업을 핵심층, 외곽층, 관련층으로 나뉘는데, 이 중 핵심층만 콘텐츠산업으로 부른다.

중국도 문화산업과 유사한 개념이 많다. '문화창의산업' 또는 '창의산업'으로 부르고, 문화산업과 콘텐츠산업 등도 혼용해서 사용한다. '문화창의산업'은 베이징과 타이완 지역을 비롯한 몇몇 지역에서, '창의산업'은 상하이에서만 공식 사용하고 있다. 베이징의 문화창의산업은 ICT 등 문화기술을 포함하고 상하이의 창의산업은 각종 컨설팅을 포함하고 있어, 문화산업의 일반적인 범위를 넘어선다. 이와 같은 차이를 이해하는 것은 매우 중요하다. 문화창의산업에 ICT 등이 포함되지 않는다면, 문화산업과 개념은 사실 같다. '창의산업'은 문화산업에 포함하는 어떤 산업들을 지칭하는 것이 아니라, 창의성의 경제적 가치를 강조하는 개념이 강해 매우 포괄적이다. 이 때문에 창의성에 기반하여 경제적 가치를 얻는 모든 산업은 창의산업에 속한다. 창의농업을 주창한 리우웨이(劉無畏)는 '창의농업'이 창의산업 혹은 창의경제에 포함되지만, 문화산업과는 상관없다고 말한다. 즉, '창의산업'의 개념으로는 구체적인 산업 분야를 구분하는 데 한계가 있다.

중국에서 문화산업이라는 개념은 2000년 10월 11일, 중국공산당 제15차 중앙위원회 제5차 전체회의에서 「중공중앙의 국민경제와 사회발전 제10차 5개년계획 제정에 관한 건의(中共中央關於制定國民經濟和社會發展第十五年計劃的建議)」에 처음 등장한다. 문화산업은 영화, TV 방송, 음반, 영상, 엔터테인먼트, 도서, 신문, 정기간행물, 관광, 전통문물, 문화예술품, 예술인 양성 등을 말한다. 2004년에는 문화산업을 크게 핵심층, 외곽층, 관련층으로 분류했으나, 2018년 이후 새롭게 문화산업 분류해 9개 대분류, 43개 중분류, 146개 소분류로 구분하고 있다.

중국 국가통계국에서 발표한 「문화 및 관련 산업 부류」(2018)에 따르면, 문화콘텐츠산업은 주로 정보 서비스, 애니메이션 게임, 디자인 서비스, 현대 미디어, 교육 연수, 문화 여행, 예술품, 문화 전시 8개 큰 범주로 구분한다. 그리고 문화산업의 범위는 아래와 같다.

① 문화를 핵심 내용으로, 사람들을 직접적으로 만족시키기에 필요한 창작, 제조, 전파, 전시 등의 문화작품(상품 및 서비스 포함)의 생산 활동

② 문화상품을 생산하는 데 필요한 모든 보조 생산 활동

③ 문화상품을 운반 및 제작(사용, 전파, 전시)하는 생산 활동(제작, 판매 포함)

④ 문화상품에 필요한 모든 전용 설비의 생산 활동(제작, 판매 포함)

2. 중국의 문화산업 산업 규모와 주요 정책

팬데믹 이전이었던 2019년 중국 문화산업 부가가치는 4조 4,363억 위안이었고, 관광산업 부가가치는 4조 4,989억 위안으로 같은 기간 GDP 비중은 각각 4.5%, 4.56%에 달했다. 하지만 팬데믹을 겪으면서 관광산업은 큰 타격을 받았고, 문화산업은 공연, 축제 등 오프라인 기반 산업은 무너지고, 디지털 분야 등은 크게 성장해 희비가 엇갈렸다. 중국 통계청에 따르면, 중국 문화산업 성장률은 2017년부터 2019년까지 크게 하락했고, 2020년부터 회복해 2021년에는 20.86%까지 회복했다. 2010년 전국 규모 이상 문화기업 수는 3만 6,000개였다면, 2021년에는 65,000개로 성장했고, 2020년과 비교해도 20.55억 위안 증가한 1조 1,906억 위안의 영업 수입을 거둘 정도로 중국 문화산업은 호황이다.

중국정부는 세계적인 경제둔화 정책을 타개하기 위하여 2016년 '중국제조 2025', '인터넷 Plus', '대중창업·만중창신(大衆創業, 萬衆創新)', 그리고 '일대일로(一帶一路)' 정책을 발표해 운용하고 있다. 중국은 2025년까지 제조업의 IT 경쟁력을 개선하고 IT와 제조업 융합을 통해 제조 강국의 대열에 진입할 것을 목표로 하고 있다. 또한, 1953년부터 시작한 5개년 계획의 지속적인 흐름으로 현재는 '14차 5개년 규획

(2021~2025)'을 진행 중이다.

'14차 5개년 규획' 속에서 문화산업 발전정책은 문화산업의 디지털 전략에 중점을 두면서 문화기술 활용과 창의적인 콘텐츠 향상에 방점이 있다. 즉, 문화산업 디지털화 전략을 시행하고, 새로운 문화기업, 문화 업태, 문화 소비모델 발전을 가속화하며, 디지털 크리에이티브, 인터넷 시청각 콘텐츠, 디지털출판, 디지털 엔터테인먼트, 온라인 방송 등으로 산업을 확대하고 있다. 최근에는 한국도 마찬가지지만 AI를 활용한 창작 콘텐츠를 주목하고 있다. 예를 들면, 중국은 종이출판의 비중이 여전히 높은데, 디지털출판으로 전환과 오디오북 지원 등 새로운 매체 간의 융복합에 힘을 기울이고 있고, 동만산업(애니메이션 산업)도 컴퓨터 그래픽을 활용한 3D 애니메이션에 집중하고 있다. 실제로 「신서유기: 몽키킹의 부활(西遊記之大聖歸來)」(2015)이나 「나타지마동강세(哪吒之魔童降世)」(2019) 같은 콘텐츠의 성공은 중국 애니메이션 산업의 미래를 엿볼 수 있다.

최근 중국 문화산업에 주목할 만 한 점은 2018년 3월, 정부조직법 개편 및 문화산업 관련 주무부서의 변경이다. 예를 들면, 신문출판광전총국을 폐지하고 방송, 신문, 출판 등 주요 분야를 중앙선전부로 편입하고, 문화부를 문화관광부(文化旅游部)로 변경하는 등 큰 변혁이 있었다. 그 외에도 문화산업 분야 중 처음으로 2017년 6월, 「영화산업 촉진법(中華人民共和國電影産業促進法)」을 시행하고 거시적인 측면에서 2019년에는 「문화산업진흥법」(초안)을 제정하는 등 법률적, 정책적 대안을 마련 중이다.

3. 중국 문화산업의 새로운 패러다임 – 디지털 융합

중국 문화산업은 온라인을 중심으로 변화 중이며, 기존의 오프라인 중심의 문화창의산업이 디지털 기술의 발전으로 새로운 영역으로 빠르게 확대하고 있다. 자막으로 총알처럼 빠르게 등장하는 동영상 플랫폼 AcFun을 시작으로 A站이 시작되었고, 다양한 문화 전반의 영역에 대한 온라인 동영상 플랫폼(Bilibili)으로 발전하면서 B站이라는 용어도 탄생했다. A站은 이전에는 탄막(彈幕, 동영상 댓글 자막) 동영상 1사이트인 AcFun(Anime Comic Fun, 彈幕視頻網, 2007년)으로 불렸고, 중국 2차원 문화의 시초로 A站으로 불렸으나, 현재는 B站으로 흡수 통합된 문화 형식이다. B站은 이전에는 동영상 공유사이트인 비리비리(嗶哩嗶哩, 2010년)로 불렸으나, 점차 2차원 문화클러스터로 일반화되어 애니메이션, 창극, 음악, 무용, 게임, 생활 오락, 패션 등은 물론 생방송 게임으로 확장 중이며, 현재는 주로 Z세대(1995~2000년대 출생)의 엔터테인먼트 플랫폼으로 자리 잡고 있다.

중국 문화산업의 주요 소비자를 살펴보면, 대부분 중년층에서 청년층으로 옮겨가는 추세이고, 오프라인 중심의 문화산업이 온라인 중심으로 변화하면서 구매력을 갖춘 청년층의 소비가 증가하고 있다. 온라인 동영상 플랫폼의 경우, 24세 미만의 청년층 이용자가 전체의 78.6%를 소비하고 있고, 청년문화 오락 소비 빅데이터 보고서에 따르면, 2021년 온라인 동영상 플랫폼을 가장 많이 이용하는 연령대는 18~24세로 약 60.2%를 소비하는 반면, 30세 이상은 5.2%에 불과하다.

최근 중국정부의 문화창의산업 관련 정책을 살펴보면, 문화산업의 패러다임을 엿볼 수 있다. 시진핑 주석이 2017년 집권 2기를 시작하면서 '시진핑 신시대 중국 특색 사회주의'를 주창하고 있다. 같은 맥락의 연장선으로 중국정부는 문화산업 창작에 있어 '신시대 드라마'처럼 '신시대'를 계속해서 장려하고 있다. 또한, 문화부의 정책과 과기부 등 6개 부처가 발표한 정책으로 중국 문화부는 2017년 4월, 「디지털 문화산업 혁신발전 추진지도 의견」과 「13차 5개년 시기 문화산업발전계획」을 발표해 문화부는 디지털 문화산업의 육성, 문화콘텐츠 창작과 첨단 기술을 활용한 디지털 제작, 온라인과의 융복합 연계 등 문화창의산업의 발전을 도모하고 있다. 그리고 중국 과기부 등 6개 부처가 2019년 8월 공동으로 「문화산업에 과학을 접목한 융합 발전을 근간으로 하는 기술 간 융복합 촉진 지도의견」을 공표해 중국 과기부, 중앙선전부, 중앙온라인통신반, 재정부, 문화관광부, 광전총국이 공동으로 문화와 과학기술의 융합을 통한 문화창의산업 발전을 촉진하고 있다. 주요 목표에서 드러나듯이 중국의 문화창의산업은 주로 과학기술과 ICT 측면에서의 융합을 강조하고 있으며, 기존의 산업진흥 방식과 유사하게 시범기지 건설을 중기목표로 설정했다.

또한, 문화기술 혁신체계 구축을 위하여 각지에 국가문화기술융합시범기지를 설립하고 있다. 이는 기존의 문화창의산업단지와 다르다. 기존의 문화창의산업단지는 특정 테마 중심의 문화 공간, 산업 클러스터, 연구소와 학교 등 기관 중심의 단지 등 다양한 형태로 이루어진 복합적인 문화산업 공동체였다면, 국가문화기술융합시범기지는 문화데이터 구축, 문화콘텐츠의 다중채널 개발, 멀티네트워킹·멀티 단말기 디스플레이 등 문화 전파기술 연구개발, 콘텐츠 가치평가 및 저작권 거래, 콘텐츠 및 서비스 품질평가 등 문화서비스 기술개발 등을 포커스에 두고 있다.

이는 콘텐츠 제작 및 유통에 있어서 사물인터넷, 클라우드 컴퓨팅, 빅데이터, 인공지능 등의 신기술을 활용하여 문화 디지털화를 추진하고 궁극적으로 디지털 문화상품 개발 및 문화성과를 디지털 네트워크 등의 현대화를 추진하고 있다. 문화유산의 보존과 전승을 위한 디지털화 채집에 필요한 스마트전용 장비(가상현실, 고화질 방송, 최첨단 편집, 고기능 영상촬영, 친환경 디지털 나노인쇄) 등 문화장비 기술 제고, 문화기술표준 연구개발을 통하여 글로벌 표준이 되도록 추진하고 나아가 문화 일대일로 정책으로 확대하고 있다.

물론 한국과의 관계는 2016년 사드 배치 후 거의 완벽하게 단절되었다. 2016년부터 현재까지 한중 문화산업 관계를 문화 냉각기로 나누어 보고 있다. 한중 수교 후 중국에서 한류는 맹위를 떨쳤다. 그만큼 한국에 대한 중국 인민의 호감도 높았고, 한국에 관광 및 유학생 수도 가장 많았다. 하지만 사드 배치로 인한 갈등 및 사드 배치에 대한 보복으로 한국 문화산업의 중국 유입을 제한하는 한한령이 내려지고, 이후 한중 양국 간의 문화교류는 급감하고 오히려 중국의 문화공정으로 갈등의 골이 깊어졌다. 예를 들면, 한국의 방송콘텐츠는 2009년 633만 달러에 불과했으나 2016년에는 9,395만 달러로 최고점에 이르렀다. 하지만 사드 이후인 2018년에는 747만 달러로 급감했다. 이러한 현상은 출판, 영화, 음악 등 다른 문화산업도 마찬가지다.

2016년 사드 사태 이후 한중관계는 급격하게 냉각되었고, 윤석열 대통령이 유럽 방문 중 탈중국을 선언하면서 최악으로 치닫고 있다. 최상의 관계라고 평가되었던 한중관계는 모든 교류가 사실상 중단되면서 최악의 관계로 변한 것이다. 한중 무역은 2022년 5월 처음으로 적자로 돌아서면서 회복될 기미가 없다. 하지만 최근 한국콘텐츠가 중국에 정식으로 수출하는 양상이 감지되고 있다. 사드 이후 한국 K콘텐츠는 리메이크 방식으로 진행되었다. 대표적인 작품으로 「수상한 그녀」, 「써니」, 「베테랑」, 「극한직업」 등이 있다. 드라마 「미생」의 리메이크작 「평범적영요(平凡的荣耀)」(2020)는 좋은 평을 받았지만, 「연애의 발견」을 리메이크한 웹드라마 「연애적하천(戀愛的夏天)」(2022) 등 대다수의 리메이크 드라마는 큰 인기를 끌지 못했다.

최근 「슬기로운 의사생활」과 「스물다섯 스물하나」가 알리바바 산하의 유쿠에서 2022년 12월부터 서비스하기 시작했다. 광전총국은 한국의 역사물은 엄격하게 통제하지만 유쾌하고 코믹한 로맨스물은 조금씩 개방하고 있다. 2023년 3월에 개최한 홍콩 '필마트'에 한국의 23개 기업과 80여 개 작품이 참가해 중국 수출에 기대를 걸고 있다. 이는 「슬기로운 의사생활」과 「스물다섯 스물하나」 수출이 큰 자극이 된 것이다. 그리고 웹툰의 종주국답게 한국 웹툰이 중국에서 두각을 나타내고 있다. 웹툰 「어느 날 공주가 되어버렸다」는 콰이칸만화에서 애니메이션으로 제작했다. 이 작품은 한국은 물론 중국에서 큰 인기를 얻은 콘텐츠로 애니메이션도 좋은 반응을 받았다. 콰이칸만화는 「전주 이씨네 게스트하우스」도 공개한 적이 있고, 네이버나 카카오 외에도 D&C 미디어, 투유드림, 오렌지디, 코미코 등과 꾸준히 비즈니스를 하고 있다. 그리고 조석 작가의 웹툰 「문유(MOONYOU)」를 원작으로 제작한 중국 영화 「독행월구(獨行月球)」가 중국 내 누적 박스오피스 12억 8천만 위안을 돌파해 2022년 흥행 2위를 기록했다. 웹툰 「문유(MOONYOU)」는 중국 웹툰 플랫폼 둥만만화(哆漫漫畵)에서 동시 연재했고, 영화는 웰메이드 영화제작사로 잘 알려진 카이신마화(開心麻花)가 제작했다.

4. 중국 문화산업의 디지털 융합 발전 동향

중국은 과학기술을 바탕으로 하는 미디어와 플랫폼의 디지털 융합 변화를 추진하고 있는데 이는 기획, 창작, 표현, 제작, 유통 등 문화산업 전체의 가치사슬에 영향을 미치고 있다. 기존의 공연, 전시, 드라마 등과 같은 장르를 예로 들면 문화전시·공연은 '역사+예술+창의+과학'의 융합을 통해 새롭게 표현되고 있다. 문화예술은 5G, AR, XR 등 디지털 기술의 지원으로 전통적 표현 형식을 깨고 시청각 효과와 표현 방법에 있어 새로운 기법을 연출해 내었다. 디지털 기술과 인터넷의 융합은 문화공연 산업의 발전을 이끌 뿐만 아니라 웹 예능프로그램 및 웹 드라마와 같은 새로운 형식을 가미한 프로그램 제작을 가능하게 하였다. 중국의 전통의 대표하는 '만회연속극(晚會連續劇)'은 전통적인 형식(晚會)을 뛰어넘어 '웹드라마+웹예능' 형식으로 구성되었는데, '5G+AR' 기술을 중심으로 하는 가상장면과 현실 무대를 결합하여 다양한 분야에서의 성공적인 프로그램 융합을 실현했다.

중국에서는 콘텐츠산업을 '문화 및 관련 산업(文化及相關産業企業)'으로 지칭하며 '대중에게 문화 서비스 혹은 관련 제품을 제공하는 산업'으로 정의하고 있다. 중국 '문화 및 관련 산업'에는 구체적으로 뉴스 정보 서비스, 콘텐츠 제작 및 생산, 크리에이티브 디자인 서비스, 문화 커뮤니케이션 채널, 문화 투자 운영 등이 포함되고 있다. 이와 더불어 문화 상품을 생산하기 위해 필요한 모든 문화 보조 생산 활동과 중개 서비스, 문화 관련 장비 및 소비 기기 생산(제작, 판매 포함) 등을 모두 아우르고 있다. 시진핑 집권 3기(2022~2027년)에 들어서며 중국 문화 및 관련 산업은 중국 경제발전의 새로운 성장 산업으로 주목받고 있으며 국가통계국의 통계에 따르면 2023년 중국 문화산업 매출액은

13조 위안에 달하였다.

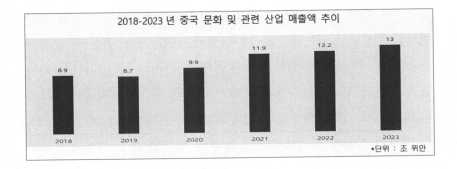

2018-2023 년 중국 문화 및 관련 산업 매출액 추이

2018	2019	2020	2021	2022	2023
8.9	8.7	9.9	11.9	12.2	13

★단위 : 조 위안

중국 국가통계국에서 지난 1월 30일 발표한 통계자료에 따르면 2023년 중국 규모 이상 문화기업의 매출액이 13조 위안에 육박하였다. 중국 전역의 규모 이상 문화기업 7만 3,000곳을 대상으로 한 조사에 따르면, 지난 2023년 문화기업의 매출액 증가율은 전년 대비 8.2% 증가하였다.

이번 통계에서 특히 눈여겨 볼만한 점은 2023년 문화 오락 및 여가 서비스 산업의 매출액이 전년도 14.7% 감소에서 63.2% 증가하여 1,758억 위안을 달성하였다는 점이다. 이는 정부의 내수 확대 및 소비 촉진 정책이 2023년 하반기에 접어들어 효과를 발휘하며 대중의 문화 소비 수요가 높아져 문화, 오락 및 여가 산업의 회복을 촉진한 것으로 해석된다. 특히 웨어러블 스마트 장비 제조, 디지털 출판, 멀티미디어 게임 애니메이션, 디지털 출판 소프트웨어 개발, 인터넷 검색 서비스, 엔터테인먼트 지능형 무인 항공기 제조, 인터넷 기타 정보 서비스 등 6개 영역의 신사업 분야 성장이 중국의 문화산업 발전에 크게 기여하고 있는 것으로 나타났다.

1998년 문화부 산하에 문화산업처가 설립된 이래, 중국 정부는 고부가가치 산업인 문화산업의 진흥을 위해 다양한 지원 정책을 지속적으로 발표하고 있다. 최근 몇 년 사이의 가장 큰 흐름은 콘텐츠에 대한 소비자의 요구 수준이 점점 높아지면서 콘텐츠 품질이 향상되고, 고품질 서비스 소비가 증가하고 있다는 점이다. 또한 일찍이 웹소설을 중심으로 한 IP 산업이 발전해 왔으며 지금도 웹소설, 웹툰 등의 IP를 드라마, 애니메이션, 영화, 게임 등으로 각색해 새로운 부가가치를 창출하는 IP 비즈니스가 활발히 이루어지고 있다. 다음에 몇 가지로 나누어 디지털의 융합이 문화산업 분야에 끼치는 전망을 살펴보겠다.

1) 생성형 AI: 창의적인 콘텐츠 제작이 촉진될 전망

AI 기술을 활용한 각종 인터렉티브 콘텐츠가 등장할 전망이다. AI는 지속적으로 산업 분야를 가리지 않고 여러 업계의 발전에 새로운 생명력을 불어넣었다. AIGC 역시 문화 엔터테인먼트 산업의 생태계를 전대미문의 속도로 바꾸어 놓았고, AI를 응용한 많은 신상품과 새로운 프로젝트 및 비즈니스 모델이 출현하였다.

AI 기술은 비용을 낮추고 효율을 높이는 데 그치는 것이 아니라, 인터렉티브 드라마나 인터렉티브 무비 게임, 인터렉티브 가상 콘텐츠 등 완전히 새로운 이용자와의 상호작용 방식을 활용한 'AI 본연의 상호작용 콘텐츠'를 창조해 낼 것이라는 견해가 새롭게 등장하였다. 인터렉티브 디지털 콘텐츠 기술회사 알트스토리(互影科技)의 설립자 쿤펑(鵾鵬)은 'CEIS 2024 중국 엔터테인먼트산업 연차총회(CEIS 2024 中國娛樂産業年會)'에서 "2024년 출시할 인터렉티브 콘텐츠와 인터렉티브 드라마, 인터렉티브 무비 게임 등의 상품은 AI와 매우 밀접한 관련을 맺고 있어 이용자가 스토리에 참여하도록 만들어 주기 충분하다"
라고 설명하면서 저비용 고효율의 효과 외에, AI의 더 큰 가능성은
새로운 인터렉티브 형식을 만들어내는 데 있다는 점을 지적하였다.

또한 "AI가 만들어내는 인터렉티브는 기존처럼 콘텐츠에 몇 개의
분기점을 추가하는 수준이 아닌, 바로 새로운 콘텐츠를 생성하고 새
로운 상상력을 펼치는 것으로 그 안에는 수많은 결합 포인트가 있다"
라고 언급하였다. 이에 대한 예시로 "이용자가 영상에 댓글을 띄워서
스토리에 영향을 주는 것도 가능한데, AI가 댓글의 내용을 식별해
실시간으로 맞춤형 인터렉티브 콘텐츠를 생성하는 방식"을 들며, 현
재 자신들이 적극적으로 모색 중인 새로운 방향이라고 부연하였다.

나아가 "신세대 유저들은 천성적으로 콘텐츠와 상호작용을 하길
원한다"라며 "인터렉티브 드라마, 인터렉티브 무비 게임, 인터렉티브
가상 콘텐츠뿐만이 아니라 2024년부터는 AI 본연의 인터렉티브 콘텐
츠가 나올 것"이라고 전망하였다. AI가 사람과 똑같이 콘텐츠를 생산
할 수 있는가 하는 대중의 지적에 대해서는 "현재 시점에서는 AI가
정상급 창작자의 역량을 따라가기 어렵지만, 보조적인 기능 즉, 스토
리의 틀은 창작자에게 맡기고, AI가 이야기 속 캐릭터를 담당하는"
등의 새로운 방식의 협업은 충분히 가능할 것으로 보았다.

2023년 7월, 중국 내 최초로 개인 사용자를 대상으로 한 유료 AI소
프트웨어 '먀오야상지(妙鴨相機)'가 출시되어 대중들로부터 큰 인기를
얻었다. '먀오야상지'는 사용자가 인물 사진 20 장을 찍어 업로드하면
AI모델링에 기반해 다양한 스타일의 프로필 사진을 생성해 주는 AI카
메라 APP으로, 콘텐츠 업계의 떠오르는 샛별로 급부상하였다. '먀오
야상지' 책임자 니어우(倪欧)는 '먀오야상지'에 대해 "최근 수년간 효
과 생성 및 기능 측면에서 대폭 업그레이드됐을 뿐 아니라, 이용자의

데이터 아바타를 기반으로 한 얼굴 보정 기능을 제공하고 있다"라고 부연 설명하였다. 이어 "얼굴 보정 기능은 간단히 말해 이용자가 사진을 찍을 때 애써 표정 관리를 하지 않아도, 심지어 눈을 감아도 이를 통해 고쳐지는 기능"이라고 덧붙이며 "향후, 기초 모델을 추가 업그레이드하는 한편, 전신 촬영이나, 단체 사진, 가족사진 촬영 등 더 많은 기능을 출시할 예정"이라고 밝혔다.

'먀오야상지'는 AIGC상품이 중국 국내시장에서 수익을 낼 수 있다는 것을 시장에 처음 알린 상품이자 대중들이 이른바, "불쾌한 골짜기" 효과를 뛰어넘어 자신의 디지털 아바타를 받아들일 수 있게 해준 상품인 만큼, 대중들의 AIGC상품에 대한 인식 변화에 있어 상당히 중요한 역할을 한 것으로 평가된다.

한편 많은 기업이 AI를 도입하고자 하면서 AI에이전트에게 많은 기회가 주어질 거라 전망되며, 향후 AI 에이전트 영역이 폭발적인 성장을 이룰 것으로 보는 견해가 지배적이다. 이란테크(一覽科技)의 설립자 뤄장춘(羅江春)은 'CEIS 2024'에서 "은행, 자동차, 휴대폰 제조 업체 등 많은 기업이 AI 활용에 대한 기대가 매우 높아 2024년에는 AI에이전트가 꼭 히트 상품은 아니더라도 산업과의 연계가 점차 빈번해져 폭발적인 인기를 끌 수도 있다"는 의견을 밝히기도 하였다.

중국 정부는 현재 국가문화산업창신실험단지(國家文化産業創新實驗區)를 중심으로 생성형 AI 분야의 산업 계획 수립에 박차를 가하고 있다. 이를 통해 기술기업과 문화기업의 실질적인 니즈에 부합하는 쪽으로 산업 발전을 유도하고, 중국의 생성형 AI기술 경쟁력과 응용범위를 확대하는 한편, 관련 기술을 문화 분야에 창의적으로 적용할 것을 장려함으로써 생성형 AI가 문화산업 발전에 더욱 일조할 수 있도록 추진할 계획이다. 이와 함께 생성형 AI의 위험성에도 관심이

쏠리고 있는데, 생성형 AI 의 진실성과 정확성, 판권 문제, 알고리즘의 차별 및 남용 문제 등은 간과할 수 없는 당면 과제로 지적되고 있다. 이에 따라 이와 관련된 정책 발표 또한 지속적으로 이어지고 있는 상황이다. 2023년 7월 국가인터넷정보판공실(國家互聯網信息辦公室)은 생성형 AI의 건전한 발전과 규범에 맞는 활용을 추진하고자 국가발전개혁위원회(國家發展和改革委員會), 교육부(敎育部), 과학기술부(科學技術部), 공업정보화부(工業和信息化部), 공안부(公安部), 국가광파전시총국(國家廣播電視總局)과 공동으로 「생산형 AI 서비스 관리 잠정안(生成式人工智能服務管理暫行辦法)」을 발표하였다. 이 문서에는 앞으로 생성형 AI가 보조하는 콘텐츠 창작이 신뢰성 있고 통제 가능한 범위 내에서 발전해야 한다는 내용을 담고 있다.

2) 영화: 국산 애니메이션 및 전통 역사 소재에 주목

영화 전문 빅데이터 분석 업체 덩타(灯塔)가 발표한 「2023년 중국 영화시장 연간 조사보고서(2023中國電影市場年度盤點報告)」에 따르면, 최근 5년간 영화 티켓을 구매한 이용자 중 24세 이하가 차지하는 비율은 2019년 38%에서 2023년 24%로 해마다 감소하는 추세이다. 코로나19로 3년간 불안정했던 오프라인 환경 및 숏폼 동영상으로 인한 타격 등으로 영화 관객 구조가 근간 본적으로 변화하였으며, 이에 업계의 불안감이 크게 고조되고 있다.

중국 영화시장에 대해 꾸준히 제기되는 위기론에 대해 일각에서는 이 또한 산업 발전의 거대한 흐름의 일부로 해석하고자 하는 움직임과 함께 적극적으로 돌파구를 모색하는 작업이 이루어지고 있다. 루이필름(儒意影業)의 양하이(楊海) 부사장은 젊은 관객층의 이탈에 대해

업계가 너무 과도하게 염려하거나 패닉에 빠질 필요는 없다면서 "오프라인 엔터테인먼트 소비 규모가 전체적으로 감소되면서 젊은 관객층이 한정된 예산 내에서 콘서트, 뮤직 페스티벌, 여행 등 다른 콘텐츠를 소비하고자 하는 경향은 영화에 큰 영향을 미칠 수밖에 없는데 이는 비교적 자연스러운 현상"이라고 의견을 밝혔다. 그는 최근 영화시장의 위기를 산업 발전의 측면에서 설명하였는데, 2010년에서 2014년 사이에는 중국 전역에서 대규모 영화관 건설에 박차를 가했고, 특히 4선 도시에 영화관이 건립되며 많은 관객을 끌어들였다. 이어서 2015년에서 2019년까지는 티켓 구매 사이트들이 대량의 티켓 구매 보조금을 적용한 저렴한 티켓 가격으로 젊은 관객을 극장으로 빠르게 끌어들였다. 그러나 지난 3년간은 코로나 팬데믹과 같은 불안정한 환경 탓에 영화시장이 기존의 외적 요소에 의한 에너지들을 모두 잃어, 콘텐츠 자체의 매력에 기대어 관객을 끌어와야 하는 상황이 되었다. 이는 영화업계에 던져진 새로운 도전과제라고 할 수 있기에 업계 스스로 변화된 영화 관객구조를 정면으로 직시하고, 이러한 변화에 맞춘 경영을 통해 위기국면을 돌파해야 한다고 강조하였다.

영화업계에서 젊은 관객을 유치하기 위한 노력은 꾸준히 이어지고 있지만 색다른 재미 요소를 가진 다양한 즐길 거리들이 쏟아져 나오는 현재, 영화인들의 고민은 계속되고 있다. 동방드림웍스 회장 잉쉬쥔(應旭珺)은 "지금의 젊은 관객들은 역사상 가장 성숙하고 미적 감각이 뛰어나며 가장 개방적인 세대로 많은 것을 보고 참신함과 변화를 추구한다"고 설명하였다. 그는 현 상황에 대해서도 "영화산업은 숏폼 동영상, 고퀄리티의 드라마, 콘서트 등 다른 즐길 거리에 대한 선택의 폭이 넓어진 상황에서 눈높이가 높아진 젊은 관객들을 영화로 끌어들이기 위한 방법을 여러모로 모색해야만 하는데 이들은 틀에 박힌 서사를 거부할 뿐만 아니라 예상을 뛰어넘는 새로운 내용과 마음을 움직이는 표현방식을 원한다"는 점을 반드시 이해해야 한다고 강조하였다. 화창팡터(선전)애니메이션유한회사 부사장 리샤오훙(李小虹) 또한 "오늘날 젊은 관객들은 이미 전통적인 영화 마케팅에 지루함을 느끼고 있다"며 "지금의 10대를 포함한 Z세대는 자신의 개인적 감정에 점점 더 많은 관심을 기울이고 있어 영화로부터 감동을 받지 못한다면 곧바로 다른 즐길 거리를 선택한다"고 설명하였다. 이에 지난해 춘절 시즌, 14.95억 위안 박스오피스를 기록하며 흥행에 성공한「부니베어: 가디언 코드(熊出沒·伴我"熊芯")」에 대해 "젊은 관객의 요구에 귀기울이고 그들과 호흡을 맞춘 것이 부니베어 IP운영 성공의 핵심"이라고 부연하였다.

최근 영화 업계에서는 앞서와 같은 위기에 대한 돌파구로 중국 국산 애니메이션 장르와 전통 역사 소재에 주목하고 있다. 유명 제작자 양하이는 애니메이션이야말로 젊은 관객들과 쉽게 가까워지기에 가장 직접적이고 적합한 장르이자 미래의 주요 성장 포인트라는 의견을 내놓았다. 또한, 지난 2023년을 중국 전통 역사 소재 콘텐츠라는 좋은 결실을 수확한 1년으로 평가하였다.

이와 같은 견해를 뒷받침하는 주요 작품으로「만강홍(滿江紅)」,「장안삼만리(長安三萬里)」,「봉신(封神) 제1부」가 있으며, 이들 모두 괄목할 만한 흥행성적을 거두었다. 또한 2024년 8월에 개봉 예정인「백사: 부생(白蛇: 浮生)」은 중국 애니메이션과 전통 역사소재라는 두 가지 성장 동력이 결합한 대표적인 예라고 할 수 있겠다. 이러한 추세를 보면 미래는 과거의 전통이나 문학소재를 중심으로 스토리를 만들고 이를 영상화하는 것이 중국 뿐 만 아니라 세계적인 추세임에는 틀림없다. 따라서 한국 역시 전통이나 문학의 소재를 잘 활용할 수 있는 지원책이 강화되어야 할 것이다.

3) 드라마: 'IP적 사고'의 강화

엄격한 품질관리를 통해 고퀄리티 드라마가 증가 추세이다. 2023년에는 시청자들로부터 호평을 받은 작품들이 대폭 증가했다. 더우반(豆瓣) 평점 8점 이상을 기록한 작품이 무려 23편에 달했으며 이는 2022년 대비 4배에 가까운 놀라운 수치이다. 「광표(狂飆)」, 「만장적 계절(漫長的季節)」, 「삼체(三體)」, 「번화(繁花)」 등 훌륭한 드라마 여러 편이 잇달아 큰 인기를 얻었는데, 이 드라마들은 모두 높은 퀄리티는 물론 지금까지 없었던 새로운 장르와 형식을 개척했다는 높은 평가를 받았다.

이렇게 입소문 좋은 드라마가 폭발적으로 증가한 주요 원인 중 하나로 각 제작사와 플랫폼의 엄격한 드라마 품질관리를 들 수 있겠다. 퍼펙트월드의 수석 부사장이자 영상사업 부문 책임자인 청잉쉐(曾映雪)는 "드라마의 퀄리티를 보장하는 열쇠는 사람에게 있으며, 결국 드라마의 핵심은 제작진"이라고 거듭 강조하였다. 퍼펙트월드픽처스(完美世界影視)는 "드라마의 기획 개발부터 인큐베이팅, 대본 디벨롭, 촬영 준비 등 모든 단계에 있어 신중한 평가 프로세스를 통해 프로젝트의 품질을 보장하고 있다"고 설명하였다. 알리바바픽처스(阿里影業)의 부사장이자 제작사 둔치 스튜디오(敦淇工作室)의 대표 둔치(敦淇)는 플랫폼의 입장에서 보면 '저비용 고효율'이라는 대전제 아래 "앞으로는 최소한 A급 이상, 심지어 S급 이상의 고퀄리티 작품만이 기회가 있을 것"이라며 향후 드라마 흥행에 있어 퀄리티가 무엇보다 중요함을 강조하였다. 그는 드라마 제작 시 '소재부터 극본, 스태프, 제작, 마케팅에 이르기까지 어느 것 하나 부족해서는 안 된다'고 강조하면서, 그 중 "소재를 최우선으로 꼽는 이유는 드라마 산업 전반에 걸쳐 얼마나 유사한 콘텐츠가 많은지 알기 때문"이라며 "기획에 있어 시청자 층을 정확히 타깃팅한 후, 소재를 정교화하는 과정이 매우 중요한데, 모든 대중을 아우를 수 있는 소재는 매우 드물기 때문에 대부분의 드라마가 부득이하게 시장을 세분화해 특정 타깃을 대상으로 삼을 수밖에 없다"고 의견을 내놓다.

또한 드라마 프로젝트를 개발할 때 시리즈화 또는 콘텐츠 포맷 전환 등의 IP확장성을 따져보는 'IP 중심적 사고'가 여전히 강조되고 있다. 일례로 제작사 창신미디어의 경우, IP의 시리즈화에 매진해, 2024년에는 「당조궤사록2(唐朝詭事錄2)」의 방영 및 「당조궤사록3(唐朝詭事錄3)」의 촬영을 진행할 예정인데, "앞으로는 제작하고 싶은 작품이 만약 시리즈화가 불가능하다거나 장편 드라마를 숏폼 드라마로, 혹은 가로 화면형 드라마를 모바일용 세로 화면형 숏폼 드라마 등으로의 확장성이 떨어진다면 아예 처음부터 개발을 권하지 않을 것 같다"고 향후 제작방향을 제시하였다.

4) 예능: 새로운 성장 포인트는 다양한 콘텐츠 유형으로의 'IP 확장'

2023년 예능시장은 활기를 되찾기 시작했지만, 예산이 급감하는 외부 환경 속에서 협찬사를 찾아야 하는 난제에 부딪혔다. 또한 시즌제 예능의 인기가 예전 같지 않아 새로운 형식과 기회를 찾아 새로운 상업화 모델을 끌어내는 것이 급선무라는 평가가 나오고 있다. 이와 같은 상황에 지난 2023년에 인기를 끈 농사를 소재로 한 예능 「종지파(種地吧)」는 '롱폼+숏폼+몰입식 라이브방송+라이브쇼핑'의 결합 방식과 IP를 활용한 다양한 비즈니스 확장 시도로 예능업계 종사자들의 이목을 크게 집중시켰다.

하이시미디어(海西傳媒)와 아이치이(爱奇藝), 란텐샤미디어(藍天下)가 공동 출품한 「종지파」는 10명의 출연자가 190일 동안 농사를 짓는 다큐멘터리 형식의 리얼리티 예능 콘텐츠이다. 아이치이 산하 미니몬스터스튜디오(小怪獸工作室)의 책임자 우한(吳寒)은 「종지파」의 흥행성공은 다양한 방송 형식의 결합이라는 참신함에 더해, 젊은이들이 땅과 함께 성장하는 이야기를 진정성 있게 그려냈기 때문이라고 분석하였다. 「종지파」는 출연자들과의 장기계약 체결을 통해 시즌1과 시즌2 사이의 기간 동안 출연자들로 하여금 콘텐츠 관련 콘서트나 농업시설 행사 등과 같은 파생 비즈니스에 참여시키며 그 호흡이 끊기지 않도록 진행하였다. 또한 시즌2의 시작과 동시에 출연자들이 곧바로 「종지파」 촬영에 집중할 수 있도록 기획 초기부터 치밀하게 계획하였다.

이처럼 하나의 IP를 연결성 있게 활용하는 방식은 예능 업계에 새로운 아이디어와 비즈니스 기회를 제공해 주었다고 평가받았다. 하이시미디어 그룹 부회장 차이쥔타오(蔡俊濤)는 "종래의 예능은 방송을 하고 나면 그것으로 끝이었지만, 앞으로의 예능은 「종지파」의 경우와 같이 콘텐츠 자체에만 국한되지 않고 더욱 다양한 후속 콘텐츠로 확장되어야 할 것이라는 견해를 피력했다. 이 밖에도 예능 콘텐츠를 생태계 산업체인 전반에 걸쳐 다양하게 활용하고자 하는 시도는 업계 전반에 걸쳐 매우 활발히 이루어지고 있다. 유쿠(優酷)에서 방송한 하이시미디어 단독제작 코미디 프로그램 「붕불주료랍(繃不住了啦)」의 경우, 매회 20분 분량 가운데 8~10분 분량으로 편집된 영상이 빌리빌리(嗶哩嗶哩)에 업로드 되는 한편, 1분 분량으로 편집된 숏폼 동영상은 더우인(抖音)에 올리고 있다.

8분짜리 코너 2개를 1편으로 묶어 52편까지 업로드해 놓은 온라인 콘텐츠 또한 베이징전람관극장(北展)을 통해 하나씩 오프라인으로 공연하고 있다. 하이시미디어가 현재 시도하고 있는 앞과 같은 다양한 방식의 결합은 예능 콘텐츠 산업계에 콘텐츠 상업화 방식과 관련된 다양한 상상력을 제공하고 있다. 텐센트(騰訊)산하 예차오스튜디오(野草工作室)의 책임자 옌즈화(闇芝樺)는 현재 텐센트가 제작 중인 「반숙연인(半熟戀人)」, 「하하하하하(哈哈哈哈哈)」, 「현재취출발(現在就出發)」 등과 같은 예능 콘텐츠들이 속속 등장하면서, 이제 회원들은 계속 플랫폼을 찾을 수밖에 없는 환경이 되고 있다고 설명하였다. 일례로 회원들에게 더 많은 독점 콘텐츠 제공은 물론, 이용자의 시청시간 달성이나 회원 이벤트 등을 통해 출연진의 서명, 사진과 같은 상품을 제공하는 프로모션을 지속적으로 제공하고 있다.

5) 숏폼 드라마: 업계 안정화 단계, 트래픽 비용 증가에 직면할 것

숏폼 드라마의 인기와 더불어 각종 문제점들이 수면에 드러나고 있다. 2020년부터 우후죽순처럼 생겨나 급속도로 발전한 숏폼 드라마는 근래 들어 100억 위안 이상의 경제 가치를 가진 것으로 평가받으며 콘텐츠 업계의 새로운 성장 동력으로 떠오르고 있다. 중국전매대학교 부교수이자 미디어 싱크탱크 전문가인 저우쿠이(周逵)는 "숏폼 드라마는 올해 몇 안 되는 새로운 콘텐츠 분야 중 하나로 혁신과 희망으로 가득 차 있다"며, "숏폼 드라마는 대중들의 취향 변화에 대한 적응이 매우 빠르고 기획부터 방송에 이르는 문턱이 비교적 낮다. 최근 들어서는 숏폼·롱폼 가리지 않고 모든 플랫폼이 숏폼 드라마를 최우선 전략 분야로 계획하고 있다"고 설명하였다.

그러나 한편으로는 숏폼 드라마 퀄리티에 대한 논란과 단기적 투기

행위 등이 문제로 지적되고 있기도 해 관리 감독의 필요성이 대두되고 있다. 저우 교수는 최근 숏폼 드라마 영역에서 지적되고 있는 문제들에 대해 "숏폼 드라마 종사자들이 진정으로 자신만의 브랜드를 만들고 싶다면, 현재 일부 제작자들이 취하고 있는 아슬아슬한 수위나 투기성 제작은 결코 좋은 전략이 아니다"라고 밝혔다. 즉, 단기적인 투기 행위가 발생하거나 사회적인 비난 여론이 조성되어 업계가 무너지는 것을 방지하기 위해 정부의 보다 적극적인 관리 감독의 필요성을 역설하였다.

2024년 숏폼 드라마 시장 규모는 약 300억 위안에 달할 것으로 예상되는 반면, 초히트작은 점점 줄어들면서 업계는 더욱 안정화될 것으로 전망된다. 뎬중테크(點众科技)는 인터넷 문학 서비스업체로 2022년 숏폼 드라마 업계에 뛰어든 후 수많은 히트작을 내놓았다. 뎬중테크의 공동 설립자 후즈화(胡志華)는 향후 1억 위안 이상의 매출을 올리는 이른바 초히트 작품은 점차 줄어들고 업계가 안정화될 것이라며 "숏폼 드라마 가운데 미니 앱 드라마의 경우 주로 더우인이나 콰이서우, 텐센트 등의 플랫폼에서 개인 맞춤형 알고리즘 추천을 기반으로 발전했다"라고 설명하였다. 더불어 2024년에는 숏폼 드라마 시장이 300억 위안 규모에 달할 것으로 예상되며, 연간 1만여 편에 달하는 숏폼 드라마가 제작될 것으로 예상하고 있다. 다만 업계의 숏폼 드라마 히트작 비율은 15% 내외로, 이를 제외한 대부분의 숏폼 드라마의 경우, 투자비용조차 회수하기 어려울 것으로 예상됨에 따라 특히 시장 신규 진입 업체들은 진입 초기 단계부터 더욱 신중을 기해야 한다고 주장하였다.

숏폼 드라마 제작 퀄리티가 점점 높아지는 동시에 여러 유형으로 세분화되면서 제작사들도 각자의 길을 모색 중이다. 제작자 자오시쉬

안은 "가로 화면형 숏폼 드라마의 품질이 점차 높아지면서 제작자들은 세분화된 영역에 더욱 집중하고 있으며 숏폼 드라마가 세로 화면형, 가로 화면형, 미니 앱용 등으로 나눠지면서 제작사들도 점차 자신들이 어떤 영역에 더욱 적합한지 알아 가고 있는 상황이다"고 언급하였다. 또한 숏폼 드라마 트래픽 유입 비용이 지속적으로 상승하고 있는 추세이다. 이는 결국 중소 제작사들의 생존을 위협해 궁극적으로는 비즈니스 모델 자체가 큰 영향을 받을 것으로 보인다. 이에 숏폼 드라마 제작사 스스로 콘텐츠의 퀄리티를 더욱 끌어올려 사적 영역의 트래픽 양을 키우는 한편, 이를 바탕으로 자체 APP을 개발하는 방향으로 발전하고 있는 추세이다.

6) 디지털 마케팅: 정서적 연결 중시하는 AI 감성 마케팅에 주목

인간의 감정을 인식하고, 이해하고, 반응하는 감성 컴퓨팅에 대한 관심이 증가하고 있다. 최근 몇 년 사이 AI의 급속한 발전과 함께 감성 컴퓨팅 기술을 활용하는 분야가 끊임없이 확대돼, 디지털 인텔리전스 시대의 주요 특징이 되어 가고 있다. 감성 컴퓨팅 영역은 일찍부터 중국에서 꾸준히 주목하고 있는 분야이기도 하다. 지난 2014년 마이크로소프트(MS)가 중국에서 선보인 샤오빙(小冰)은 세계 최초로 감성지수(EQ)를 높이는 데 집중한 인공지능으로 사상 최대 규모의 AI감성 컴퓨팅 시스템을 구축해 주목받은 바 있다. 또한, 5세대 샤오빙에 이르러서는 실시간으로 감정을 인식하고 대화가 가능한 엔진 및 탁월한 언어구사 능력 등을 갖춘 것으로 평가받았다.

감성 컴퓨팅 기술에 기반을 둔 AI는 방대한 데이터를 기반으로 인터넷에서 소비자가 문화 상품을 선택·공유·감상·평가할 때 나타나는 특징을 심도 있게 분석할 수 있다. 이처럼 소비자의 전반적 기호와 정서적인 니즈, 복잡한 감정 패턴을 보다 정확하게 식별하고 파악해 시뮬레이션 할 수 있게 해 준다는 점에서 특히 마케팅 영역에서 큰 주목을 받고 있다. 향후 기업들은 더욱 공고해진 소비자와의 정서적 연결을 바탕으로 맞춤형 마케팅 전략을 세울 수 있을 것으로 기대하고 있으며, 이를 통해 브랜드 파워를 더욱 강화할 예정이다. 광고 및 마케팅 업계에서는 AI기술을 활용한 새로운 마케팅 모델을 탐색하며 돌파구를 마련하고 있다. 그리고 빅데이터 연구개발 업체 BEATS Group(彼邑)의 왕자룽(王佳龍) 대표는 "디지털 마케팅의 데이터는 비교적 표준화되어 있으며. 인터넷 광고의 탄생과 동시에 꾸준히 데이터를 축적해 왔기 때문에 모델 학습에 사용하는 것이 매우 편리하다"며 "모든 산업 중에서 디지털 마케팅이 AI를 활용할 가능성이 가장 높다"는 견해를 밝혔다.

7) 문화 소비: 새로운 소비 집단의 대두 및 니즈의 다양화

「국가 문화디지털화 전략 추진 및 실행에 관한 의견(關於推進實施國家文化數字化戰略的意見)」에서 언급했듯이, 디지털화는 '새로운 소비'라는 물결을 맞아 문화관광 산업에 끊임없는 발전 동력을 부여하고 있다. 또한 이런 디지털화 추세는 온라인과 오프라인을 완벽하게 융합하며 완전히 새로운 문화체험을 창조해 내고 있다. 중국 문화산업 연구에 앞장서 온 샹융(向勇) 교수가 이끄는 베이징대학교 문화산업연구원이 발표한 「2024 베이징대학교 보고서: 2023년도 문화산업 10대 특징과 2024년도 문화산업 발전추이 예측 보고서(2024北京大學報告: 文化產業十大特征、十大趨勢豫測)」는 이러한 환경 변화에 따라 문화관광 산업이 Z세대와 신흥 중산층, 실버세대라는 3대 핵심 시장을 재빨리 공략하고, 혁신적인 방식을 통해 산업의 질적 발전을 이끌어야 한다고 강조하였다.

디지털 시대의 발전과 함께 디지털 네이티브는 핵심 소비층이 되었고, 여러 산업 분야에서 이 새로운 소비 집단의 니즈를 파악하는 것에 상당한 관심을 기울이고 있다. 기본적으로 디지털 엔터테인먼트, 가상현실 체험, 온라인 문화콘텐츠에 대한 수요가 대폭 증가했으며, 문화 소비의 개별화된 니즈는 특히 문화상품 및 서비스에 대한 특성화, 맞춤화 추구에서 더욱 잘 드러나고 있다. 이러한 니즈는 맞춤형 체험, 참여감, 양방향성, 정서적 공감 및 문화적 정체성에 대한 인정 욕구 등을 포함한다. 이들은 트렌드를 따르기보다 문화상품의 의미와 가치에 더 많은 관심을 기울이는데 주로 개인화된 경험을 추구하고 자신의 지극히 개인적인 미적 취향과 관심사에 맞는 문화상품을 찾고자 하는 경향이 짙다. 그중 커뮤니티 문화 소비자는 소셜 플랫폼을 소비 생활의 가이드로 삼고자 하는 경향이 짙고, 문화상품이나 체험을 기꺼이 공유함으로써 소비자의 선택과 평가 및 체험에 적지 않은 영향을 미치고 있어 특히 주목을 받고 있다. 일례로 보면 최근 젊은 소비층의 지역 문화에 대한 관심이 높아지면서 지역 특색이 있는 문화 활동에 참여하는 분위기도 동시다발적으로 나타나고 있음을 알 수 있다. 특히 문화관광 영역에서는 최근 젊은 관광객들이 적은 시간과 비용으로 최대한 많은 명소를 방문하고자 하는 이른바, '특수 부대식 관광'이 인기를 끌고 있다.

이와 더불어 인구 고령화가 심화하면서 실버 세대의 소비 잠재력 역시 새로운 활력을 뿜어내는 엔진이 되고 있다. 중국에서는 최근 60년대에 태어난 리우링허우(60后) 세대가 주목받고 있다. 현재 노인

인구의 핵심 연령층이자 개혁개방 시기 중국의 경제 발전에 기여한 리우링허우 세대는 높은 교육 수준과 다양한 소비 욕구를 지녔다는 특징을 가지고 있다. 이러한 실버 세대는 전통문화나 예술품, 문화 교육 등의 분야에서 더욱 큰 흥미와 니즈를 발생시킬 것으로 전망된 다. 또한, 농촌 진흥 전략이 추진되면서 농촌 지역의 소비자가 새로운 소비 성장 포인트로 거듭날 가능성이 있으며, 특히 농촌 지역 소비자 의 경우, 주로 지역 문화나 농촌 관광, 전통 수공예품 등의 소비에 중점을 둘 것으로 전망된다.

8) 콘텐츠 융합: 장르 아우르는 융합으로 새로운 분야, 업종, 패러다임 창조

최근 수년간 중국 정부에서는 문화와 과학기술의 융합을 강조하고 있으며, 이는 중국 정부가 현재 추진하고 있는 문화산업 정책 방향에 꾸준히 반영되고 있음을 보여 주는 것이다. 시진핑 총서기는 장쑤성 시찰 시 연설을 통해 인문과 경제가 함께 생존하고 번영하며 공유하고 융합하는 '이상적인 모습'을 제시한 바 있다. 따라서 중국공산당 20차 전국대표대회 보고서에서는 '국가 문화 디지털화 전략'을 실시할 것과 '문화와 과학기술의 융합'이 대세임을 강조하였음은 분명하다.

「2024 베이징대학교 보고서: 2023년도 문화산업 10대 특징과 2024 년도 문화산업 발전추이 예측 보고서」에 따르면, 장르를 아우르는 문화 융합이 새로운 적용 분야와 새로운 업종, 새로운 패러다임을 창조할 것으로 보며 이와 같은 움직임을 2024년 10대 전망 중 하나로 꼽았다. 문화와 각종 산업 간의 융합은 이미 여러 영역에서 반영되고 있으며 앞으로도 꾸준히 지속될 발전 방향이라고 할 수 있다. 그중에 서도 특히 문화관광 영역에서의 실감 콘텐츠 기술 도입이 두드러지며 정부의 적극적인 지원 또한 꾸준히 이어지고 있다. 대표적인 사례로 '오직 허난·환상의 연극 도시'는 중국의 황허 문명이라는 창작 기반 위에 몰입식 연극이라는 예술 장르를 접목하여 완전히 새로운 관람 형태를 제시한 좋은 예이다. 즉, 1,600여 년 전의 '낙신부도(洛神賦圖)'를 홀로그램과 풀 컬러 2D 스크린 등의 디지털 기술의 힘을 빌려 관람객에게 몰입식 영상 체험으로 제공한 것으로, 문화와 과학기술의 융합을 통해 전통문화의 창조적 변환과 참신한 발전을 촉진한 대표적인 사례로 손꼽히고 있다.

9) 인재 양성: 디지털 문화산업 인재 양성 확대

중국 정부는 디지털 문화산업의 혁신을 위해 고급 인재 육성에 적극 나서고 있다. 중국공산당 제18차 전국대표대회 이후, 시진핑 총서기는 디지털 경제와 디지털 중국, 문화 강국에 관한 중요성을 여러 차례 강조하였고, 중국공산당중앙위원회판공청(中國共産黨中央委員會辦公廳), 국무원판공청(國務院辦公廳) 역시 국가 문화 디지털화 전략에 관한 중요 지시를 여러 차례 공포한 바 있다. 앞서 중국 정부가 연이어 발표한 정책들에는 중국의 디지털 문화산업을 빠르게 발전시키기 위한 여러 가지 방법 가운데 가장 중요한 시책으로 인재 육성정책을 꼽고 있다.

이러한 중국 정부의 전문 인력 양성 지침에 따라 2023년에 들어서 디지털 문화산업 전문 석사 시범사업이 적극적으로 진행되고 있으며 2024년에는 더 많은 학교가 동 사업에 참여할 예정이다. 예를 들면, 상하이교통대학교(上海交通大學)와 중산대학교(中山大學)가 잇따라 디지털 문화산업 전문 석사 학위 과정을 개설함으로써 추후 해당 학위를 취득할 수 있는 학교를 전국으로 확대하고 학과 목록에 편입시킬 수 있는 초석을 탄탄히 다지고 있다.

10) 라이프 스타일: 웰빙 여행 및 헬스케어 관련 소비의 연령대 하향화

현재 웰빙 여행 및 헬스케어 개념을 소비에 적용한 생활방식이 붐을 타면서, 이에 대한 투자를 아끼지 않는 젊은 연령대의 소비자들이 급격하게 늘어나고 있다. 여기에는 건강 관련 문화체험, 건강 관련 과학 상식 보급, 스포츠 및 헬스케어 관련한 문화관광 활동 등 라이프 스타일과 관련한 상품 및 서비스가 포함되었다. 특히 여행 및 관광산업은 웰빙 생활방식에 관한 젊은 층의 관심이 꾸준히 높아짐에 따라 건강 의료·문화 체험과 유기적으로 결합하였다. 젊은 이용자가 많은 소셜 미디어에서 또한 웰빙 생활방식과 관련된 상품 및 콘텐츠가 빠르게 증가하고 있는 추세이다.

문화관광부 산업발전사(文化和旅游部産業發展司) 주관 하에 처음 개최된 '2023 웰빙 문화관광 발전대회(2023健康文旅産業發展大會)'에서는 중국의 웰빙 산업과 문화관광 산업의 융합 발전을 유도하고, 중국 전통 의약학 속에 내재되어 있는 무형 문화재를 계승·보호·발전시키는 한편, 각 지역의 웰빙 문화관광 산업 발전을 실천하자는 공동 목표를 설정하였다. 이에 각 지역의 유명 관광지를 중심으로 웰빙 문화 여행, 문화 헬스케어 여행 등 문화 체험과 건강한 생활방식을 결합한 관광 상품을 속속 출시하기 시작하였다. 웰빙 생활방식과 관련된 브랜드들 또한 이러한 기조에 발맞춰 문화 요소와 결합한 웰빙 관광 상품을 연이어 출시하며 시장의 니즈에 부응하려는 노력을 지속하고 있다. 대표적인 예로 허베이성(河北省)의 아나야의 경우, 미술관, 캠핑장, 카페 등의 문화휴식 장소를 부설하고, 연극제, 음악제 등 양질의 문화콘텐츠를 함께 제공함으로써 모든 연령대가 향유할 수 있는 레저 관련 생활방식을 구축하는 한편, 보다 젊고 새로운 웰빙 생활방식을 선보이며 젊은 여행객들로부터 큰 인기를 얻고 있다.

5. 나가며

중국은 향후 5년간의 경제 및 국가운영 전략을 포괄하는 '14차 5개년 규획'(2021~2025, 이하 규획)을 발표했다. 지난 13차 5개년 규획(2016~2020) 발표 이후 미중무역분쟁, 코로나19 발발 등 예상하지 못했던 대외적 이벤트의 발생으로 그간 변화한 중국의 대내외 환경을 반영한 새로운 경제발전 계획인 이번 '14차 규획'의 내용에 관심이 집중되었다. 특히 동 규획은 향후 5년간의 국정운영계획과 함께 중국이 바라보는 '두 개의 백년'(2021년 공산당 창당 100년과 2049년 신중국 건국 100년) 사이의 중간점인 2035년까지의 장기목표를 지향하고 있는 점이 특징이다.

이번 규획의 핵심 키워드를 요약하자면 '쌍순환'과 '혁신이 이끄는 발전'이다. 이는 13차 규획 기간 중 발생했던 미중무역분쟁, 보호무역주의 강화 및 다자주의 약화 등 외부적인 환경변화와 그간 수출과 투자가 견인한 외연적 경제성장 공식의 한계라는 내부적인 인식을 반영한다. 중국은 이번 규획을 통해 수출과 대외개방 기조는 유지하면서도, 내부적으로는 내수를 활성화시켜 내순환(국내대순환)과 외순환(국제대순환)이 유기적으로 발전을 상호촉진하게 하려는 계획을 밝혔다. 아울러 반도체, 인공지능 등 첨단산업을 중심으로 자체 혁신을 통해 외부 의존도를 줄이고 산업 전반의 자립도를 키워, 장기적으로 지속 가능한 경제구조를 스스로 만들겠다는 '21세기형 자립갱생' 모델을 지향하고 있다.

중국은 지난 규획기간 동안 미중무역분쟁으로 대표되는 외부세계와의 통상갈등을 겪었다. 이번 14차 규획에서 중국이 밝힌 경제정책의 방향을 살펴보면, 앞으로도 여러 통상쟁점에서 중국은 중국만의 독특한 경제운용 구조를 더욱 진화 및 발전시켜 나갈 것으로 보이며 이에 따라 몇몇 쟁점에서 외부와의 갈등구조는 중장기적으로 고착화될 것으로 예상된다. 중국식의 국유기업 개혁은 미국 등 서구의 시각에서 보기에 충분치 않을 공산이 크다. 중국은 또한 무조건적인 대외개방이 아닌 '경제안보'를 키워드로 하는 자국경제 보호를 위한 입법과 정책을 속속 내놓고 있다. 또한 이번 규획을 통해 타이완이나 신장 위구르 인권이슈 등 중국의 입장에서는 양보나 타협이 어려운 요소들에 대한 단호한 입장도 확인할 수 있다. 2030년 탄소배출 정점과 2060년 탄소중립 달성을 위한 목표에서는 세계적으로 '환경'이 통상이슈로 부각됨에 따라 글로벌 저탄소 추세에 부응하면서 자국의 산업경쟁력 보호를 동시에 추진해야 하는 중국의 고민도 보인다.

14차 규획 내용은 장황하지만 일단 제시된 목표는 '사회주의 현대화 국가 건설', '문화, 인재, 교육, 과학기술 등 소프트웨어 파워 강국'으로 압축된다. 즉 '대국'을 넘어 경제, 군사, 문화, 기술로 우뚝 서겠다는 것이다. 특히 문화산업의 방면에서 보면, 2007년 '제17차 전국 대표대회'에서 '문화대발전, 대번영'이라는 정책방침이 제시된 이래, 문화산업 발전과 중국 소프트웨어 파워 발전과 융합은 이렇게 가장 중요한 국가전략 차원의 문제로 부상했다.

중국 정부가 주도하는 문화산업투자 모태펀드의 조성과 확대는 바로 이러한 의지를 표현하는 진흥책의 대표적 일환으로, 영화업계를 비롯한 문화산업계에 보내는 메시지라고 할 수 있다. 중국 정부 측에서 보내는 신호가 확인되면서, 코로나 사태로 잔뜩 영화제작업계도 다시금 활기를 띠고 기획, 개발에 착수하는 모습이 감지된다. 물론 우려와 의심도 존재한다. 바로 검열이 강화될 것이라는 전망이다. 하지만 검열제도가 하루 이틀 된 것도 아니고, 2015년 영화의 검열 업무가 중선부로 이전될 때부터 이런 걱정은 업계에 만연했다. 업계 종사자들에게 중요한 점은 투자가 활성화된다는 것이다. 정부가 투자자이자 관리자로 모든 권력을 장악한 현실에서, 창작자와 사업종사자들은 우수한 영화를 만들어야 할 사명을 지고 있다. 중국의 문화산업 투자펀드는 그 수와 양이 계속 늘어왔다. 2007년에서 2014년간 약 100개에 달하는 문화투자펀드가 태동했고, 2014년에는 모집 자금 총액이 1200억 위안을 넘었다.

이 무렵부터 IP를 활용한 원소스 멀티유즈의 개념이 확산되고 웹소설, 애니메이션 등이 시장에서 성과를 거두면서 대량의 사회자본까지 원작개발, 엔터테인먼트 산업 융합, 영화 및 드라마 제작과 파생상품 개발 등으로 흘러들었다. 물론 2015년을 전후해 붐업되었던 투자 열기가 다소 소강 혹은 진정되는 상황이 진행되었으나, 이후 다시 정부가 주도하는 융자가 대폭 쏟아지고 있는 상황이다.

문화산업 발전을 통한 중국 소프트웨어 파워의 신장과 사회통합에 대한 중국 정부의 의지는 더욱 확대되고 있다. 2001년 WTO 시대를 맞이하며 문화산업 구조를 시장경제체제에 맞도록 개혁하고 문화산업 관련 대기업을 지속해서 육성해 왔던 중국이다. 지난 20년 동안 전반부 10년(2002~2012) 동안 실시된 관련 정책으로 중국 문화산업의 기본 토대가 형성되었고, 이 시기 중국 문화산업은 중국 GDP 성장 수준을 넘어서는 "평균 25% 이상 성장"이라는 비약적 발전추세를 보였다. 2012년 이후에는 그 성장 폭이 둔화되었지만, 국가통계국이 발표한 '중국의 문화산업 및 관련 산업 부가가치 총액'은 2018년 4조 1,171억 위안(약 696조 원)으로 전체 GDP의 4.48%를 차지한다. 2004년 2.15%, 2012년 3.36%, 2017년 3.75%와 비교할 때, 그 비중이 계속 늘어나고 있다.

특히 2020년 중국 GDP는 약 14조 3,429억 284만 달러(99조 865억 위안)로 전년 대비 6% 성장했으며, 1인당 국민 소득 1만 276 달러(7만 892위안)로 처음으로 1만 달러 시대에 진입했다. 1만 달러 시대가 도래하면서 중국 국민들의 문화상품에 대한 소비 여력이 더욱 늘어날 전망이다. 그렇다면 발전의 토대가 완비된 환경에서 중국 정부가 동원한 막대한 기금은 어느 곳에 투자될 것인가? 이 기금은 뉴스와 정보, 미디어 융합발전, 디지털 뉴미디어 환경 조성 등을 망라한 영역에 투자되며, 특히 영화산업발전을 중점 발전 항목으로 제시하고 있다. 흥미로운 것은 시스템 개혁에 못지않게 다양한 인재양성 방안을 고민한 흔적이 보인다는 것이다. 인민일보에서 '크리에이티브 저작 능력을 중시하고 창작활력을 촉진하라(重視創意寫作, 激發創作活力)'는 제하의 기사가 글쓰기 교육을 저변 확대와 교육 방법론 개선을 제안한 것이 그 예가 되겠다.

지난 2020년 11월 22일 '2020광저우 문화산업 교역회'가 "문화와 여행 융합, 문화업계 창신, 광저우-홍콩-마카오 밸리(灣區) 건설"을 주제로 개막했다. 이곳에 중국 영화계의 대표적 제작자인 보나(博納) 필름의 위동(於冬) 대표와 화이-브라더스(華誼兄弟)를 설립한 왕종쥔(王中軍) 이사장이 지역 중선부 고위 관계자들과 함께 얼굴을 드러냈다. 현재 중국 문화콘텐츠는 질 적인 면과 양적인 면에서 어느 정도

자국의 수요를 만족하고 있으나 문화소프트파워의 매력요소 및 해외 수출에서 넘어야 할 문턱이 존재한다. 즉, 현재까지 밖에서 안으로 들어오는 문화에 대해 중국이 발전 국가적 방식으로 대응하여 문화산업의 외형적 성장을 이룩하는데 일정한 성취를 이루었지만, 안에서 밖으로 문화를 수출하는데 이와 같은 발전 모델이 더 이상 유용성을 발휘할 수 있을까라는 과제를 안고 있다. 특히 문화산업은 제조업과 달리 상대의 마음을 얻고 감동시킬 수 있느냐가 중요하다. 중국은 앞으로 문화의 매력을 발산하여 문화 수용국에서 문화 수출국으로 변모하는데 정부의 역할과 시장의 자유 간에 균형이 이루어질 수 있느냐 없느냐를 살펴보는 것이 미래 중국의 문화산업발전 동향의 가장 큰 핵심이라고 볼 수 있겠다.

참　고　문　헌

김창경 외 3명, 『중국문화의 이해』, 부경대학교 출판부, 2018.

공봉진 외 6명, 『시진핑 시대의 중국몽』, 한국학술정보, 2014.

공봉진·이강인, 『중국 대중문화와 문화산업』, 한국학술정보, 2013.

2024년 중국 문화콘텐츠산업 대예측: 10대 전망, https://lrl.kr/pRqv (검색일: 2024.8.10).

중국 14차 5개년 규획(2021~25)의 경제정책 방향과 시사점, https://lrl.kr/yfIA (검색일: 2024.8.10).

'위기'를 넘어 '자립'으로: 중국 14차 5개년 규획으로 본 경제통상정책 전망과 시사점 https://lrl.kr/yfII (검색일: 2024.8.10).

중국 14차 5개년 규획(2021~25)의 경제정책 방향과 시사점, https://lrl.kr/hs8v (검색일: 2024.8.10).

중국 14차 5개년 규획(2021~25)의 경제정책 방향과 시사점, https://lrl.kr/hs8u (검색일: 2024.8.10).

신시대 중국 특색 사회주의로의 길

: 시진핑 시기 중국의 경제 5대 쟁점과 관련 정책

장지혜

1. 들어가며: 시진핑 집권 1~2기의 주요 경제 정책

시진핑 1기(2012~2017년) 동안, 중국 정부는 경제 구조 개혁을 통해 생산성과 효율성을 높이기 위해 정부의 역할을 축소하고 시장의 자율성을 강화하려는 노력을 기울였다. 이 과정에서 국유기업의 효율성을 높이기 위한 개혁이 이루어졌으며, 일부 국유기업은 상장되거나 민영화되었다. 시진핑 정권의 국유기업 개혁 심화에 관한 내용은 2013년 11월 이후 중국 공산당 18기 3중전회와 12기 전국인민대표대회 2차 회의를 통해 계속해서 제시되었다. 이 정책은 국유기업의 구조 조정, 경영 개선, 자산 관리 및 효율화 등을 포괄적으로 다루었다. 그러나 전면적 민영화와 같은 변화는 없었으며, 국유자산과 국유기업의 가치 보전 및 중대라는 목표하에 추진된 것으로 기존 정책을 제도화한 것이었다.

2014년 중국 경제와 관련된 대표적인 키워드로 신창타이(新常態, New Normal)가 등장했다. 2014년 5월 시진핑이 처음 사용한 후 중국 전역에서 광범위하게 사용되고 있는 이 용어는 중국의 경제 성장률 하락은 새로운 상황이지만 정상적 상황이라는 것을 강조하기 위한 것이었다. 당시 중국은 제조업 부문에 대한 과잉 설비와 투자로 인해 과잉부채가 존재했고 이로 인한 잠재적 금융 부실 문제가 존재했다. 또한 장기간 중국 경제 성장을 견인해 왔던 부동산 시장은 2014년에 이르러 부동산 과잉 공급으로 인해 부동산 시장 침체가 나타나기 시작했다. 이 때문에 버블 붕괴와 금융위기의 우려가 제기되었다. 게다가 철강, 시멘트, 조선 등의 업종에서 일부 구조 조정이 있었지만, 성장률과 투자율 감소로 문제는 해결되지 못했다. 이에 대해 중국 정부는 '뉴노멀'로 규정지으며 성장률 하락에 대한 부담을 안고 구조 개혁을 통해 더욱 질 높고 지속 가능한 성장을 추진하였다.

2015년에는 '중국 제조 2025'라는 정책을 통해 제조업의 기술 혁신과 고도화를 추진했다. 이 정책은 첨단 기술 산업 육성을 통해 중국의 기술 자립을 강화하고, 글로벌 기술 경쟁에서 우위를 점하기 위한 계획이다. 제조업의 스마트화, 자동화, 첨단 기술의 통합 및 친환경 기술의 적용을 목표로 하여 중국 제조업의 경쟁력을 강화하는 데 중점을 두었다. 2024년 현재 중국은 반도체, 인공지능, 로봇, 신재생 에너지 등 다양한 첨단 산업을 집중적으로 육성하고 있다. 금융 분야에서는 자본의 효율적인 배분과 금융 리스크 관리의 개선을 목표로 금융 시스템 개혁을 통해 자본 시장의 개방을 확대하고 금융 규제를 강화했다.

2017년에 이르러 시진핑 주석은 새로운 중국 발전 모델인 '신시대 중국

특색 사회주의(新時代中國特色社會主義, Socialism with Chinese Characteristics for a New Era)'를 제시했다. 시진핑 사상이라고도 부르는 이 개념은 시진핑 주석의 집권 이후 중국의 국가 비전과 전략을 정의하는 중요한 이론적 틀이다. 시진핑 중국 국가주석은 2017년 10월 18일 개막한 제19차 중국 공산당 전국대표대회에서 '신시대 중국 특색 사회주의'를 처음으로 공식적으로 언급하였다. 또한 이 사상을 당의 지도 사상으로 명명하고 당의 강령에 포함시켰으며, 헌법에도 명시되어 있다. 이 사상은 2021년부터 2050년까지 두 단계로 나눠 중국의 발전에 대한 청사진을 제시하였는데 주요 내용은 다음과 같다. 1. 21세기 중반까지 사회주의 현대화 강국을 건설하는 것을 목표로 하여, 2035년까지 사회주의 현대화의 기본 실현을 목표로 설정했다. 2. 모든 국민이 기본적인 생활을 영위할 수 있는 소강 사회를 전면적으로 건설하는 것을 강조했다. 3. 빈부격차를 줄이고, 모든 국민이 경제적 혜택을 고르게 누릴 수 있도록 하는 공동부유를 실현하는 것을 목표로 하였다. 4. 환경 보호와 지속 가능한 발전을 중시하며, 생태 문명을 건설하는 것을 목표로 했다. 즉, '신시대 중국 특색 사회주의'는 중국이 경제적 발전뿐만 아니라, 사회적, 정치적, 문화적 측면, 생태 문명등 전반적인 분야에서 포괄적이고 균형 잡히며 혁신적인 발전을 이루어 나가는 데 초점을 맞추고 있다. 신시대 중국특색 사회주의의 핵심을 경제와 관련해 정리해 본다면 모든 국민이 풍족하고 편안한 생활을 누리는 전면적 소강(小康)사회 건설과 중화민족 부흥이라는 중국몽(中國夢)으로 요약할 수 있다.

시진핑 집권 2기(2017~2022년)에는 경제의 양적 확대보다는 질적 성장에 중점을 두며, 혁신과 고도화를 위한 '중국식 현대화'를 통해 지속 가능한 발전을 추구했다. 또한, '두 개의 100년'을 목표로 설정하고, 2049년까지 중국을 경제적, 사회적, 정치적 전반에 걸친 포괄적인 발전을 포함하는 사회주의 현대화 국가로 만들겠다는 비전을 제시했다. 그리고 소득 분배의 개선을 통한 공동부유를 강조하며, 경제 성장의 과실을 보다 공평하게 나누기 위한 정책을 추진하여, 양극화 해소와 사회적 불평등을 줄이기 위한 다양한 조치를 강화했다. 디지털 경제와 혁신 측면에서도, 정보통신 기술(ICT) 발전을 통해 경제의 혁신과 효율성을 제고하고, 인공지능과 빅데이터와 같은 새로운 기술의 활용을 확대했다. 국제적으로는 '일대일로(Belt and Road Initiative)' 프로젝트를 통해 글로벌 인프라와 경제 네트워크를 강화하며 중국의 국제 경제 영향력을 확대하려는 노력을 기울였다. 마지막으로 부동산 시장 조정 측면으로 '주택은 거주를 위한 것'이라는 원칙하에 부동산 시장의 과열을 방지하고 주거 안정성을 높이기 위한 것을 목표로 하는 정책을 추진했다. 시진핑 집권 1기와 2기는 각각 경제 개혁과 구조조정, 그리고 질적 성장과 국제적 영향력 확대에 중점을 두면서 중국 경제의 전환과 발전을 추구해 왔다.

2022년 말 시작된 시진핑 집권 3기는 중국 경제의 전환점이자 중요한 변화의 시기로 평가된다. 2022년 10월, 시진핑은 제20차 중국 공산당 전국대표대회에서 제3기 집권을 공식화하며, 중국의 미래 경제 방향을 명확히 하였다. 시진핑의 정책은 '중국식 현대화'를 통해 경제의 질적 성장과 지속 가능한 발전을 목표로 하고 있으며, 이러한 목표를 달성하기 위해 다양한 경제 정책과 개혁을 추진하고 있다. 그러나 중국은 경제 성장의 둔화, 글로벌 경제의 불확실성, 그리고 내부적인 구조 조정 등의 도전에 직면하고 있다. 또한 시진핑 정부의 장래 정책에 대한 불확실성도 중국 경제에 대한 우려를 지우기 힘들게 만드는 중장기 리스크 요인 중 하나이다. 대만에 대한 강경한 태도와 미국과의 기술전쟁 심화로 인해 미국과의 갈등이 더욱 격화될 수 있다는 전망도 꾸준히 제기되고 있다. 이러한 중장기적 리스크 요인이 해결되지 않은 상태에서 중국 정부의 단기 경기부양책이 가시적인 효과를 발휘하기는 쉽지 않아 보인다. 시진핑 집권 3기 동안 중국 경제가 직면한 주요 현황과 도전 과제와 함께 중국이 추진하는 정책과 그 배경은 무엇인지를 살펴보는 것을 통해 중국 경제의 현재와 미래를 보다 명확히 이해하고, 시진핑 정부가 설정한 목표와 전략의 실현 가능성을 전망해보도록 하겠다.

2. 내수를 중심으로 한 국제경쟁력 강화
: 쌍순환(雙循環, Dual Circulation) 전략

개혁·개방 이후 중국은 저비용 노동력의 이점을 활용해 국제 분업과 국제 경제에 참여했으며, 시장과 자원을 외부에 의존하는 가운데 산업 업그레이드를 통해 글로벌 가치 사슬에서의 위치를 점차 높이며 '세계의 공장'으로 성장하였다. 그러나 세계 경제가 계속해서 침체 되고 글로벌 시장이 축소되며 보호주의는 더욱 커져가는 가운데 중국은 내외부적으로 변화가 필요하게 되었다. 특히 2018년 이후 미국과의 무역 갈등이 더욱 심화되었다. 이에 내수 시장을 강화하고, 국제 경제와의 연계를 지속하여 이를 통해 외부 충격에 대한 경제적 회복력을 높이며, 안정적인 경제 성장을 도모하기 위해 새로운 경제전략을 구상하게 되었고 이에 등장한 것이 '쌍순환'이다. '쌍순환'이라는 용어는 2020년에 '핫한 키워드'가 되었는데, 2020년 12월 4일, 『요문작자(咬文嚼字)』에서 2020년도 10대 유행어에 선정되었으며, 같은 해 12월 16일에는 '2020년도 중국 미디어 10대 신조어'에 선정되기도 하였다.

'쌍순환' 전략과 관련된 내용은 2020년 5월 14일, 중공중앙 정치국 상무위원회 회의에서 처음으로 "공급측 구조 개혁을 심화하고, 초대형 시장 이점과 내수 잠재력을 충분히 발휘하여", "국내와 국외 쌍순환 상호 촉진의 신발전 구조를 구축"할 것이라는 제안에서 시작되었다. 국내 순환을 주체로 하고 국내와 국제의 이중 순환을 상호 촉진하는 새로운 발전 구도를 점진적으로 형성해야 한다는 이 개념은 2020년 8월 24일 시진핑 주석이 경제·사회 분야 전문가 좌담회에서 "국내 대순환을 주체로 하고, 국내외 이중 순환을 상호 촉진하는 새로운 발전 구도를 형성해야 한다. 이 새로운 발전 구도는 중국의 발전단계, 환경, 조건 변화에 따라 제시된 것으로 국제협력과 경쟁에서 중국의 새로운 이점을 재구축하기 위한 전략적 선택"이라고 강조함에 따라 더욱 강화되었다. 2020년 10월 20일~29일 사이 개최된 중국 공산당 제19기 5중전회에서는 「국민 경제 및 사회 발전 14.5 규획과 2035년 장기 목표에 관한 중공중앙의 건의(中共中央關於制定國民經和社會發展第十四個五年規劃和二零三五年遠景目標的建議)」를 통과시켰으며, "국내 대순환을 주체로 하고 국내와 국제 쌍순환을 상호 촉진하는 새로운 발전 구도를 가속화"하는 내용을 포함시켰다.

경제학자이자 베이징대학교 국가발전연구원 명예 원장인 린이푸(林毅夫)는 "2008년 이후, 중국은 매년 세계 경제 성장의 약 30%를 기여했다. 당시 시장 환율 기준으로는 세계 2위 경제 대국, 구매력 기준으로는 세계 1위 경제 대국"으로 "새로운 발전 구도 하에 외부의 불확실성이 있지만, 매년 전 세계 시장 확장의 30%가 중국에서 이루어질 것"이라고 하였다. 그는 "앞으로도 중국이 세계에서 가장 빠르게 발전할 것이고, 새로운 기술 혁신과 플랫폼이 중국에서 큰 잠재력을 가질 것이다. 이 때문에 '쌍순환' 신발전 구도는 현재 중국의 발전 추세를 명확히 인식하고, 기회를 포착해 중국의 고품질 발전을 촉진하기 위한 것"이라고 했다.

이후 2021년 3월, 중국 정부는 「중화인민공화국 국민 경제 및 사회 발전 14.5 규획과 2035년 장기 목표 요강(초안)(中華人民共和國國民經濟和社會發展第十四個五年規劃和2035年遠景目標綱要(草案))」에서 역시 동일 내용을 제안했다. 즉, 국내 시장을 주체로 하여 내수 확대, 소비 능력 향상 등을 통해 국내 대순환을 형성시키는 것을 강조하는 동시에 개방 협력과 국제 경제 관계의 심화를 통해 중국 내 경제와 글로벌 시장의 상호 작용을 촉진하여 국내와 국제 이중 순환의 선순환과 공동 촉진을 실현하고자 하는 것이다.

국내 대순환을 주체로 한다는 의미는 중국의 초대형 시장 잠재력과 이점을 발휘한다는 것으로, 전 세계에서 가장 완전하고 규모가 큰 산업시스템, 생산능력, 자원 능력 등의 특성을 활용해 발전의 기반을 중국 내에 더 많이 두고 내수 확대 전략을 실행하겠다는 것이다. 이를 통해 국내와 국외의 쌍순환을 촉진해 국내 시장과 국제 시장을 더 잘 연결하고 두 시장과 자원을 잘 활용해 새로운 환경에서 중국의 발전을 위한 신동력을 마련하기 위한 것이다. 따라서 이 전략의 주요 목적은 중국의 개방형 경제 수준을 더욱 높이고, 글로벌 경제 구도의 변화에 맞춰 중국 경제를 고속 성장 단계에서 고품질 발전 단계로 전환시키며, 경제 발전의 지속 가능성과 안정성을 확보하기 위한 전략적 지원과 방향을 제공하는 데 있다.

3. 시진핑 시기, 왜 공동부유(共同富裕) 정책을 강조하였는가?

시진핑 정부는 '쌍순환'과 함께 '공동부유'에 대해서도 지속적인 언급을 해 왔다. 시진핑 시기 '공동부유'에 대한 언급의 시작은 2021년 8월 제10차 중앙재경위원회 회의에서 시진핑이 "공동부유를 확고히 추진하자"라는 내용의 연설에서였다. 본 연설문을 통해 시진핑 시기 중국 정부가 말하는 '공동부유'의 의미를 알 수 있다. '공동부유'는 경제적 불평등을 해소하고, 모든 국민이 경제성과를 공유할 수 있도록 하는 것을 목표로 하는 정책이다. 소득 재분배, 교육 및 의료 서비스 개선, 빈곤 퇴치 등을 통해 사회적 불평등을 줄이고자 하는 데 있다.

그러나 사실 '공동부유'라는 용어는 시진핑 시기에 갑자기 등장한 것은 아니다. 이미 1953년 마오쩌둥이 중국을 사회주의 체제로 전환하는 과정에서 자본주의적 공업·상업·농업을 개조해야 한다고 선언하며 처음 등장하였다. 개혁·개방 이후 덩샤오핑도 '공동부유'에 대해 언급했다. 이것은 덩샤오핑의 '중국 특색 사회주의 이론'의 중요한 내용 중 하나로 성장과 분배 사이에 균형을 맞추며, 건국 100주년인 2049년에 대동(大同)사회에 도달하자는 것이다. 덩샤오핑은 "중국은 인구가 많고 지역이 넓으므로, 공동부유는 동시에 이루어지는 것이 아니라 일부 사람들이나 지역이 먼저 부유해지고, 이들이 나중에 부유해지는 이들을 돕는 방식으로 점진적으로 이루어지는 것이다. 공동부유는 사회주의의 본질적 규정과 투쟁 목표이며, 중국 사회주의의 근본 원칙이다."라고 하였다.

이렇게 보았을 때, 시진핑의 '공동부유'에 대한 함의는 덩샤오핑의 '공동부유'와는 다르다. 덩샤오핑이 제기한 선부(先富)는 경제 성장에 중점을 두었다면, 시진핑은 3차 분배라는 개념을 제시해 분배 위주로 중국을 변화시키겠다고 제시하였다. 이에 따라 시진핑 3기 정권에서는 정부 및 국영기업의 역할이 두드러졌으며, 민영기업의 역할은 이전에 비해 크게 축소되었다. 또한 사교육 규제 정책인 쌍감(雙減)이나 세금 관련 규제 등으로 외자 기업 혹은 관련 투자자들에게는 중국에 대한 반시장성과 불확실성을 보여주기도 하였다.

2021년 8월의 시진핑 연설 중 관련 내용을 살펴보면, "공동부유는 사회주의의 본질적 요구이며 중국식 현대화의 중요한 특징"이며 '공동부유'를 위해 14차 규획 기간(2021~2025년)까지 주민 소득과 실제 소비 수준 격차를 점진적으로 줄여나가고, 2035년까지는 실질적인 진전을 이루며, 기본 공공 서비스의 균등화가 이루어져야 한다고 하였다. 우선 위의 내용은 4가지 원칙을 통해 이루어져야 하는데, 4가지 원칙은 근면과 혁신을 통한 부유를 촉진하며, 공유제를 주체로 한 다양한 소유제 경제를 발전시키며, 필요한 것과 가능한 것을 종합적으로 고려해 능력에 맞게 진행해 나가고, 장기적인 목표인 만큼 점진적으로 추진해 나가야 한다는 것이다.

또한 위의 4가지 원칙을 바탕으로 시행해야 하는 6대 사안을 제시하였다. 6대 사안은 첫째, 사회주의 시장경제 체제의 완비를 위해 균형, 조화, 포용적으로 추진한다는 것이다. 이를 위해 지역 간 발전을 균형적으로 하고 독점 산업은 없으며, 금융 및 부동산은 실물경제와 조화롭게 발전시키고, 중소기업의 발전을 지원한다는 것이다. 둘째, 중산층의 규모를 확대하는 것이다. 이를 위해 고등 교육 개선을 하고 기술인력 양성을 강화하며 기술노동자의 임금을 인상한다. 또한 중소기업 및 자영업자를 지원하고, 공무원 및 국유기업 직원의 임금을 적절히 인상시킨다. 그리고 호적제도 개혁을 심화하고 농민공 자녀

교육 문제를 해결하며, 도농 주민의 다양한 재산 소득을 늘리도록 한다는 것이다. 셋째, 기본적인 사회보장서비스의 균등화를 촉진하는 것이다. 저소득층에 대한 지원의 강화로 저소득층 자녀의 교육 수준을 높이고, 교육비 부담을 줄인다. 도농 간 사회구조 기준 차이를 줄이고 최저 생활 보장 수준을 높이며, 연금 및 의료 보장 체제를 완비한다. 주택은 거주를 위한 것이며, 도시별 정책을 통해 임대와 구매를 병행하고 장기 임대 주택 정책을 개선한다. 넷째, 고소득층에 대한 규제 및 조정을 강화한다. 개인소득세 제도를 개선하여 과도한 소득을 조정하고, 사회환원을 하도록 장려한다. 또한 부동산세를 법제화하며, 권력과 금전 거래, 내부조작, 주식시장 조작 및 탈세와 같은 불법적인 소득을 차단한다. 다섯째, 사회주의 가치관을 강화시키며, 공동부유를 촉진하는 여론 지도를 강화한다. 여섯째, 농촌 및 농민의 공동부유를 촉진하기 위해 지속적 지원과 농촌 인프라 및 공공 서비스 체계를 강화한다. 이 정책은 2035년을 목표로 하며, 전체 사회를 대상으로 시행하는 것으로 동시에 부유해질 수는 없지만, 지속적으로 추진해 갈 것이라고 하였다.

2021년, 중앙정부와 국무원에서「절강성에 고품질 발전 지원과 공동부유 시범 구역 건설에 대한 의견(關於支持浙江高質量發展建設共同富裕示範區的意見)」을 발표하였고, 공동부유 시범 구역이 절강성에 설치되었다. 또한 시진핑 국가 주석의 '공동부유'의 기치에 맞춰 2021년 9월부터 '쌍감정책'을 실시하여 사교육을 금지시켰다. 2021년 7월 24일 중공중앙과 국무원에서 8개 항목 30개 세부조항으로 구성된「의무교육기간 학생 숙제 및 과외 교육 부담 감소에 관한 의견(關於進一步減輕義務教育階段學生作業負擔和校外培訓負擔的意見)」을 발표하였다. 이 정책으로 연간 1,200달러 규모의 중국 사교육 시장은 타격을 입었다. 하지만 오히려 중국 정부는 정치적으로 필요한 경우 산업 전반 환경을 변화시키는데 주저함이 없다는 평가를 받기도 했다. 이 밖에도 '공동부유' 달성을 위한 다양한 정책 중 하나가 알리바바·텅쉰·디디추싱 등 플랫폼 기업에 대한 규제 강화라고 할 수 있다. 그러나 이전에 비해 국가 안보와 빅테크 기업에 대한 규제 강화로 중국의 신성장 동력을 꺾는 결과를 초래할 수 있다는 우려가 제기되었다. 실제로 중국의 일부 ICT 기업의 국외상장이 중단되거나 폐지되기도 하였다.

시진핑이 전개하는 '공동부유' 전략은 대체적으로 중국공산당이 처한 대내외 정치·경제적 요인과 시진핑의 장기집권체제 구축의 맥락에서 표출된 것으로 보는 견해들이 많다. 우선 2010년대 초 시진핑 집권 시기 중국은 대외팽창전략을 본격화하였고, 미국과 주요 서방국가들은—예를 들어 미국, 인도, 일본, 호주의 쿼드(Qaud), 자유주의 국가들의 경제적 연대 강화를 위한 경제번영네트워크(EPN) 등—중국에 대해 견제와 대응 전략을 펼치고 있다. 이외에 미국과의 무역마찰은 중국을 더욱 세계 경제에서 고립시키고 경제 성장에 걸림돌로 작용하였다. 이에 중국은 미국에 대한 방어적 대책 및 돌파구 마련을 위해 '쌍순환' 정책을 내놓게 된다. 게다가 투입에 의한 경제성장률의 지속적 유지는 심각한 부채를 발생시켰으며, 중국의 성장을 이끈 건설투자는 부동산 과잉 공급으로 부동산 버블 위기에 봉착하게 했다. 이러한 대내외적 상황에서 시진핑은 중장기적인 1인 지배체제를 공고히 하기 위한 정당성 있는 슬로건이 필요했고, 이렇게 '공동부유'라는 용어는 2021년 또 다시 등장하게 된 것이다.

4. 중국의 디지털 경제 성장, 디지털 패권경제의 승자가 될 수 있을까?

중국의 디지털 발전전략은 중미 간 패권경제 경쟁의 주도권을 잡기 위해 중요한 역할을 하고 있다. 중국은 디지털 경제의 성장과 기술 혁신을 국가 발전의 핵심 요소로 삼고 있고 이를 위해 다양한 전략을 추진하고 있다. 우선 중국의 디지털 경제 성장 전략을 살펴보면 다음과 같다.

첫째, '중국 제조 2025'이다. 2015년에 처음 발표된 이 전략은 제조업의 디지털 전환과 첨단 기술 개발을 목표로 인공지능, 로봇공학, 사물인터넷(IoT) 등을 통해 제조업의 효율성과 경쟁력을 높이는 데 중점을 두고 있다. 세부적으로 살펴보면 차세대 정보기술(IT), 고급 CNC 기계 및 로봇, 항공우주 장비, 해양 엔지니어링 장비 및 고기능 선박, 고속 철도 및 도시 교통 장비, 에너지 절약 및 신에너지 차량, 전력 장비, 신소재, 바이오의약 및 고성능 의료기기, 농업 기계 장비 등의 핵심 산업 분야에서의 발전을 목표로 하고 있다.

구체적으로 진행된 사례는 다음과 같다. 1. 중국은 세계에서 가장 큰 고속 철도 네트워크를 구축했다. 중국의 CRRC(China Railway Rolling Stock Corporation)는 세계 최대의 철도 장비 제조업체로, 중국의 고속 철도 기술은 전 세계에 수출되고 있다. 2. 전기차(EV) 산업에서 두각을 나타내고 있다. 대표적으로 BYD와 NIO 같은 중국의 전기차 제조업체들이 있으며, CATL(Contemporary Amperex Technology Co. Limited)은 세계 최대의 배터리 제조업체 중 하나이다. 3. 항공우주 분야에서 중국의 COMAC(Commercial Aircraft Corporation of China)은 C919 여객기를 개발하여 보잉과 에어버스와 경쟁하고 있다. 이는 중국이 항공기 제조 분야에서 자립을 추구하기 위한 중요한 시도이다. 4. 중국은 산업용 로봇의 주요 생산국 중 하나로 부상했다. 화낙(Fanuc, 일본), ABB(스위스), 쿠카(KUKA, 독일) 같은 글로벌 로봇 기업들이 중국에 생산 기지를 두고 있으며, 중국 내 기업들도 로봇 기술 개발에 적극 투자하고 있다.

'중국 제조 2025'는 중국이 글로벌 제조 강국으로 도약하려는 야심 찬 계획이지만, 이는 미국과의 주요 마찰을 초래하기도 했다. 예를 들어 무역 전쟁, 기술 탈취 및 지적 재산권 문제, 화웨이와 ZTE 같은 기술 기업에 대한 제재, 반도체 산업의 수출 통제 등이 대표적인 갈등 사례이다. 이러한 갈등은 단순한 경제적 경쟁을 넘어, 기술 패권을 둘러싼 전략적 경쟁으로 이어지고 있다.

둘째, '인터넷 플러스' 전략이다. '인터넷 플러스' 정책은 2015년 리커창 중국 총리가 전국인민대표대회에서 처음 제안한 개념으로, 인터넷과 전통 산업의 융합을 통해 중국 경제의 혁신과 성장을 촉진하려는 전략이다. 이 정책은 정보통신기술(ICT)을 중심으로 인터넷, 클라우드 컴퓨팅, 빅데이터, 사물인터넷(IoT) 등 첨단 기술을 전통 산업과 결합함으로써 새로운 경제 성장 동력을 창출하는 것을 목표로 하고 있다. 즉, 농업, 제조업, 금융 등 다양한 분야에서 디지털 혁신을 촉진하는 것이다. 이 정책의 배경은 중국이 경제 성장 둔화와 환경 문제, 노동 비용 상승 등 여러 문제를 해결하기 위해서 전통적인 제조업 중심의 경제 구조에서 벗어나 새로운 경제 성장 동력을 창출할 필요성이 대두되었기 때문이다.

주요 내용을 살펴보면 1. 전통 산업의 디지털화로 제조업, 농업, 서비스업 등 다양한 분야에서 인터넷과 디지털 기술을 활용하여 생산성과 효율성을 높이고, 새로운 비즈니스 모델을 창출한다. 예를 들어, 스마트 제조는 생산 공정에 IoT와 빅데이터를 도입하여 실시간 모니터링과 자동화를 가능하게 한다. 2. 창업과 혁신을 촉진하기 위한 환경 조성을 목표로 하고 있다. 중국 정부는 스타트업과 중소기업을 지원하기 위해 다양한 정책적, 재정적 지원을 제공하며, 벤처 캐피탈과 창업 인큐베이터를 활성화하고 있다. 이를 통해 더 많은 기업들이 디지털 혁신을 시도하고, 신기술을 바탕으로 한 새로운 시장을 개척할 수 있도록 돕고 있다. 3. 스마트 시티 구축과 공공 서비스의 디지털화를 강조하고 있다. 교통, 의료, 교육, 행정 서비스 등 다양한 공공 분야에서 인터넷과 디지털 기술을 활용하여 시민들에게 더 나은 서비스를 제공하고, 도시 운영의 효율성을 높인다. 예를 들어, 스마트 교통 시스템은 실시간 교통 정보를 제공하고, 교통 혼잡을 줄이는 데 기여할 수 있다. 가장 대표적인 사례로 2016년부터 시작된 항저우의 시티 브레인 프로젝트가 있다. 해당 프로젝트는 항저우시 정부가 도시 운영에 필요한 기술을 발주하고 알리바바를 비롯한 항저우의 지역기업가들이 경쟁입찰을 통해 참여하였다. 특히 두드러진 성과를 보인 분야는 교통 분야로, 무인카메라에 센서를 부착해 교통 정보 데이터를 실시간으로 수집·분석하여 신호 체계를 최적화함으로써 시범지역의 교통 흐름에 소요되는 시간을 15.3% 감소시켰다고 한다. 그리고 도심 내 9,000여 개의 주차공간에 소형 센서를 설치해 자동예약 및 결제가 가능하도록 하여 주차난을 해결했다고 한다.

중국은 '인터넷 플러스' 정책을 통해 국제 협력을 강화하고, 글로벌 경쟁력을 높이고자 하였으며, 이를 위해 국제적인 기술 표준을 채택하고, 글로벌 기술 기업과의 협력을 확대하며, 해외 시장 진출을 지원하고 있다. 이 정책은 기술 혁신과 산업 융합을 촉진함으로써 경제 구조의 고도화와 효율성을 높이고, 중국이 글로벌 디지털 경제에서 주도적인 역할을 할 수 있도록 하고 있다. 또한, 이를 통해 중국의 전반적인 경제 및 사회 발전에 긍정적인 영향을 미치고, 국민들의 삶의 질을 향상시키는 데 기여하고 있다.

셋째, 인터넷 기반의 금융 혁신으로 온라인 결제 시스템, 핀테크, 블록체인 기술 등을 도입하여 금융 서비스의 접근성과 효율성을 높이고, 전통적인 금융 시스템의 한계를 극복하려고 하였다. 이는 특히 소외된 지역이나 소규모 기업들에게 금융 서비스를 제공하는 데 큰 도움이 되고 있다.

〈표 1〉 중국의 인터넷 기반 금융 혁신의 대표적인 사례

금융 플랫폼	서비스 제공 플랫폼	내용
알리바바의 앤트 파이낸셜 (Ant Financial)	알리페이 (Alipay)	• 앤트 파이낸셜의 대표적인 서비스로 중국의 가장 큰 모바일 결제 플랫폼. • 사용자들은 QR 코드를 통해 쉽고 빠르게 결제할 수 있으며, 이는 전통적인 결제 방식을 크게 변화시킴.
	위어바오 (余額寶)	• 머니마켓 펀드로, 사용자가 알리페이 계좌에 있는 잔액을 쉽게 투자할 수 있는 상품. • 중국의 소액투자 문화를 확산시키는 데 큰 역할을 했음.
	화베이(花唄)와 제베이(借唄)	• 각각 신용 기반 소액 대출과 분할 납부 서비스 제공. • 사용자들이 간편하게 대출을 받을 수 있도록 지원함.
	마이뱅크 (MyBank)	• 디지털 은행으로 중소기업과 개인에게 쉽고 빠른 대출 서비스를 제공.
텐센트의 위챗 페이 (WeChat Pay)	위챗 페이	• 텐센트의 소셜 미디어 앱인 위챗에 통합된 모바일 결제 서비스. • 사용자들이 친구 간 송금, 쇼핑, 음식 배달, 공과금 납부 등 다양한 금융 거래를 손쉽게 처리할 수 있게 함.
	미니 프로그램	• 위챗 내에서 다양한 금융 서비스를 제공하는 애플리케이션. • 은행 업무, 보험, 투자 등 다양한 금융 활동을 지원.
	위뱅크 (WeBank)	• 중국 최초의 디지털 은행. • 소액 대출, 신용카드, 투자 상품 등 다양한 금융 서비스를 제공하며, 전통적인 은행 업무를 혁신적으로 변화시킴.
P2P 대출 플랫폼	렌딩클럽 (Lending Club)	• 중국 내 주요 P2P 대출 플랫폼, 투자자들이 직접 대출자에게 자금을 대여해주는 방식으로 운영. • 전통적인 금융 기관의 역할을 대체하며 개인 간 금융 거래를 활성화시켰음.
	신지앙다이 (鑫川貸)	• 신용이 낮은 개인이나 중소기업에 대출을 제공하는 P2P 플랫폼으로, 금융 소외 계층의 자금 접근성을 높였음.

*자료: 百度百科 내 관련 내용 필자 종합정리

〈표 1〉과 같은 사례들은 중국의 인터넷 기반 금융 혁신이 어떻게 발전해 왔는지를 잘 보여준다. 알리바바와 텐센트 같은 빅테크 기업들은 모바일 결제, 디지털 은행, P2P 대출 등 다양한 분야에서 혁신을 이끌고 있다. 중국 정부 역시 이러한 혁신을 뒷받침하는 규제와 지원 정책을 통해 디지털 금융의 발전을 적극적으로 추진하고 있다.

또한 블록체인과 핀테크 기술을 금융 분야에 적극 도입하여 혁신을 추진하고 있다. 중국 중앙은행이 주도하는 디지털 통화 프로젝트인 '디지털 위안'은 블록체인 기술을 활용해 중앙은행이 직접 발행하고 관리하는 디지털 화폐이다. 이는 결제 시스템의 효율성을 높이고, 글로벌 금융시스템에서 중국의 영향력을 확대하려는 전략의 일환이라고 할 수 있다. 그리고 중국 정부는 핀테크 혁신을 촉진하기 위해 규제 샌드박스를 도입하여 새로운 금융 기술과 서비스를 시험할 수 있는 환경을 조성하고 있다. 이러한 움직임은 중국의 경제 전반에 큰 영향을 미치고 있으며, 글로벌 금융 시장에서도 중요한 변화를 불러일으키고 있다.

넷째, '디지털 일대일로((Digital Silk Road, DSR)'이다. 중국은 일대일로 구상에 디지털 요소를 포함시켜, 중국의 디지털 기술을 해외로 확산시키고, 글로벌 시장에서의 영향력을 확대하려고 하고 있다. 디지털 일대일로의 구체적 사례는 다양한 국가와 분야에서 나타나고 있다.

〈표 2〉 디지털 일대일로 주요 사례

분야	국가-세부 분야	주요 내용
디지털 인프라구축	파키스탄-중국: 광섬유 케이블 프로젝트	• 중국은 파키스탄과 협력하여 카라코람 고속도로를 따라 광섬유 케이블을 설치함. • 중국과 파키스탄 간의 데이터 통신을 강화하고, 파키스탄의 디지털 인프라를 개선하는 데 기여함.

디지털 인프라구축	에티오피아: 인터넷 인프라	• 화웨이와 ZTE 같은 중국 기술 기업들은 에티오피아의 통신 인프라를 구축하고 현대화하는 데 중요한 역할을 함. • 이들 기업은 전국에 광범위한 인터넷 네트워크를 설치하고 있으며, 이는 에티오피아의 디지털 경제 발전에 큰 기여를 하고 있음.
스마트 시티와 공공 서비스	말레이시아: 스마트 시티 프로젝트	• 텐센트와 알리바바는 말레이시아의 스마트 시티 프로젝트에 참여하여, 클라우드 컴퓨팅, 빅데이터, 인공지능(AI) 등의 기술을 활용한 다양한 솔루션을 제공하고 있음. • 교통 관리, 공공 안전, 환경 모니터링 등의 분야에서 혁신적인 변화를 일으키고 있음.
	사우디아라비아: 네옴(NEOM) 프로젝트	• 사우디아라비아의 미래형 도시 네옴 프로젝트에 중국의 기술 기업들이 참여하고 있음. • 스마트 인프라, 에너지 관리 시스템, 첨단 통신 네트워크 등을 구축하는 데 기여하고 있음.
전자상거래와 핀테크	인도네시아: 알리바바의 라자다(Lazada)	• 알리바바는 인도네시아 전자상거래 시장에서 라자다를 통해 큰 성과를 거두고 있음. • 인도네시아의 디지털 경제 성장을 촉진하고, 중소기업들에게 글로벌 시장으로의 접근을 용이하게 했음.
	태국: 위챗 페이와 알리페이의 확산	• 텐센트의 위챗 페이와 알리바바의 알리페이는 태국을 포함한 동남아시아 여러 국가에서 널리 사용되고 있음. • 지역 내 모바일 결제 생태계를 발전시키고, 현지 소비자와 상인들에게 새로운 금융 서비스를 제공하고 있음.
디지털 교육과 기술 협력	케냐: 기술 교육 협력	• 화웨이는 케냐의 여러 대학과 협력하여 ICT(정보통신기술) 교육 프로그램을 제공. • 현지 학생들에게 최신 기술을 배울 수 있게 하고, 디지털 경제에서 경쟁력을 갖출 수 있는 기회를 제공.
	이집트: 스마트 클래스룸	• 이집트의 여러 학교에 스마트 클래스룸을 구축하여 디지털 교육 인프라를 지원. • 이집트의 교육 환경을 현대화하고, 학생들에게 양질의 교육 콘텐츠를 제공하는 데 기여함.
위성 및 우주 협력	라틴 아메리카: 아르헨티나의 위성 협력	• 아르헨티나와 협력하여 위성 발사 및 운영을 지원. • 라틴 아메리카 국가들의 위성 기술 발전과 우주 탐사 역량을 강화하는 데 기여함.

*자료: 百度百科 내 관련 내용 필자 종합정리.

중국의 '디지털 일대일로 이니셔티브'는 전 세계 다양한 국가에서 디지털 인프라 구축, 스마트 시티 개발, 전자상거래 활성화, 디지털 교육 및 기술 협력 등을 통해 구체적으로 실현되고 있다. 이를 통해 중국의 글로벌 디지털 영향력을 확대하는 동시에, 참여 국가들의 디지털 경제 발전을 촉진하고 있다. 마지막으로 5G와 통신 인프라이다. 중국은 화웨이와 같은 기업을 통해 5G 기술 개발과 인프라 구축에서 선도적인 위치를 차지하려 하고 있다. 이는 글로벌 통신 네트워크의 지배권을 확보하려는 전략의 일환이다.

그러나 중국의 디지털 경제 성장을 위한 발전 전략은 중미 간 마찰을 불러왔다. 중미 간 관련 주요 마찰 사례로는 우선 미국의 화웨이 제재가 있다. 미국은 화웨이를 국가 안보 위협으로 간주하고, 화웨이에 대한 강력한 제재를 가했다. 이는 미국 기업이 화웨이에 기술과 부품을 공급하는 것을 금지하는 내용으로, 화웨이의 글로벌 5G 시장 확장에 큰 타격을 입혔다. 또한, 미국은 동맹국들에게도 화웨이 사용을 금지하거나 제한하도록 압박을 가했다. 2. 틱톡과 위챗 금지이다. 미국은 틱톡과 위챗과 같은 중국 소셜 미디어 앱들이 사용자 데이터를 중국 정부에 제공할 가능성이 있다는 이유로 금지 조치를 검토했다. 이로 인해 틱톡은 미국 내 사업을 매각해야 할 위기에 처했으며, 이는 중미 간 디지털 경제 경쟁의 또 다른 측면을 보여준다. 3. 반도체 공급망 분쟁이 있다. 미국은 보안 및 군사적 사용에 대한 우려 그리고 중국의 반도체 기술 발전을 견제하기 위해 주요 반도체 장비와 기술의 중국 수출을 제한했다. 2021년 2월, 미국은 반도체를 포함한 4대 분야의 공급망 검토 행정명령에 이어 2022년 8월에는 중국 반도체 산업 견제와 글로벌 공급망 재편을 위한 반도체 과학법을 제정했다. 또한 바이든 (Biden) 행정부는 미-EU 무역 기술 위원회, 칩4 동맹 등을 통해 다자 협력적 전략을 취했다. 중국은 이러한 미국의 반도체 산업에 대한 견제에 대응하여 반도체 자급자족을 목표로 관련 산업에 대한 막대한 투자와 연구 개발을 진행하고 있다. 이로 인해 글로벌 반도체 공급망에 큰 혼란이 발생하였으며 국제적 긴장을 초래하기도 하였다.

이후 중국과 미국에서 관련하여 시행한 새로운 정책은 다음과 같다. 1. 미국의 기술 제재 강화로 바이든 행정부는 중국의 기술 발전을 견제하기 위해 첨단 기술과 관련된 수출 통제를 강화했다. 이는 반도체, 인공지능, 양자 컴퓨팅 등 첨단 기술 분야에서 중국의 접근을 제한하려는 조치이다. 2. 중국은 '데이터 보안법'을 시행하여, 중국 내 데이터를 보호하고 국가 안보를 강화하려 하고 있다. 이는 외국 기업들이 중국에서 데이터를 수집하고 활용하는 데 있어서 엄격한 규제를 따르도록 한다. 3. 미국은 '클린 네트워크 이니셔티브'를 통해 신뢰할 수 없는 통신 공급업체를 배제하고, 동맹국과 협력하여 안전한 5G 네트워크를 구축하려 하고 있다. 이는 중국의 통신 기술이 글로벌 시장에서 확산되는 것을 막기 위한 조치다.

결론적으로, 중국의 디지털 발전 전략은 중미 간 디지털 패권 경제 경쟁에서 중요한 요소로 작용하고 있다. 이러한 경쟁은 단순한 기술 경쟁을 넘어 경제, 정치, 사회 전반에 걸친 복합적인 문제로 확대되고 있다. 각국은 자국의 이익을 보호하면서도 글로벌 협력을 통해 디지털 경제의 지속 가능한 발전을 도모해야 할 것이다.

5. 중국의 '일대일로'의 논리와 목표에 대한 비판은 정합적 인가?

시진핑 중국 국가 주석의 핵심 대외정책인 '일대일로(一帶一路)'가 2023년 9월 7일 10주년을 맞았다. 중국은 아시아, 아프리카, 유럽 등을 해상과 육상으로 연결하는 실크로드 경제벨트를 통해 거대 경제권을 형성하여 개발도상국의 '공동발전모델'을 추진하였다. 이 발전전략을 통해 여러 발전적 모습을 보여줄 것이며, 중국은 2030년까지 관련 국가에서 760만 명이 극단적 빈곤에서, 3,200만 명이 차상위 빈곤에서 벗어날 것이라고 하였다. 또한 이를 통해 전 세계 소득이 0.7~2.9% 상승할 것이라고 하였다. 지난 10년간 152개국과 32개 국제기구에서 일대일로 협력문서에 서명하기도 하였다.

그러나 중국의 '일대일로'는 잠재적 이점과 함께, 부채의 함정 및 채무부담, 지역지배 우려, 환경파괴, 지역 갈등과 같은 다양한 비판이 있다. 이처럼 여러 가지 우려와 비판을 일으키고 있으며, 이로 인해 국제 사회에서 다양한 시각과 의견이 나오고 있다. 우선 부채 함정 및 채무부담에 대한 우려로 중국이 참여국에 대출하고, 이에 따른 인프라 개발 프로젝트를 실시하는데, 이로 인해 참여국의 부채가 증가하는 경우가 있으며, 이는 채무부담으로 이어지고 이로 인해 중국이 참여국에 대한 영향력을 행사하거나 자국의 이익을 추구한다는 우려가 있다. 다음으로 지역지배 우려로 중국이 '일대일로'를 통해 영향력 확대를 목표로 하고 있다는 시각이다. 이것은 중국이 특정 지역에서의 우위를 갖게 될 수 있으며 이는 주변 국가 및 지역 안보에 대한 우려로 이어지고 있다. 그렇다면 중국의 '일대일로'에 대한 최근 비판의 쟁점에 대해 다음과 같은 문제 제기하며 이러한 비판이 정합성이 있는 것인가를 논의해 볼 수 있을 것이다. 첫째, 중국의 '일대일로'로 인해 채무문제가 발생하였는가? 그리고 중국의 이에 대한 대책은 실효성이 있는 것인가? 둘째, 서구의 '일대일로'에 대한 비판의 의도는 무엇인가? 다른 의도는 없는가? 셋째, 과연 중국이 '일대일로'를 통해 얻으려는 것은 무엇인가?

우선 '채무문제'와 관련된 일련의 사건들은 과연 중국의 의도적인 것인가? 의도적이라고 주장하는 경우 다음의 예를 들고 있다. '일대일로'는 중국의 국유은행이나 기업을 통해 사회간접자본(SOC)을 구축하고, 중국 기업이 사업을 도맡아 하여 자국의 인력과 자재를 쓰고 있으며, 참여국에는 장기대여금이나 차관의 형태로 돈을 빌려주고 해당국 기반 시설에 대해 중국이 운영권을 얻는 방식을 취하고 있다. 이 때문에 참여국은 갈수록 빚이 늘어나고 있으며, 참여국의 대중국 부채 규모는 2020년 기준 3,800억 달러(약 462조 800억 원)에 달한다고 한다. 예를 들어 스리랑카의 경우 2017년 함반토다 항구 건설에 14억 달러의 빚을 진 것을 갚지 못해 중국 국영기업인 중국항만공사에 99년간 항만 운영권을 넘겼으며, 파키스탄도 과다르 항구 운영권을 40년간 중국에 빼앗기기도 하였다. 대외부채 3분의 1 이상을 중국에 의존하고 있었던 잠비아의 경우 대출이자 지급 중단을 중국이 거부하며 국가 디폴트를 선언했다. '일대일로'에 참여한 68개국 중 채무문제와 관련 10~15개 국가가 부채압박을 받고 이 중 지부티, 타지키스탄, 키르기스스탄, 라오스, 몰디브, 몽골, 파키스탄, 몬텐그로가 8개 국가가 심각한 부채 함정에 빠져 있으며, 이미 채무문제를 두고 중국과 해당국 사이에 분쟁이 발생하여 프로젝트가 취소되거나 전면 재검토되기도 하였다.

하지만 이 중 스리랑카의 함반토타 항구의 경우 일대일로가 계획되기 이전에 이미 스리랑카에 의해 항구 건설이 이뤄진 것이고 운영권 이양을 '부채'로 인한 탈취로 볼 수 있는가 하는 것이다. 그리고 2022년 12월 시진핑 국가 주석은 중앙경제공작회의에서 일대일로를 중점 과제로 언급하였다. "일대일로는 시진핑 개인의 정치적 유산과 밀접하며", "중국 정부가 일대일로의 실패를 인정하는 일은 없을 것"이라고 한다. 중국은 일대일로 전략을 인프라 건설 투자에서 직접투자로 변경하였으며, 부채 리스크가 아프리카나 서아시아보다 적은 동아시아와 중동·남미·유럽 쪽 투자를 늘렸다. 그리고 빈곤개도국에 긴급대출을 해주거나 청정에너지·식량·교육을 지원하는 데 중점을 두는 '글로벌 개발 이니셔티브(GDI)'를 대외경제정책으로 제시하였다.

그러나 미국의 원조 데이터 연구단장은 "GDI는 비판이 커진 일대일로를 새롭게 브랜딩하려는 중국의 속임수"라고 비판하였다. 이러한 '채무문제'를 통해 중국의 정치·경제적 장악력이 커져가기에 중국의 미국 등 서방 국가에 대한 견제의 시각도 존재한다. 주요 7개국(G7)은 2021년 6월 영국에서 정상회의를 열고 중국 자본이 들어간 저소득국가 혹은 개도국에 대한 인프라 개발을 미국 중심의 동맹국이 돕겠다는 취지로 '더 나은 세계재건(B3W)' 출범에 합의하였다.

다음으로 서구 비판은 과연 문제가 없는가? 의도는 무엇이며, 다른 의도는 없는가? 중국은 "일대일로가 부채 함정을 야기한다"라는 비판에 대해 참여국의 인프라 투자 부채는 향후 인프라 자산이 되어 경제 성장에 도움이 되는 긍정적 성격을 가지고 있으며, 낮은 신용도를 가진 저개발국가들이 국제금융시장에서 경제 성장을 위한 대출을 받을 수 있게 하였다고 주장하기도 하였다. 하지만 문제가 전혀 없는 것은 아니며, 중국에서도 이 문제에 대해 인식하고 해결해 나가려고 한다. 즉 '일대일로 융자지도원칙'이나 '일대일로의 채무 지속 가능성 분석프레임'과 같은 중국이 발표한 방안을 통해서 중국이 문제를 인식하고 이를 해결해 나가려고 하는 것이 보인다는 것이다. 융자지도원칙이 '일대일로' 국가들 간의 융자 방식에 대한 공감대가 부족했다는 비판에 대응하여 공동 가이드라인을 마련했다는 점에서 진일보한 측면이 있지만 중국이 공여 주체로 부채 발생을 스스로 제어하기 어려우며, 채무 프레임워크는 거시경제지표와 가정을 어떻게 설정하는지에 따라 달라지기에 중국 정부에 달린 것이며, 기존에 IMF-WB 프레임 워크가 있었음에도 중국이 새로 만든 것은 중국의 채무조건에 무조건 부응해야 할 가능성을 배제할 수 없다. 이 때문에 부채 함정 논쟁이 쉽사리 수그러들지는 않을 것이다.

그렇다면 미국 내에서는 '일대일로'를 어떻게 바라보는가? 미국의 가장 대표적이고 영향력 있는 다섯 개의 지식 기관에서 2013년부터 2022년까지 '일대일로'에 관한 479편의 연구 보고서를 분석한 결과, 제시한 주요 의견 및 정책 주장 및 대응 제안은 다음과 같다. 우선 카네기 국제평화연구소는 중국의 '일대일로'의 동기를 경제적 측면에서 설명하며 중국 경제가 급성장한 후 GDP 성장률이 둔화되어 투자를 늘렸으나 경제 성장률이 하락하고 있으며, '일대일로'를 통해 아시아와의 상호 연결을 증가시키고 과잉 생산 능력을 국외로 이전하여 경제를 부흥시키려고 한다고 해석하고 있다. 다음으로 미국 전략 및 국제연구센터(CSIS)는 에너지 안보와 지역 관계에 초점을 맞추며 중국은 80% 이상의 석유 수입이 인도양과 말라카 해협을 통과하므로 '일대일로'를 통해 해상 수송로의 안정성을 향상시키려고 한다고 분석하였다. 다음으로 브루킹스 연구소(Brookings Institution)는 중국의 국가 안보 전략의 확장으로 보고, 미국의 아시아·태평양 다시 균형 전략에 대한 중국의 대응책으로 간주하며 중국이 '일대일로'를 통해 글로벌 무역에서 영향력을 유지하고 싶어 한다고 하였다. 마지막으로 전통적 자유주의 연구소는 '일대일로'의 외부적 영향을 강조하며 협력 국가가 중국에 대한 경제 의존도, 불공정한 시장 메커니즘, 부패 촉진, 양극화 여부, 빚의 함정 등에 주목하였다. 그러나 일부 학술 보고서는 '협력' 전략을 제안하며, 중국이 대국 책임을 적극적으로 수행하는 것이 긍정적인 의미가 있다고 보고 있으며, 미국은 중국을 더 개방적이고 포용적인 태도로 이해하고, 관련 프로젝트에 협력하고 반중 발언을 줄여야 한다고 주장하기도 한다. 위 연구 결과를 보면 중국의 '일대일로'에 대한 미국 내 시각은 다양하다. 그러나 많은 미국 학자들은 중국이 경제적으로 더 높은 성장을 이루고 정치적 리스크를 줄이려고 하는데 주요 초점이 있는 것이라고 보고 있다.

그렇다면 중국이 '일대일로'를 통해 얻으려고 하는 것은 과연 무엇인가? 시진핑 주석은 "중국의 주변 외교 전략의 목표는 '중화민족의 위대한 부흥'이라는 '중국의 꿈'을 보좌하는 데 있다"라고 하였다. 이것은 시진핑 정부가 주변외교를 역대 어느 정부보다 중시하고 있음을 보여준다. 중국 정부는 세계 경제 번영을 위해 유럽과 아시아 간 경제 공동체 건설을 경제적 측면을 부각하며 당위성을 설명하고 있다. 그러나 말라카 해협과 순다 해협, 페르시아만, 홍해 항만 등에 대한 개발 협력은 경제성이 결여되거나 전략적 요충지에 위치해 있다. 이 때문에 남중국해를 포함한 동아시아에서 중국의 영향력 확대를 위한 군사적, 전략적 목적이 더 크다고 보는 시각도 존재한다.

'일대일로'를 저개발 국가들을 주요대상으로 하지만 강대국 외교의 층위에서 전개하고 있는 것이다. 중국은 '일대일로'나 상하이자유무역지대 네트워크와 연결시키려는 의도를 가지고 있으며, 서구의 환태평양 경제동반자협정(Trans-Pacific Partnership, TPP), 범대서양 무역투자동반자협정(Transatlantic Trade and Investment Partnership , TIPP) 등 새로운 대외무역 레짐의 대 중국 포위망에 대처하는데 유용하게 쓰일 수 있다고 여긴다. 즉, 대미 차원에서 중국은 미국의 신실크로드 계획이 중앙아시아와 남아시아를 손에 넣으며, 러시아, 중국과 중앙아시아와의 관계 강화를 차단한다고 보고 '일대일로'를 미국이 추진해 온 TTP

나 TTIP에 대적하기 위한 것으로 볼 수 있다는 것이다.

　그러나 중국은 자국의 부상이 위협요인인 아니라 경제 성장 및 공동번영을 위한 것이라고 주장한다. 이 때문에 공식 석상에서는 '중국몽'이라는 말보다는 '유라시아 대륙의 전체적 부흥'이나 '세계 각국과의 공동이익'향유에 대한 말로 변경하며 국제 사회 전체 이익을 위해 중국이 움직이고 있다고 말한다. '일대일로'는 개방 협력을 위한 것이며 새로운 국제관계 속에서 중국이 주도적으로 이끌어 나가는 것일 뿐 지정학적 도구로서의 것은 아니라 주장한다.

6. 미국의 '디리스킹(derisking)' 선택의 함의와 중국의 반응은?

　최근 미국 등 서방 국가들이 중국을 대하는 접근 프레임이 경쟁혹은 적대세력과의 관계 단절을 의미한 '디커플링(decoupling, 탈동조화)'에서 '디리스킹(derisking)'으로 변화하였다. '디리스킹'은 '탈위험' 혹은 '위험관리'라는 의미로 금융기관이 위험관리를 위해 특정 분야의 거래를 제한하는 것을 말한다. 또한 '디리스킹'은 적대적이지 않은 관계를 유지하면서 위험 요소를 점차 줄여나가는 것을 의미하는 것으로, 중국과 경제협력을 유지하면서도 중국에 대한 과도한 경제적 의존을 낮춰 이로 인해 발생할 수 있는 위험 요소를 줄이자는 뜻이다. 중국 관련 '디리스킹'이라는 표현은 2023년 3월 30일 우르줄라 폰데어라이엔(Ursula von der Leyen) 유럽연합(EU) 집행위원장이 대중정책과 관련된 연설에서 처음으로 썼다. 그는 유럽연합이 옛 냉전 시절처럼 중국으로부터 '디커플링'하는 것은 유럽의 이익에 들어맞지 않으며, 디리스킹에 초점을 맞춰야 한다고 하였다. 이후 백악관 국가안보좌

관인 제이크 설리번(Jake Sullivan)이 2023년 4월 27일 미국 브루킹스 연구소 강연에서 "우리는 '디커플링'이 아닌 '디리스킹'을 지지한다"며, "'디리스킹'은 근본적으로 탄력적이고 효율적인 공급망을 확보해 어느 국가의 강압에 종속될 수 없다는 점을 보장한다는 의미"라고 설명했다. 이러한 정책적 전환은 미중 관계가 대립에서 완화되는 것이라는 시각도 존재하게 하였다.

각국의 '디리스킹'에는 차이가 있다. 예를 들어 EU와 영국, 인도 등은 희토류·리튬 등 핵심광물과 반도체 공급 능력을 바탕으로 경제적 강압을 가하는 중국에 대한 압박의 필요성을 인정하면서도, 중국과의 관계 단절로 인한 피해를 우려해 미국보다는 유화적이다. 그리고 우르줄라 폰테어라이엔(Ursula Gertrud von der Leyen) EU위원장이 '디리스킹'을 위한 로드맵 공개를 준비하는 과정에서 드러난 주요 회원국들은 미국의 접근 방식과 일치하는 것에 비판적 견해를 드러내고 있으며, 프랑스 마크롱(Macron) 대통령은 유럽이 미국을 따라가서는 안 되며, 독일은 대중국 정책을 준비하고 있다.

그렇다면 미국이 중국을 대하는 방식이 '디커플링'에서 '디리스킹'으로 변화된 것은 어떤 이유인가? 미국을 비롯한 세계 각국은 '디커플링' 이후 물가가 폭등하고, 중국으로부터 값싼 중간재를 수입하던 미국의 IT기업들은 생산비용이 증가하기 시작하며, 관련 기업들은 미국의 '디커플링'에 반대하기 시작했다. 그리고 미국이 재정 적자를 메우기 위해 중국이 보유한 미국 국채를 매각할 경우, 채권 이자율의 급증으로 미국 경제가 위기를 맞이할 수도 있기에 더 이상 '디커플링'을 유지하기 어려워진 상황이었다. 다른 한편으로 미국이 더 이상 '디커플링'을 유지하지 않고 '디리스킹'으로 전환한 것은 바이든 정부의 차기 대선에 대한 영향 관계로도 볼 수도 있다. 이것은 첨단 기술 및 핵심 분야와 관련해 미국 내 투자 확대를 하기 시작한 것이 이 분야와 관련해 미국 내에서 생산 및 성장을 목표로 하며 미국 내 일자리를 창출해 내년 대선에 노동자와 중산층의 표를 집중시키려는 의도라는 것이다.

그렇다면 이것은 중국에 대한 압박의 강도를 낮추는 것인가? '제이크 설리번'의 브루킹스 연설에서 '디리스킹'이 '최첨단 기술에 집중될 것'이라고 강조하고, 블링컨(Blinken) 재무장관 역시 방중 기자회견에서 "미국을 적대하는 데 사용되지 않도록 중요한 기술을 보호"하며, "미국 국가 안전을 지키는 데 필요한 특정 표적 맞춤형 조처를 계속할 것임을 중국 쪽에 분명히 했다"라고 미국 측의 대중국 '디리스킹'에 대해 언급하였다. 바이든 정부의 대중 정책 기조를 살펴보면 대중국 견제가 첨단 기술 및 핵심 분야에 집중되어 있는 것으로 나타났다. 또한 2023년 5월 미 국방부 국방과학기술전략 보고서에서는 핵심 군사기술에 인공지능, 바이오, 우주 기술 등의 '중국 제조 2025'에서 10대 산업으로 언급하고 있는 기술 분야가 있다. 즉 중국의 10대 신흥산업에는 군사화될 수 있는 기술로 미래 패권경쟁의 핵심이라 할 수 있는 과학기술 분야가 포함되어 있다는 것이다.

따라서 '디리스킹'과 관련된 일련의 정책적 발언 등을 통해 바이든 행정부가 '경쟁적 공존(competitive coexistence)' 기조를 바탕으로 한 대중국 견제 정책을 본격화한 것으로 볼 수 있다. 바이든 행정부는 대중 경쟁 목표를 중국의 부상을 지연 혹은 억제시켜 미국의 대중국 우위를 유지하는 것에 있으며, 이를 위해 '경쟁, 대립, 협력'의 요소를 복합적으로 사용하여 보다 결과지향적(result-orientde)으로 중국의 부상을 견제하려고 하는 것이다. 그리고 이것은 미국의 대중 정책은 무역과 첨단 기술 문제를 철저히 분리하려고 하고, 미중 전략경쟁의 핵심이 신흥기술 통제를 전제로 하며, 첨단 기술 및 핵심 분야에 대한 공급망과 관련해 '경쟁'구도를 보이고 있는 것에서 잘 나타나 있다. 따라서 또 다른 패권경쟁의 양상이며 압박의 강도 문제가 아니라 대상의 전환이라 하겠다.

그렇다면 중국 측은 이러한 미국의 '디리스킹'에 대해 어떻게 반응하고 있는가? 신화통신(新華社)은 2023년 5월 25일 미국이 "기만적인 행위를 한다"고 하였다. 즉, 미국이 중국에 대한 '디커플링'을 '디리스킹'으로 바꾼 것은 현재 미국의 불안정한 경제와 금융 상황 그리고 인플레이션을 억제하기 위해 이자율을 계속 인상하고 있으며, 다수의 미국 은행이 위기에 빠져 있어 이에 따라 경기 침체 위험이 증대되어 있는 상황 때문이라는 것이다. 게다가 미국 기업들에게 중국이라는 글로벌 시장에서 멀어지는 것 역시 감당하기 어려운 부분이며, 미국 소비자들에게 중국 제조업에서 벗어나면 더욱 엄중한 인플레이션 압력이 가중되는 상황이다. 따라서 '디리스킹'이라는 것은 미국이 중국에서 혜택을 얻어 미국 경제를 구원하려고 하면서도 중국의 개발을 견제하려는 이기적 인식이 존재한다는 것이다.

그리고 중국은 미국이 '리스크 감소'를 강조하고 있지만 본질적으로는 '중국 위협론'의 연장선으로 보고 있다. 중국은 미국이 중국이 관여하는 글로벌 산업 공급망 과정을 '리스크 지점'으로 간주하고 있으며, 중국의 기술 분야에서의 중요한 기술 혁신과 역량 향상을 '리스크 감소'를 위한 중요한 대상으로 삼고 있다고 보고 있다. 이에 중국에 대한 수출 통제, 경제 제재, 국가 안보 검토 등이 미국의 '리스크 감소'의 일반적인 수단이 되고 있다는 것이다.

그렇다면 중국은 미국의 '디리스킹'에 대해 어떻게 대처하려고 하는가? 중국은 산업 공급망의 자체적인 통제 능력을 향상시켜야 한다고 주장한다. 또한 정보 기술 인프라의 지속적으로 개선하고 빅데이터, 5G, 인공 지능 등을 대표로 하는 디지털 인프라가 제조업, 정보 기술 산업, 교통, 여행 등 다양한 산업 분야로 응용 및 확장되고 있는 가운데 산업의 각 단계에서 디지털화와 스마트화 개선을 가속화하며 기술 기반을 강화해야 한다고 한다. 이러한 점에서 중국의 디지털 경제 변화 현황 및 관련 정책에 있어서도 주목할 필요가 있을 것으로 보인다.

7. 나오며: 시진핑 집권 3기의 경제 전략 방안과 방향

2011~2019년까지 평균 7.9%의 고성장을 기록했던 중국 경제는 코로나19 이후 '팬데믹 기저효과'를 누린 2021년을 제외면 2020년과 2022~2023년에는 평균 4% 이하의 저성장을 기록했다. 2023년 중국의 GDP 성장률은 예상보다 낮은 수준이었는데, 이는 주로 부동산 시장의 침체, 내수 부진, 글로벌 수요 감소 등이 원인으로 작용했다. 부동산 시장은 대형 부동산 개발업체들의 부채 문제와 이에 따른 금융 리스크가 부동산 시장을 압박했다. 정부는 부동산 시장의 과열을 억제하고, 안정적인 성장을 도모하기 위해 여러 규제 정책을 시행했다. 또한 청년 실업률이 상승하며 사회적 문제로 대두되었다. 이는 교육과 일자리 간의 미스매치, 경제 성장 둔화 등이 복합적으로 작용한 결과였다. 이처럼 글로벌 경제의 불확실성과 코로나 19의 여파가 계속 지속되는 가운데 중국은 경제회복과 구조 개혁을 동시에 추진하며 새로운 발전 모델을 모색하고 있다.

중국 정부는 2023년 12월에 개최된 중앙경제공작회의에서 중국은 현재 경제 리스크의 심화로 '국내 대순환'에 장애가 발생했으며, 대외 여건의 복잡성과 불확실성이 증대되며 '국내 순환'에도 어려움을 겪고 있다고 하였다. 또한 유효수요 부족, 일부 산업의 생산 과잉, 부진한 기대심리, 부동산 시장 불안 등 금융리스크를 주요한 국내 경제 리스크로 지적하였다. 2024년 양회와 20기 3중전회는 시진핑 집권 3기의 경제 전략 방안을 구체화하고, 경제 정책의 방향성을 제시하는 중요한 기회였다. 이 회의들에서 논의된 내용 중 새로운 발전 이념으로 '고품질 발전'과 '신질(新質)생산력'이 있다.

　우선 시진핑 정부는 단순한 경제 성장률보다는 '고품질 (경제)발전'을 강조하고 있다. 이는 질적 성장을 의미하는 것으로 기술 혁신, 산업 구조 고도화, 환경 보호 등을 통한 지속 가능한 성장을 의미한다. 정부는 이를 위해 R&D 투자 확대, 인프라 개선, 교육 및 인력 양성에 주력하고 있다. 다음으로 '신질(新質)생산력'은 작년 가을 처음 언급되었으며, 2024년 3월 양회에서도 크게 강조한바 있다. 이번 3중전회에서는 "현장 상황에 맞게 신질생산력을 발전시키자(因地制宜發展新質生産力)"라고 하였는데, 이것은 기술 장벽을 넘는 것을 외국에 기대지 않고 중국 스스로 해당 현장에서 돌파하자는 뜻으로 보인다. 해결방안으로 과학교육(科教興國), 혁신 능력, 교육 개혁 등을 강조하였다.

　2023~2024년 중국의 경제 현황과 2024년 양회와 20기 3중전회를 통해 본 시진핑 집권 3기의 경제 관련 쟁점과 향후 추진 방향을 요약해 보면 다음과 같다. 첫째, 시진핑 정부는 단기적인 경제 성장보다 장기적인 고품질 발전을 추구하고 있다. 이는 기술 혁신과 산업 고도화, 지속 가능한 발전 등을 통해 이루어질 것이다. 둘째, 공동부유와 소득 분배 개선을 통해 사회적 안정과 공정성을 강화하려는 노력이 두드러진다. 이는 중산층 확대와 농촌 지역 개발을 통해 실현될 것이

다. 셋째. 디지털 경제와 기술 혁신은 중국 경제의 미래를 좌우할 핵심 요소다. 중국은 이를 통해 글로벌 경쟁력을 강화하고, 새로운 경제 성장 동력을 확보하려 하고 있다. 넷째, 부동산 시장의 불안정과 금융 리스크는 중국 경제의 취약점을 드러낸다. 정부는 이를 해결하기 위해 금융 시스템의 안정성을 강화하고, 리스크 관리에 주력하고 있다. 다섯째, 글로벌 경제 협력의 확대이다. 중국은 일대일로 이니셔티브를 통해 글로벌 경제에서의 역할을 확대하고 있다. 이는 중국의 경제 성장을 지속 가능하게 만들고, 국제적 영향력을 강화하는 데 기여할 것이다. 즉, 고품질 발전, 내수 확대, 공동부유, 디지털 경제, 금융 안정, 국제 협력 등은 중국 경제의 지속 가능한 발전을 위한 핵심 전략인 것이다.

참 고 문 헌

공봉진 외 7명, 『강한 나라를 꿈꾸는 중국』, 경진출판, 2023.

공봉진 외 7명, 『중국공산당이 세운 신중국! 중화민족에 빠지다』, 경진출판, 2022.

김준영·이현태, 「일대일로 구상(一帶一路倡議)에 대한 국제 논쟁과 시사점」, 『정치정보연구』 22(3), 2019, 91~122쪽.

김흥규, 「중국 일대일로(一帶一路)전략과 동북아 국제관계의 변화: 한계점과 전망」, 『中蘇硏究』 40(3), 2016, 7~48쪽.

남윤복, 「중국의 일대일로(一帶一路)구상과 정치 경제적 함의: 실크로드 경제벨트 구축을 중심으로」, 『국민대학교 중국지식네트워크』, 2017, 185~222쪽.

서정경, 「일대일로(一帶一路) 정상포럼을 통해 본 빛과 그림자」, 『성균차이나브리프』 5(3), 성균중국연구소, 2017, 37~42쪽.

장지혜·김태식, 「쌍감(雙減)정책이 중국의 영어교육플랫폼에 미친 영향에 관한 연구」, 『중국학』 제80집, 2022, 43~68쪽.

최재덕, 「일대일로의 이론과 실제: 중국의 지역패권주의 강화와 일대일로 사업추진에서 발생된 한계점」, 『한국동북아논총』 제23권 제4호, 2018, 25~46쪽.

최필수, 「일대일로(一帶一路)의 부채 문제에 대한 고찰」, 『성균차이나브리프』 7(1), 2019, 52~58쪽.

김시중, 「'신창타이(新常態)' 중국경제와 한국의 대응」, 『CSF_전문가오피니언』, KIEP, 2015.

민정훈, 「바이든 행정부의 대(對)중국 '디리스킹(derisking)'의 의미와 함의」, 『IFANSFOCUS』, IF2023-22K, 2023.

이상훈 외 3명, 「중국 인터넷융합 전략의 특징과 지역 사례 연구」, 『정책연구 브리핑』, KIEP, 2018.

이지용, 「시진핑의 공동부유론: 제기 배경 및 시사점」, 『CSF_전문가오피니언』, KIEP, 2021.

이현태 외 3명, 「중국 시진핑 집권 2기 경제운영 전망: 2018년 양회(兩會) 분석」, 『오늘의 세계경제』, KIEP, 2017.

이홍규, 「시진핑 시대 국유기업 개혁 심화: 핵심 정책의 평가 및 시사점」, 『INChinaBrief』 269, 2014.

조은아, 「중국 일대일로(一帶一路) 정책의 집단주의 문화와 한국 공공외교의 방향성」, 『아시아문화콘텐츠연구소, 문화·경영·기술』 2(2), 2022, 57~74쪽.

지영 외 4명, 「2023년 양회를 통해 본 시진핑 집권 3기 경제운영 전망과 시사점」, 『오늘의 세계경제』, KIEP, 2023.

차정미, 「'서로 다른 입장의' 디리스킹과 미중관계의 미래」, 국회미래연구원, 2023.06.27, https://buly.kr/AwbhMkR (검색일: 2023.09.15).

한지민, 「불안정한 중국경제, 미래 향방은」, 『CSF_전문가오피니언』, KIEP, 2022.

「중국 겨냥 '디커플링 아닌 디리스킹' 공식화하는 미국 의도는」, 연합뉴스, 2023.06.25, https://buly.kr/FLWTv54 (검색일: 2023.09.14).

「디리스킹(de-risking)」, 연합인포맥스, 2023.06.19, https://buly.kr/E77B3MJ, (검색일: 2023.09.13).

「디리스킹'이란 무슨 뜻인가요…유럽의 '중국 위험 줄이기'가 출발점」, 한겨레, 2023.05.23, https://buly.kr/7FPcnYq (검색일: 2023.09.13).

「블링컨 "디리스킹과 디커플링은 큰 차이…미국 안전지킬 것"」, 한겨레, 2023.06.21, https://buly.kr/B7WSLZV (검색일: 2023.09.14).

「1240조 쏟은 中 일대일로…'부채의 덫' 비난에도 계속되는 까닭」, 중앙일보, 2023.02.19, https://buly.kr/EI1w2DZ (검색일: 2023.09.08).

「'공동 번영'일까·'올가미'일까, 10주년 中일대일로의 '속내'」, 파이낸셜뉴스, 2023.09.09, https://buly.kr/GP12Kjn (검색일: 2023.09.08).

The White House, "Remarks by National Security Advisor Jake Sullivan on Renewing American Economic Leadership at the Brookings Institution", https://url.kr/2mjuyd (검색일: 2023.09.15).

U.S. Department of Defense, "2023 National Defense Science & Technology Strategy", https://buly.kr/Alimwby (검색일: 2023.09.15).

王一童·杜貞利·柴亞超·郭鵬·童天樂, 「An Analysis of BRI Domain Research Reports by US Think Tanks」, China Investment, 2023.

趙明昊, 「如何看待"一帶一路"建設中的"美國因素"」, World Affairs, 2018.

中華人民共和國教育部, 「漢語盘點: 2020年度中國媒體十大新詞語發布」, https://lrl.kr/yfIK (검색일: 2023.07.15).

中華人民共和國中央人民政府, 「習近平: 扎實推动共同富裕」, https://lrl.kr/yfIL (검색일: 2024.07.10).

中國制造2025_中國政府網, https://lrl.kr/yfIM (검색일: 2023.09.15).

「炮制對華"去風險"是"脫鉤論"新瓶舊酒——起底美國抹黑中國話術系列評論之一」, 新華社新媒體, 2023.02.25, https://buly.kr/uSLUHg (검색일: 2023.09.17).

「公布2020年度十大流行詞! 逆行者、打工人等上榜」, 『咬文嚼字』, https://buly.kr/4bgE9gq (검색일: 2024.07.15).

「港媒: 美國對華"去風險"只是經濟"脫鉤"的另一種說法」, 环球時報, 2023.05.

12, https://buly.kr/3NGxZmo (검색일: 2023.09.17).

「應對"去風險", 中國有定力」, 騰訊網, 2023.08.23, https://buly.kr/FsGlDjO, (검색일: 2023.09.19).

「"雙循環"這個密鑰你get到了嗎?」, 新華網, 2020.08.26, https://buly.kr/5q5ZTaf (검색일: 2024.07.10).

「林毅夫詳解雙循環三大問題: 爲甚麼提出、出口重要嗎、對企業的影响」, 澎湃新聞, 2020.10.22, https://buly.kr/H6g4Fui (검색일: 2024.07.10).

「從長期大勢把握當前形勢 統籌短期應對和中長期發展」, 中國政府網, 2020.08. 15, https://buly.kr/EzgyU9j (검색일: 2024.07.10).

「最新, 重磅來了! 最高大賺110%, 公募看好"一帶一路"重要投資機遇」, 金融界, 2023.09.03, https://buly.kr/4FqkeII (검색일: 2023.09.08).

시진핑 3.0

: 시진핑의 꿈

김태욱

1. 들어가며

2022년 10월 22일 폐막 된 중국공산당 제20차 전국대표대회에서 시진핑(習近平)은 공식적으로 중국공산당(CCP, Chinese Communist Party) 총서기로 세 번째 연임되었다. 1980년대부터 중국공산당은 당내에서, 그리고 당과 국가기관 간에 권력을 공유하는 집단적 지도 체제를 유지해 왔다. 국가주석직 임기를 10년으로 제한하는 전통은 1990년대 등장했다. 마오쩌둥(毛澤東) 시대와 그 직후의 혼란이 반복되는 것을 피하기 위해 덩샤오핑이 취한 방식이었다.

2012년 시진핑이 중국의 최고 지도자가 되었을 때, 일부 중국 지식인들은 시진핑이 정치개혁을 추진할 것으로 기대했다. 일부에서는 시진핑이 집권 기간 내에 중국공산당이 오랫동안 주장해 온 권력 독점을 제한할 수 있을 것이라고 예상하기도 했다.

현재 중국 역사상 가장 강력한 지도자 중 한 명이 된 시진핑 국가주석은 마오쩌둥 집권 이후 중국 역사상 가장 큰 이데올로기 캠페인을 시작했다. 시진핑 국가주석의 이데올로기는 공산주의, 민족주의, 레닌주의가 혼합된 것으로, 중국공산당을 강화하고, 권력 장악, 정치적 안정을 유지하여, 중국의 위대한 부흥이라는 '중국의 꿈'을 달성하는 것이다.

마오쩌둥의 대약진 운동(1958~1961)은 대중 운동을 통해 가난에 허덕이는 중국을 부자 대열로 끌어올리려는 이념적 동기의 시도로 약 3천만 명의 중국인이 기근으로 사망했다. 아울러 마오쩌둥은 1966년 문화대혁명을 통해 낡고 부패한 중국의 완고한 잔재를 근절하고 마오쩌둥의 정치적 입지를 굳히기 위한 캠페인을 벌였고, 이로 인해 10년 동안 광범위한 폭력과 경제적 마비가 초래되었다.

1976년 마오쩌둥이 사망할 때까지 중국은 지치고 극도로 가난했으며 위험할 정도로 고립되어 있었다. 1978년 12월, 덩샤오핑을 비롯한 개혁을 강조하는 지도부는 국가의 우선순위를 계급투쟁에서 '경제건설'로 근본적으로 전환되었다. 이후 40년 동안 경제 발전은 중국의 '핵심 과제'였으며 이를 성공적으로 수행했다. 1977년 중국의 GDP는 미국 GDP의 8.4%에 불과했지만 2023년에는 미국 GDP의 65%에 달하고 있다.

덩샤오핑 이후 중국공산당 지도자들은 항상 시장을 우선시 해 왔다. 2012년 취임 이후 시진핑 국가주석은 막강한 권력을 행사하며 중국공산당에 대한 장악력을 강화했다. 중국공산당의 20차 전국대표대회는 이러한 시장 우선에서의 전환점이 되었다. 이러한 일련의 권력 강화가 자신을 중심으로 한 개인숭배를 구축하고 있다는 평가에 직면하고 있다. 시진핑은 마오쩌둥 이후 당의 과두정치 독재를 자신을 '핵심'으로 하는 신전체주의 폭정으로 전환시켰다. 시진핑은 세계에서 가장 강력한 권력자 중 한 명으로 자리했다. 이 글은 시진핑 1, 2기 집권 시기의 공과를 살펴보고 진행형인 3기를 예측해 보고자 한다.

2. 시진핑, 그는 누구인가?

시진핑은 1953년 6월 부총리이자 혁명 영웅이라 일컬어지는 시중쉰(習仲勳, 1913~2002)과 그의 두 번째 아내 치신(齊心, 1926~) 사이에서 태어났다. 시중쉰은 당의 8대 혁명원로 중 한 명으로 광둥(廣東)성 당위원회 제1서기 시절 개혁·개방을 이끈 인물이다.

시진핑의 어린 시절은 자금성에 인접한 공산당 지도자들의 거주지인 중난하이에서의 상대적으로 부

1960년 베이징 베이하이(北海) 공원에서 시중쉰과 그의 가족

유하게 어린 시절을 보냈지만, 1962년 시중쉰이 마오쩌둥에 의해 반당 우파라고 비난을 받아 지도자 자리에서 실각되면서, 시진핑의 처지도 급변했다. 이 당시 시진핑의 이복 큰 누나 시허핑(習和平, 위 사진 뒷줄 왼쪽에서 두 번째)이 사망하는데, ≪뉴욕타임즈(NYT)≫ 보도에 따르면 당시 시진핑의 누나는 고통스러운 상황을 이기지 못하고 자살한

것으로 추정된다.

1966년 문화대혁명이 시작되자 시진핑은 숙청된 정부 관리의 자녀들을 위한 구금 시설에 갇히게 된다. 이후 1968년에 시진핑은 농촌으로 하방되었다. 시진핑은 산시(陝西)성 옌안(延

1967년 문화대혁명시기 시중쉰이 '반당분자'로 몰려 공개 비판을 받고 있다.

安)시 량자허(梁家河)촌의 친척 집 근처에 살며 7년간 지역 농민들과 함께 지냈으며, 1975년까지 옌안에서 청년기를 보냈다.

시진핑은 중국공산당에 입당하고자 여러 차례 입당원서를 제출했으나, 아버지가 반동분자로 낙인찍힌 이유로 허가를 받지 못했다. 8차례 시도 만에 시진핑은 공산주의청년단(共青團)에 가입하게 되었고, 10차례 이상 시도한 끝에 중국공산당 입당에도 성공했다. 1974년 허베이성에서 중국공산당에 입당하게 된 시진핑은 량자허의 촌장에 올랐다.

1975년 시진핑은 공농병(工農兵, 노동자·농민·군인) 추천 청강생으로 선발돼 1975년 칭화대 화학공정과에 입학하면서 7년간에 걸친 하방 생활을 마치고 베이징으로 돌아왔다. 문화대혁명의 혼란 속에서 중학교와 고등학교 정규과정을 거치지 못한 시진핑에게 비로소 학업의 기회가 주어졌다. 당시 부친의 연금 생활도 13년 만에 끝나 복권을 눈앞에 두고 있었다.

1975년에 시진핑은 칭화대학교에 입학하여 화학공학을 전공하였다. 그러나 시진핑은 공농병 학생(工農兵學員)으로서 중국 대학이 전면 개교되기 전에 마르크스－레닌－마오쩌둥 사상과 인민해방군(PLA, People's Liberation Army)을 연구하는 데 상당한 시간을 보냈다.

1979년 여름 칭화대를 졸업한 시진핑은 중앙군사위원회 판공청에 배치돼 당시 그의 부친 시중쉰의 지인인 경뱌오(耿彪) 부총리 겸 국방부 장관의 비서로 정계에 입문했다. 1982년 시진핑은 그 자리를 포기하고 지방으로 내려가기로 결심하고, 같은 해 3월 베이징에서 300km 떨어진 허베이(河北)성 정딩(正定)현의 당위원회 부서기로 부임했다. 정딩현은 『삼국지』의 영웅 조자룡의 고향으로 유명한 지역이다.

1985년 시진핑은 푸젠(福建)성 샤먼(厦門)시 부시장으로 자리를 옮겼으며 이후 닝더(寧德) 서기, 푸저우시 서기, 푸젠성 부서기, 푸젠성장이 되기까지 17년간 푸젠성에서 근무하였다. 푸젠성에서의 시간은 시진핑이 정치적 노하우를 연마한 시기다. 1997년 중국공산당 제15차 전국대표대회에서 시진핑은 중앙위원회 후보위원에 당선됐다.

시진핑은 2002년 푸젠성 성장에서 저장(浙江)성으로 자리를 옮겨 2007년 초까지 재직했다. 당시 31개 중국 성·직할시·자치구 당서기 가운데 최연소급이었다. 시진핑은 골수 현장주의자여서 저장성 서기 시절 동안 1년의 3분의 1을 출장으로 보냈다. 2006년 8월에는 하루에 315명으로부터 진정을 받은 일도 있다. 저장성 서기 재임 당시 성의 국내총생산(GDP)이 상하이시를 넘어서는 성과를 얻어냈다.

2007년에 시진핑은 상하이의 당서기로 자리를 옮겼는데, 2006년 9월 상하이시 서기 천량위(陳良宇)가 중앙과의 마찰 속에 낙마했고, 전국대표대회를 불과 몇 달 앞둔 2007년 3월 시진핑이 후임 상하이시 서기로 발탁되었다. 천량위는 장쩌민(江澤民) 전 국가주석의 최측근이자 상하이방의 핵심인물로 후진타오(胡錦濤)와 맞서다 부정부패로 실각된다. 상하이방의 본거지에 시진핑이 입성한 것은 장쩌민이 '포스트 후진타오'로 지목한 것을 의미했다. 그 직위를 맡은 지 불과 7개월 만인 2007년 10월 중앙정치국 상무위원에 임명되어 중국에서 가장 영향력 있는 9명의 인물 중 한 명이 되었다.

5년 후인 2012년 11월, 시진핑은 중국공산당 총서기와 당 중앙군사위원회 주석으로 선출되었다. 몇 개월 후인 2013년 초, 시진핑은 국가주석직과 국가중앙군사위원회 주석까지 맡으면서 중국의 최고지도자로서의 지위를 확고히 했다.

사적으로는 9살 연하의 둘째 부인 펑리위안(彭麗媛)과 결혼한 지 30년이 됐다. 펑리위안은 중국에서 유명한 가수이자 연예인이다. 두 사람에게는 1992년에 태어나 2014년에 하버드 대학을 졸업한 외동딸 시밍쩌(習明澤)가 있다.

시진핑과 그의 딸 시밍쩌

3. 시진핑의 꿈

1) 중국몽

2012년 11월 29일, 시진핑 국가주석은 취임 후 첫 번째 일정으로 정치국 상무위원 전원을 대동하고 중국혁명역사박물관에서 개최한 '부흥의 길(復興之路)'이라는 특별 역사전시회를 돌아보면서 직접 '중국의 꿈(中國夢)'과 '중화민족의 위대한 부흥' 연설을 통해 중국공산당이 영도하고 사회주의를 토대로 하는 2049년 중국 특색 사회주의 강대국 달성을 제시하였다.

시진핑은 "중화민족의 위대한 부흥을 실현하는 것이 바로 근대 이래 중화민족의 위대한 꿈"이라 생각한다. 이 꿈은 몇 대에 걸친 중국인

들의 숙원을 응집시키고, 중화
민족과 중국 인민의 전체적인
이익을 구현하는 중화민족의 공
통된 소망이라고 하였다. 2021
년 중국공산당 성립 100주년까
지 샤오캉사회의 건설을 전면
완성하고, 2035년까지 기본적
인 현대화를 실현하며, 2049년

2021년 7월 1일 중국 베이징에서 열린 중국공산당
창당 100주년 기념식에서 시진핑 주석이 연설하고 있다.

중화인민공화국 건국 100주년까지 부강하고 민주적이며, 문명적이고
조화로우며 아름다운 사회주의 현대화 강대국 건설을 제시하였다.

　2021년 시진핑 국가주석은 공산당 창당 100주년을 맞아 샤오캉(小
康) 사회가 실현되었다고 선언하고, 다시 한번 중국몽을 내세우며 '중
화민족의 위대한 부흥'을 이끌겠다는 의지를 대내외에 재천명했다.
시진핑은 아편전쟁 이후 서구열강에 당했던 역사적 굴욕을 상기시키
며 "중화민족이 지배당하고 괴롭힘을 당하는 시대는 다시 돌아오지
않을 것"이라고도 했다. 세계 최강대국으로 나아가는 과정에서 중국
몽을 앞세워 내부 결속을 다지고, 미국을 비롯한 서방국가들의 압력
에 굴복하지 않겠다는 의지를 표명하였다.

2) 시진핑 사상

　2012년 취임 이후 시진핑 국가주석은 중국인들이 중국 이데올로기
에 대한 자신의 해석, 즉 '시진핑 사상'을 이해하는 것이 필수적이라고
강조해 왔다. 관료, 재벌, 대중 가수는 이 사상을 지지해야 하고, 학생
들은 학교에서 이 사상을 학습해야 하며, 중국 공산당원은 스마트폰

앱을 사용하여 정기적으로 이 사상의 교훈을 전달해야 한다. 시진핑 사상의 핵심은 마르크스주의와 유교를 결합하는 것이다. 시진핑의 사상으로 더 잘 알려진 신시대 중국 특색의 사회주의에 대한 시진핑의 사상은 중국공산당 주석 시진핑이 제시한 정책과 이데올로기다. 이러한 사상은 제19차 중국공산당 전국대표대회에서 처음 공식적으로 언급되었으며, 이후 중국공산당 헌법에 반영되었다.

2018년 3월 11일 제13기 전국인민대표대회 제1차 회의에서 중화인민공화국 헌법 전문에 시진핑 사상이 언급되어 개정되었으며, 시진핑 주석은 최고 지도자로서의 입지를 강화하기 위해 자신의 정치 이념을 공식화 했다.

중국 역사를 통틀어 자신의 사상이 헌법에 반영된 지도자는 마오쩌둥과 시진핑, 단 두 명뿐이다. 시진핑 사상은 이제 중국을 지배하는 주요 이데올로기로 자리 잡고 있다. 시진핑 사상의 핵심은 중국이 "위대한 투쟁을 벌이고, 위대한 프로젝트를 건설하고, 위대한 기업을 추진하고, 위대한 꿈을 실현함으로써 당과 자신을 강화해야 한다."는 것이다. 마오쩌둥을 연상시키는 이 소위 4대 위업은 일반적으로 중국공산당의 지도 아래 중국이 노력을 기울여, 기업의 확장과 대외 진출, 사회주의 현대화의 새로운 대도약을 꿈꾸는 것을 의미한다. '신시대를 위한 중국 특색의 사회주의에 관한 시진핑 사상'으로도 알려진 시진핑 사상은 중국 공산당의 절대 권력 보장, 국가 안보와 사회주의 가치 강화, 민생 및 복지 향상 등 14가지 원칙으로 구성되어 있다.

그러나 향후 이러한 사상 교육이 시진핑에 대한 신격화와 우상화로 이어질 가능성이 높다. 이미 중국 곳곳에서는 제19차 전국대표대회가 끝나기 무섭게 무소불위의 권력을 갖게 된 시진핑의 신격화 조짐이 보이기 시작했다. 예를 들어 베이징의 중국인민대학에서는 전국대표대회 종료와 거의 동시에 '시진핑 신시대 중국특색 사회주의 사상 연구센터'를 개소하였다. 문화대혁명에 대한 반성으로 개인숭배를 엄격히 금지하고 있음에도 이러한 현상이 나타나기 시작했다는 것은 시진핑의 1인 지배 권력이 얼마나 강력해 지고 있는가를 보여주는 것이며, 서구적 시각에서 보면 시진핑이 중국의 '새로운 황제'로 등극하는 느낌을 연상하게 될 것이다. 집권 3기를 시작하자 중국 정부가 일선 학교에서 '시진핑 사상' 등에 대한 사상 교육을 강화하겠다는 방침이다. 그러나 사상 교육으로 인민을 변화시킬 수 있는 시대는 아니다. 이러한 이념 교육이 지속 가능한지는 의문이다.

3) 공동부유

2021년 8월 제10차 중앙재경위원회 회의를 주재하는 자리에서 시진핑이 "공동부유를 견실히 추동하자(扎實推動共同富裕)"는 내용의 연설을 했다. 이 연설이 중요한 것은 시진핑 3기를 앞두고 공동부유가 국정운영 슬로건이 될 가능성이 높기 때문이었다.

시진핑 국가주석은 2035년까지 공동 번영을 향한 '견고한 진전'을 이루고 2050년까지는 목표를 '기본적으로 달성'하겠다고 약속했다. '공동부유'의 목적은 중산층을 강화하고 소비 주도 경제로의 전환에 기여하고, 경제 개발의 질을 개선하며, 사회적 조화와 안정을 증진하는 것이다. 공동부유는 급속한 경제 개발로 인해 뒷전으로 밀려난 소득 불평등과 같은 평등 문제를 해결하여 공산당에 대한 신뢰를 높이려는 시도로 볼 수 있다.

공동부유는 1953년 중국사회를 사회주의 체제로 전환시키는 과정에서 마오쩌둥이 자본주의적 공업, 상업, 농업을 개조해야 한다고 선언하면서 등장한 용어다. 공동번영을 위한 추진에는 세금 탈루 억제, 기술 분야 직원의 근무 시간 제한, 핵심 학교 과목에 대한 영리 목적의 과외 금지, 미성년자의 비디오게임 시간에 대한 엄격한 제한에 이르기까지 다양한 정책이 포함되었다.

최근에 벌어지고 있는 바와 같이, 중국의 대표적인 민영기업가, 연예인, 사회유명인사, 대표적인 민영기업 등을 시범적 사례로 삼아 강제적으로 일부 재산을 몰수하는 것에서 시작해 점진적으로 그 대상을 확대해 나가겠다는 것을 시사해 준다.

또한 주목할 점은 여기에는 중국에 투자하고 있는 외국 기업들도 포함될 것이라는 점이다. 시진핑의 공동 번영 이니셔티브는 기업 이익에서 차지하는 비중을 높이고 세금 및 안보 프로그램을 통해 부의 재분배를 강화하여 저소득 및 중산층 소득자의 소득 수준을 높이는 것을 목표로 한다. 그러나 사회의 빈곤층을 달래기 위해 정부가 민간 기업을 지나치게 통제하면 오히려 역효과가 나타나 중국의 경제 성장을 저해 할 가능성이 높다. 실제 2020년부터 시작된 빅테크와 부동산 규제는 경제 부진으로 이어졌고 이를 타개하기 위해 규제를 푸는 움직임이 시작되었다. 시진핑 3기 국정운영 목표가 벌써 타격을 받으면서 '공동부유' 목표를 달성할 수 있을지가 불투명하다.

4) 군사 초강대국의 꿈

시진핑 국가주석이 제창한 '중화민족의 위대한 부흥', 즉 '중국몽'은 '강한 군대의 꿈'을 담고 있고, 강한 군대의 꿈은 중국의 꿈을 뒷받침하고 있다. 시진핑 정권은 덩샤오핑의 도광양회(韜光養晦, 조용히 때를 기다리며 힘을 키운다) 유훈을 거스르면서 초강대국 미국에 도전장을 냈다.

시진핑 국가주석은 인민해방군(PLA)의 병력을 30만 명 감축하고 창군 100주년인 2027년까지 인민해방군을 현대식 전투 군으로 전환한 다는 계획을 추진하고 있다. 시진핑 국가주석은 군 개혁을 통해 2035년 까지 국방개혁과 장비 현대화를 기본적으로 실현하고 육·해·공군, 우주·정보·사이버전, 민군 합동능력을 확보하여 2050년까지는 방어 하는 군대가 아닌 싸워서 이기는 미군 수준의 세계 일류군대로 거듭난 다는 전략적 목표를 제시하였다. 사실상 중국의 역대 지도자 중에서 시진핑 주석처럼 강력한 국가를 위한 강한 국방력의 필요성을 제창하 면서 군 개혁을 공개적이면서도 공세적으로 추진한 적은 없었다.

중국은 현역 병력이 200만 명으로 세계 최대 규모의 군대를 보유한 국가다. 1990년대 이후 230만 명을 유지했지만, 2015년 시진핑 국가주 석이 병력 감축을 발표함으로써 2018년에는 30만 명을 감축해서 현재 는 약 200만 명을 유지하고 있다. 특이점은 병력 감축에도 불구하고 해병 병력은 오히려 증강되고 있다는 것이다. 인민해방군의 해병 병 력은 2017년 약 2만 명에서 2021년 약 4만 명으로 두 배 증가하였다. 향후에도 해병대 전력을 더욱 강화시켜 10만 명 이상으로 병력을 늘 릴 것으로 예상되는데, 중국이 해병대를 증강하는 이유는 남중국해의 인공섬과 무인도를 방어하고, 동중국해의 영유권 분쟁에 대비해 추후 인도양에서 발생 가능한 작전수요를 고려한 것이라는 분석이 많다. 중국 인민해방군은 현재 육군 약 100만 명, 해군 30만 명, 공군 40만 명, 로켓군 10만 명, 전략지원부대(SSF, Strategic Support Force) 15만 명으 로 구성되어 있다.

중국은 2023년에 2960억 달러를 군사비에 지출한 것으로 추산된다. 이는 전 세계 군비지출의 12%로 미국(37%)에 이어 세계에서 두 번째로 많은 군사비를 지출하고 있다. 그러나 실제 지출은 이보다 훨씬 많을 가능성이 높다. 예를 들어, 군이 관리하는 우주 프로그램, 국방 동원 자금, 지방 군사 기지 운영비, 군인 연금 및 수당, 해안 경비대와 같은 준군사 조직은 국방 예산에 포함시키지 않고 있다. 미국 정보기 관의 평가에 따르면 중국의 실제 군사 예산이 년간 7,000억 달러에 육박할 것으로 추정한다. 이에 비해 2023년 미국의 군사 예산은 약 9160억 달러로 추산된다.

현재 육군은 약 100만 명을 유지하고 있다. 중국 육군 100만 명(중국 육군은 예비군과 준군사조직을 포함해 약 300만 명으로 추산되고 있다) 중 41만 6,000명이 대만해협에 배치되어 있다. 주요 장비로는 기갑보병 전투차량 6,700여 대, 전투용 탱크 5,700여 대, 대포 9,400여 대를 운영

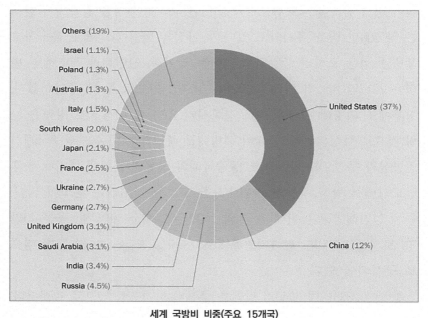

세계 국방비 비중(주요 15개국)

*출처: SIPRI Military Expenditure Database, 2024.

하고 있다.

중국 공군은 J-10, J-11, J-16 등 수천 대의 4세대 전투기와 J-20과 J-35 다목적 전투기를 포함한 5세대 스텔스 전투기를 보유하고 있어 공군 전력을 현대화하는 데 성공했다는 평가를 받고 있다. 또 중국은 재래식 및 핵미사일 전력에 막대한 투자를 하고 있다.

중국은 대륙간 탄도, 순항, 극초음속, 대함 미사일 등 모든 유형의 미사일 2,000여 기를 실전 배치하기 위해 노력하고 있다. 또한 중국은 핵미사일 무기를 빠르게 현대화하고 증강하고 있다. 미 국방부에 따르면 중국은 600개 이상의 핵탄두를 보유하고 있으며 2035년까지 1,500개 보유를 목표로 하고 있다. 반면 미국은 약 5,800개, 러시아는 약 6,400개의 핵탄두를 보유하고 있다.

중국 해군은 항공모함을 포함하여 370척 이상의 잠수함과 수상 전투함을 보유한 세계 최대 규모다. 그러나 중국은 그림자처럼 숨어 있는 해상 민병대와 해안 경비대가 비상시 750여 척을 동원할 수 있는 능력이 있어 비상시 해군력은 규모가 더 클 수 있다. 중국은 항공모함 3척으로 미국의 11척에 비해 열세일 뿐만 아니라 핵추진 잠수함, 순양함, 구축함 및 대형 군함 등 해군력에서도 아직 질적인 열세를 극복하지 못하고 있다. 그러나 미 해군은 중국의 해군력이 향후에 빠르게 증강될 것으로 예상하고 있다. 향후 20년 동안 중국 해군 함정의 총 규모가 거의 40% 증가할 것으로 예측하고 있다.

국제적 우려에도 불구하고, 중국은 노골적으로, AI 무기 개발에 힘쓰고 있다. 미국 국방부에 따르면 중국은 현재 파괴적 기술, 특히 인공지능을 기반으로 한 '지능화된' 전쟁, 즉 미래 무기 개발에 집중하고 있다. 중국은 이미 군용 로봇과 미사일 유도 시스템, 무인 항공기 및 무인 해군 선박에 인공 지능을 사용하고 있는 것으로 추정된다. 중국은 이미 해외에서 대규모 사이버 작전을 수행하고 있다. 중국의 AI 지원 무기 체계는 군사적 균형에 영향을 미칠 수 있으며, 권력 경쟁이 심화함에 따라 세계 안보와 전략적 안정에 대한 위협을 가중시킬 수 있다.

4. 시진핑 시대의 명암

1) 경제적 공과

시진핑 집권 10년 동안 중국 경제는 비록 1990년대 초반과 2000년대 중반의 두 자릿수 성장보다는 느리긴 했지만 강력한 성장을 보였다는 것이 중국 정부의 공식 입장이다. 동 기간 중국의 연간 성장률은 6~8%였으며, 국내총생산(GDP)은 2배 늘어 전 세계에서 차지하는 중국의 비중이 2012년 11.3%에서 2021년 18.5%로 확대되었다.

중국 GDP와 성장률 추이(2002~2022년 상반기)

국가통계국(國家統計局)이 발표한 보고에 따르면, 국민 1인당 가처분 소득도 2021년 3만5천128위안으로 2012년보다 80% 가까이 증가했다. 도시와 농촌 주민의 소득 격차도 2.5대 1로 축소되었다는 것이 중국 정부의 주장이다. 그러나 중국의 소득 불평등 규모는 시간이 지나도 개선될 가능성이 낮아 보인다. 세계은행 자료에 따르면 중국의 지니계수(1에 가까울수록 불평등한데 통상 0.4를 넘으면 매우 심각한 것으로 본다)는 2019년 0.38로 미국과는 비슷한 수준이지만 유럽이나 일본보다는 높다. 더구나 수치가 저평가되었다는 주장이 제기되고 있다.

홍콩 사우스차이나모닝포스트(SCMP)는 중국의 지니계수는 지난 20여 년간 0.46~0.49를 오갔으며 이마저도 저평가된 것이라고 지적하고 있다. 이 자료에 근거하면 중국은 세계에서 가장 불평등한 사회 중 하나다. 또 고소득층과 저소득층의 분포를 살펴보면 소득 계층 간의 격차도 줄어들지 않고 있다. 집권 10년간 소득 상위 20%의 소득자가 전체소득의 46%의 소득을 차지하고 있는 반면, 하위 40%는 13%에 불과하다.

2021년 2월 시진핑 주석은 '빈곤퇴치 싸움에서 전면적 승리'를 선언했다. 그러나 빈곤 인구의 감소에도 불구하고 빈부격차는 개선되지 않고 있으며 오히려 코비드-19 팬데믹을 거치면서 심화 및 고착화되고 있다는 평가가 지배적이다.

2021년 시진핑 주석은 이 문제를 해결하기 위해 '공동부유'를 여러 차례 강조하기도 하였다. 중국 정부는 그동안 공동부유 정책을 앞세워 일명 홍색(紅色)규제로 불리는 빅테크, 사교육, 부동산 등 민간 경제에 대해 강력한 통제를 했다. 하지만 빈부격차가 전혀 해소되지 않은 채 경기침체 리스크를 부추겼다는 지적이 제기됐다.

중국공산당의 규제에 휘청이는 기업들

규제	반독점·부당경쟁	노동자 수익 수장
해당기업	알리바바, 텐센트 등	메이퇀, 어러머 등

규제	사교육금지	데이터 안보
해당기업	신둥팡, 탈에듀케이션 등	디디추싱, 윈만만 등

규제	금융시장 보호	부동산 시장 안정
해당기업	앤트파이낸셜 등	헝다그룹 등

실제 지난 2년간 중국 양대 빅테크 알리바바와 텐센트의 시장 가치는 1조 달러 이상 사라졌고, 매출 성장이 크게 둔화했으며 이는 수만 명 직원의 해고와 기록적인 청년 실업을 초래했다. 아울러 중국 부동산 분야도 큰 타격을 받았다. 부동산 개발업체에 대한 신규 대출 제한 등 강력한 규제를 펼치자 헝다그룹 등 대형 부동산 기업이 잇따라 부도를 냈다. 중국 국내총생산(GDP)의 약 30%를 차지하는 부동산 붕괴는 중산층의 저항을 가져왔다. 시진핑은 마오쩌둥 시대처럼 국가 경제를 통제함으로써 중국공산당이 지도력을 유지할 수 있다고 믿고 있다.

2) 부패와의 전쟁

시진핑은 집권과 동시에 "부패는 반드시 척결돼야 하며, 호랑이부터 파리까지 모두 같이 잡을 것(老虎和蒼蠅打一起)"이라고 강조하며 '부패와의 전쟁'을 최우선 국정목표로 선포한다. 부패 혐의로 저우융캉(周永康), 쑨정차이(孫政才), 쉬차이허우(徐才厚), 궈보슝(郭伯雄), 링지화(令計劃) 같은 국가급 지도자를 처벌함으로써 부패에 대한 강한 의지를 나타냈다. 동시에 실세인 장쩌민, 후진타오 측근들을 비리 혐의로 처리함으로써 권력 공고화 작업에도 박차를 가하고 있다는 평가를 받았다.

시진핑은 2012년 중국공산당 총서기에 선출되자마자 부패와의 전쟁을 선포하고 강력한 반부패운동을 전개했다. 2012년 12월 리춘청(李春城) 쓰촨성 당 부서기를 필두로 2014년에는 수룽(蘇榮) 전 장시성 서기와 쉬차이허우 중앙군사위원회 부주석, 저우융캉 정치국 상무위원, 링지화 정치국원 겸 중앙판공청 주임이 구속되었다.

2015년에는 궈보슝 중앙군사위원회 부주석이 부패 혐의로 구속되었다. 이 중에서 저우융캉, 쉬차이허우, 궈보슝의 구속은 이례적인 것이었다. 지금까지 정치국 상무위원과 중앙군사위원회 부주석은 형사처벌을 받은 사례가 없었다. 이들은 대부분 비리 혐의로 구속되어 무기징역에 처해졌다.

중앙기율검사위원회 통계 자료에 따르면 시진핑 1기 집권 5년 동안 250여 명의 고위급 간부와 135만 명 이상의 중하위급 공직자가 비리로 처벌을 받았다. 집권 2기에도 2018년 62만여 명, 2019년 59만여 명이 처분을 받았다. 특히 2020년 우한에서 시작된 코로나로 인한 팬데믹(세계적 대유행) 상황에서도 상반기만 24만여 명이 처벌을 받아, 2020년까지 전체 공직자 1천 250만 명 중 300만여 명이 부정부패로 숙청된 것으로 추산된다. 특히 2012년부터 2017년까지 5년간 중앙위원 18명과 후보 중앙위원 17명이 부패혐의로 숙청되었는데, 이것은 신중국 건설 이후 지난 60년간 퇴출된 중앙위원 및 후보 중앙위원 수와 같은 규모로 시진핑이 추진하는 반부패운동의 성격을 짐작할 수 있는 부분이다. 현재 중앙위원은 205명이고, 후보 중앙위원은 171명이다. 그럼에도 불구하고 이러한 반부패 투쟁에 양면성이 존재하는 것도 사실이다.

신중국 이후 '정풍운동'이라는 이름으로 정적을 제거하고 권력을 공고히 한 역사적 경험에서 시진핑도 예외가 될 수 없다. 집권 3기에 들어 와서도 부패와의 전쟁은 계속되고 있고 장기 집권을 위해서는 향후에도 더욱 강화될 가능성이 높다.

특히 집권 3기 군부에 대한 부패 척결 강도가 높아지고 있다. 2023년부터 군부에 대한 광범위한 반부패 숙청이 이루어졌으며, 인민해방군(PLA) 장군 9명과 항공우주 방위 산업 임원 최소 4명이 지금까지 국가 입법부에 의해 해임되었으며, 전술 및 핵미사일을 감독하는 전략적 로켓군도 포함되어 있다.

시진핑은 2050년까지 '세계적 수준'의 군대를 건설한다는 현대화 정책의 일환으로 장비 구매와 개발에 수십억 달러를 쏟아 부었다. 그런데 미사일 같은 첨단 군장비 조달과 관련된 부패는 중국군의 군 전력에 심각한 영향을 미칠 수 있어 그 심각성이 크다. 더구나 반부패 캠페인에 대한 국민적 피로감이 더해지고 있고, 11년 넘는 반패와의 전쟁에도 불구하고 부패 건수는 줄어들지 않으면서 국민들의 관심 속에서 멀어지고 있어 시진핑 주석의 의도와 상관없이 성공한 정책으로 정착하기에 어려움이 있다.

3) 일대일로

일대일로(一帶一路, One belt, One road)는 시진핑 국가주석이 2013년 카자흐스탄을 방문해 처음으로 꺼내든 인프라 투자 프로젝트로, 중국 주도로 아시아, 유럽, 아프리카 70개국 이상을 도로, 철도, 해상 인프라로 연결해 새로운 실크로드를 만든다는 구상이다. 북미와 유럽에 대항해 중국의 세계적인 영향력을 확대하는 게 목적이다.

'일대'란 중앙아시아와 유럽을 잇는 육상 실크로드이고, '일로'는 동남아시아와 유럽, 아프리카를 연결하는 해상 실크로드를 뜻한다. 전략적으로 보면, 일대일로 정책은 중앙아시아 국가들과의 관계를 더욱 공고히 하고, 카스피해로 이어지는 석유 파이프라인을 통해 중국 서부의 에너지 공급을 원활히 보장하며, 중국 중심의 새로운 세계 질서를 구축하는 역할을 하고 있다.

중국이 일대일로 정책에 투자한 자금은 날이 갈수록 불어나 미국의 마셜 플랜의 규모를 훨씬 뛰어넘는 4,040억 달러에 이르고 있다. 그리고 중국에게 이 투자는 이제 상당한 이익을 안겨주고 있다. 베이징은 이제 유럽 대륙의 항만 물동량 중 10%를 통제 할 수 있게 되었고, 새로운 원재료 공급처들과 수출 시장들을 확보했다.

그러나 일대일로 정책은 저개발 국가들로 하여금 '부채의 함정(debt trap)'에 빠뜨려 중국에 종속시킨다는 비판을 받고 있다. 많은 분석가들은 중국이 이미 스리랑카와 같은 국가들에 대한 상당한 통제력을 확보했다고 보고 있다. 중국이 신용도가 낮은 저개발 국가들에게 대규모 자금을 공여해주면서, 그 위험도 역시 계속 증가하고 있다. 중국은 베네수엘라에서만 200억 달러에 달하는 투자금을 회수하지 못했다. 그리고 30억 달러(3조 3000억 원)를 빌려준 준 잠비아가 2020년 11월 14일(현지시각) 해외채권단에게 4250만 달러(470억 원)의 이자를 지급하지 못하겠다고 밝히며, 코로나 이후 첫 디폴트(default, 채무불이행) 국가가 되면서 일대일로가 기로에 서 있다. 더구나 중국 경제가 침체되고 있고 부동산 위기로 지방의 부채가 급격하게 증가하면서 추동력에 의문이 제기된다. 그럼에도 불구하고 시진핑 3기에서도 정치 경제적 이유에서 개발도상국 및 권위주의 국가들과의 협력을 적극적으로 추진하며 중국 주도의 연대 구축을 모색할 것으로 전망된다.

4) 감시와 통제

2012년 국가주석 겸 중국공산당 총서기에 오른 시진핑 현 중국 지도자는 중국공산당의 정통성에 대한 도전을 막기 위해 정보 영역에 대한 통제권을 우선순위로 삼고 있다. 시 주석은 '인터넷 주권'이라는 개념을 상당히 강조하면서 국가 정부가 만든 규칙의 우선권과 웹 콘텐츠 및 제공업체에 대한 국가 차원의 규제 기관의 권한을 주장했다.

중국 당국은 반대 세력의 활동에 대한 방어에만 국한하지 않고 특히 '빅데이터', '인공지능(AI)', '사물인터넷(IoT)' 시대에 디지털 기술을 활용하여 14억 인구의 삶과 활동을 감시하고 통제하고 있다.

국가기관과 이들과 협력하는 기업은 정보와 자원의 비대칭성을 활용하여 이러한 혁신적인 기술을 일반 시민을 조종하는 도구로 활용하고 있다. 예를 들면, 빅데이터를 활용하여 시위를 예측하고 온라인 여론의 급격한 변화를 예측하여 반대를 진압하기 위한 선제적 조치를 취할 수 있다. 중국은 감시 국가의 새로운 도구로 안면 인식 기술을 통합한 대규모 비디오 감시 프로젝트, 전화 통화에서 화자를 식별할 수 있는 음성 인식 소프트웨어, 광범위한 DNA 수집 프로그램 등을 구축하고 있다. 또한 중국 당국은 다양한 출처의 정보를 전국적인 사회 신용 시스템 (SCS, social credit system)에 통합하여 모든 사람의 행동을 평가하는 시스템을 구축하고 있다. 중국 정부는 사회 신용 시스템이 다른 나라의

안면인식 기술로 시민을 감시하고 있다.

신용평가시스템과 다르지 않다고 주장한다. 금융 기록과 활동만 보지 않고 법률 위반 및 비윤리적 행동과 같은 요소도 살펴본다는 점만 다르다는 것이다, 그러나 사회 신용 시스템이 감시와 통제의 도구로 사용되고 있다는 비판은 피할 수 없다.

중국은 세계에서 가장 빠르게 감시 카메라를 활용한 국가로, 지난 10년 동안의 기술 발전으로 인해 이러한 카메라는 14억 명 중국 인구를 모니터링하는 데 효과적인 도구로 활용되고 있다.

시진핑 정부는 점점 더 심각해지는 내부 및 외부적 도전을 극복하고 중국공산당의 통치를 강화하기 위해 국가안보를 경제 개발과 동등하거나 그보다 더 중요한 문제로 간주한다. 정치, 군사, 영토와 같은 전통적인 안보 분야뿐만 아니라 경제, 사회, 과학기술과 같은 비전통적 안보 분야도 강조하는 시진핑 총서기의 '종합적 국가 안보' 개념에 따라 중국은 관련 법률을 개발하고 경제 통제를 강화하고 군사력을 증강하며 기술 자립도를 높이는 것을 목표로 하고 있다.

그러나 이러한 조치는 광범위한 기업, 특히 중국과 거래하는 외국 기업의 사업 활동에 새로운 제한을 가하기 때문에 경제에 부정적인 영향을 미칠 수밖에 없으며, 중국이 국가 안보와 경제 개발을 동시에 달성하는데 걸림돌이 될 수 있다. 시진핑 3.0에서도 기술 혁신과 더불어 이러한 감시와 통제는 더욱 강화될 것으로 예상된다. 1949년 출간된 조지오웰의 '1984'는 당시 소련에서 영감을 받은 소설로 마오쩌둥의 문화대혁명은 디스토피아를 거침없이 실현했다. 시진핑 3기는 75년 전 쓰여진 '1984'보다도 더 심각할 것이라는 시각이 많다.

5) 시민사회

　시진핑 집권 이전 중국의 풀뿌리 시민사회 부문에는 상대적으로 규모가 작고, 해외 기부자의 지원. 민정부에 정식으로 등록되지 않은 단체 등 다양한 형태의 단체가 존재했다. 친 노동자 단체부터 성소수자 단체, 환경 NGO에 이르기까지 후진타오 시대에는 기층 부문이 매우 활기차게 활동했다. 이 기간 동안 중국에서는 최대 300만 개의 비공식 단체가 활동했다. 이들 중 일부는 지방 정부와 협력하여 이주 노동자, 환경 보호, 자원봉사 프로그램을 제안했다. '협의적 권위주의'라고 불리는 시민사회로부터 배우고자 하는 지방정부와 정책 협의에 참여한 단체도 있었다.

　시진핑의 통치는 풀뿌리 시민사회에 결정적인 전환점이 되었다. 시 주석은 2013년 초 시민사회를 서구의 자유민주주의, 보편적 인권, 언론의 자유, 신자유주의 경제학, 공산당 역사 비판과 함께 당 국가에 대한 위험 요소로 규정했다(2013년 4월 시진핑 주석 명의로 하달된 '9호문건' 내용).

　정부는 인권 변호사, 노동 옹호자, 페미니스트, 종교 지도자 등 이들과 가치를 공유하는 시민사회 단체들을 제거하는 데 주력했다. 더구나 풀뿌리 시민사회에 대한 공격은 시진핑 정부 초기 몇 년 동안에만 국한되지 않았다. 2018년 3월 국가주석 임기 제한이 폐지된 이후에도 국가는 시민사회에 대한 탄압을 계속했다. 중국 정부는 또한 2020년부터 모든 시민을 감시하고, 빅데이터로 분석하고, '신뢰할 수 없는' 행동에 대해 제재를 가할 수 있는 '사회 신용 시스템'을 구축했다. 중국 법원은 이미 수백만 명의 '신뢰받지 못한 시민'의 비행기나 기차 여행을 금지하고 있다.

시진핑 3기는 시민사회 통제를 강화하고 정부주도 시민사회 단체를 이용해 비공식적인 통제 기구로 활용하는 정책이 구체화될 것으로 예상된다. 예를 들어 1960년대 마오쩌둥 시기 실시되었던 '평차오 경험'을 소환해 기층단위에서 감시체제를 강화하고 있다.

5. 나오는 말

개혁개방은 중국의 기적을 만들어냈다. 1978년 중국의 GDP는 1,495억 4,000만 달러로 세계 GDP의 약 1.75%에 불과했지만, 2022년 중국의 경제는 17.96조 달러로 세계에서 두 번째로 큰 규모로 세계 GDP의 약 18.6%를 차지하고 있다. 그러나 2012년 집권을 시작한 시진핑 시기부터 경제는 성장률이 하향하고, 불확실성이 증가하고 있다. 물론 고성장 시대의 종말이 시진핑 정권의 탓은 아니다. 이미 시진핑 시기 이전부터 고성장 시기가 저물고 있다는 증거가 여러 군데서 나타나고 있었고, 그 전환기에 정권이 이양되었기 때문에 억울한 측면도 있다.

그럼에도 불구하고 신경제를 위한 구조조정, 부패척결, 빈곤 퇴치 등 성과도 적지 않다. 그러나 문제는 시진핑식 정치에 있다. 시 주석이 국가 지도자로 떠올랐을 때 그의 부친 시중쉰의 개혁적 성향이나 시진핑 국가주석의 문혁 시기 피박 받은 전력으로 경제적 자유주의의 심화, 정치적 개혁을 기대하는 이가 적지 않았다. 그렇지만 기대는 오래가지 않았다.

정권 초기부터 독재적 권력을 휘둘렀고, 중국의 위대한 부흥이라는 기치 아래 군사 대국화 등 미중 갈등을 초래하였다. 더구나 기업 등에 대한 정부의 간섭은 갈수록 심화되고 있고, 14억 국민에 대한 감시와 통제는 확대되고 있다. 국외적으로도 군사 대국화로 주변국의 우려가 커지고 있는 상황이라, 타이완, 남중국해 등 주변국과의 분쟁도 격화될 것으로 예상되고 있다. 고령의 시진핑 국가주석이 집권 3기를 맞아 기존 정책에 대한 대전환을 꾀하지 않는다면 정치, 경제, 사회에 드리워진 위기에서 벗어나기가 쉽지 않아 보인다. 시 주석이 마오가 실패한 길을 다시 가고자 하는 이유가 뭘까?

참 고 문 헌

경제지식네트워크, 「중국의 일대일로 정책」, 펜코리아, 2019.03.06.

공봉진 외, 『한중 수교 30년, 강한 나라를 꿈꾸는 중국』, 경진출판, 2023.

공봉진·김태욱, 「신시대 중국 시기의 '펑차오 경험(楓橋經驗)' 현상에 대한 정치사회적 함의」, 『국제정치연구』 27(3) 동아시아국제정치학회, 2024.

김외현, 「종신집권 여는 혁명가의 아들, 시진핑 60년 탐구생활」, 한겨레신문, 2018.10.19.

김창경 외, 『키워드로 여는 현대 중국』, 경진출판, 2021.

박범종 외, 『중국공산당이 세운 신중국! 중화민족에 빠지다 중국공산당 100년(1921~2021)』, 경진출판, 2022.

이동규, 「시진핑 3기 중국의 대내외 정책 전망과 한국의 대응」, 『이슈브리프』, 아산정책연구원, 2022.11.25.

이종섭, 「'마오' 위에 시진핑 '중화민족 부흥' 결속 다지며 서방엔 '경고'」, 경향신문, 2021.07.01.

이지용, 「시진핑의 공동부유론: 제기배경 및 시사점」, KIEP, 2021.

정재흥, 「중국 공산당 창당 100주년과 새로운 미중관계 도래」, 『정세와 정책』 2021년 8월호(통권 341호), 세종연구소, 2021.

中國網, 「중국몽(국정운영을 말하다 2)」, 2019.04.08.

Economy, Elizabeth C., *The Third Revolution: Xi Jinping and the New Chinese State*, Oxford University Press, 2018.

Gill, Bates, *Daring to Struggle: China's Global Ambitions Under Xi Jinping*, Oxford University Press, 2022.

Hsu, Carolyn L., "How the ideology of 'quality' protects civil society in Xi Jinping's China", *China Information*, Vol. 35 Issue 1, March 2021.

IISS, THE MILITARY BALANCE 2021, Routledge Journals, 2021.

Rudd, Kevin, *On Xi Jinping: How Xi's Marxist Nationalism Is Shaping China and the World*, Oxford University Press, 2025.

SIPRI, 'TRENDS IN WORLD MILITARY EXPENDITURE, 2023', 2024.

Tsang, Steve & Cheung, Olivia, *The Political Thought of Xi Jinping*, Oxford University Press, 2023.

공봉진: 국립부경대학교 중국학과 강사, 동아대학교 정치외교학전공 강사로 재직하고 있다. 주요 저서로는 『시진핑 시대, 중국 정치를 읽다』, 『G2시대, 중국과 미국을 이끈 지도자들』(공저), 『해상용병: 17세기 중국해에서의 전쟁, 무역 그리고 해적』(공역) 등이 있다. 주요 논문으로는 「'중국식 현대화'가 한국에 주는 함의」, 「중국 시진핑 법치사상의 형성과정에 관한 연구」, 「신시대 중국 시기의 '펑차오 경험(楓橋經驗)' 현상에 대한 정치사회적 함의」(공저), 「중국의 해양인식 변화와 해양교육에 관한 연구」(공저) 등이 있다.

박범종: 국립부경대학교 지방분권발전연구소 연구교수로 정치외교학을 전공하였다. 주요 저서로는 『한중 수교 30년, 강한 나라를 꿈꾸는 중국』(공저), 『중국공산당이 세운 신중국! 중화민족에 빠지다』(공저), 『동북아 국제질서의 변동과 북한』(공저), 『세계 중심에 서 있는 3세계: 주변부에서 중심부 향해』 등이 있다. 최근 연구 논문으로는 「22대 총선에서 제3지대 정당의 공천과정」, 「한반도 평화를 위한 주변 강국의 협력적 거버넌스」, 「한국의 민주주의 위기와 대안으로서의 지방분권」 등이 있다.

박상윤: 국제지역통상연구원의 책임연구원으로 있고, 국제지역학(중국지역)을 전공하였다. 포럼 신사고의 사무총장을 겸임하고 있으며 중국 정치와 외교 분야가 주된 관심 분야이고, 중국 사회와 경제에도 관심이 많다. 주요 저서로는 『한중 수교 30년, 강한 나라를 꿈꾸는 중국』(공저)이 있고, 논문으로는 「한중동반자관계의 성과와 쟁점에 관한 연구」가 있다.

정호경: 중국사회과학원(中國社會科學院)에서 박사학위를 취득하였다. 현재 육군3사관학교 정치외교학과 조교수로 재직 중이다. 주요 저서로는 『동북아 국제질서와 한반도 통일』(공저), 『알기 쉽게 풀어 쓴 북한학 입문서』(공저)가 있다. 주요 논문으로는 「우크라이나 전쟁과 중국의 입장에 관한 연구」, 「바이든 시기 미·중 관계 변화 가능성 분석: 경쟁과 협력의 관점에서」 등이 있다.

박미정: 전 부산외국어대학교 글로벌비즈니스대학 소속 초빙교수를 재직하였고, 중국 지역학을 전공했다. 주요 저서로는 『중국 속의 작은 나라들: 중국소수민족들의 금기와 생활 예절』(공저), 『韓中수교 20년(1992~2012)』(공저), 『시진핑 시대의 중국몽』(공저), 『21세기 중국! 소통과 뉴트렌드』(공저), 『중국 지역발전과 시진핑 시대』(공저), 『한중 지방외교와 지역발전』(공저), 『중국 개혁개방과 지역균형발전』(공저), 『한중 지방외교와 지역발전』(공저), 『중국공산당이 세운 신중국! 중화민족에 빠지다』(공저), 『한중 수교 30년, 강한 나라를 꿈꾸는 중국』(공저) 외 다수가 있다. 논문으로는 「중국 신재생에너지산업의 발전 동향 및 정책에 관한 연구」, 「중국의 대기오염 감축을 위한 자동차구매 제한 정책의 실효성에 관한 고찰」, 「중국의

성장거점 도시군(群)육성 전략이 지역경제발전에 미치는 영향 연구」
등이 있다.

장지혜: (주)다문화인재양성센터 글로벌문화교육연구소 연구소장 겸 대원
대학교 호텔관광경영과 강사로 지역학(중국 통상)을 전공하였다.
주요 저서로는 『중국공산당이 세운 신중국! 중화민족에 빠지다』(공
저), 『한중 수교 30년, 강한 나라를 꿈꾸는 중국』(공저) 외 다수가
있으며, 논문으로는 「포스트 코로나 시대 중국 신유통 현황과 대응
사례분석: 신선식품 O4O 대표기업 허마셴성과 세븐프레쉬를 중심
으로」, 「쌍감(雙減)정책이 중국의 영어교육 플랫폼에 미친 영향에
관한 연구」(공저), 「코로나19 전후 중국 애플리케이션 사용추세의
변화와 특징」(공저), 「중국 빅데이터 고객차별에 대한 법률 규제
한계에 관한 연구」(공저) 등이 있다.

이강인: 현재 부산외국어대학교 글로벌비즈니스대학 소속 교수로서 중국
복단대학교에서 중국 현당대문학의 화극과 영화를 전공하였다. 주
요 저서로는 『중국 대중문화와 문화산업』(공저), 『중국지역문화의
이해』(공저), 『시진핑 시대의 중국몽: 부강중국과 G1』(공저), 『중국
현대문학작가 열전』(2014), 『21세기 중국! 소통과 뉴 트렌드』(공
저), 『중국문화의 이해』(공저), 『중국 문학의 감상』(공저), 『중국공
산당이 세운 신중국! 중화민족에 빠지다』(공저) 외 다수가 있다.
그리고 논문으로는 「학교장치에서 보이는 영화의 교육—권력과의
규율: 권력의 의미적 탐색」, 「중국문학과 노벨문학상의 의미적 해
석: 가오싱젠과 모옌을 중심으로」, 「TV드라마에서 보여지는 중국
도시화에 따른 문제들에 대한 小考」 외 다수가 있다.

김태욱: 전 국립부경대학교 국제지역학부 강사로 국제지역학을 전공했다. 현재 동아시아국제정치학회 총무이사를 맡고 있으며, 동아시아국제정치학회 편집이사를 역임했다. 중국의 정치 특히 민주화와 시민사회에 관심이 많으며, 현대 중국에서 시민사회가 수용 및 재구성되는 과정을 연구 중이다. 주요 저서로는 『차이나 컨센서스: 중국발전의 실험과 모델』(공저), 『중국 개혁개방과 지역균형발전』(공저), 『키워드로 여는 현대 중국』(공저), 『중국 발전과 변화 건국 70년을 읽다』(공저), 『한중 수교 30년, 강한 나라를 꿈꾸는 중국』(공저) 등이 있고, 논문으로는 「신시대 중국 시기의 '펑차오 경험(楓橋經驗)' 현상에 대한 정치사회적 함의」(공저) 등이 있다.